たたかいの論理

馬奈木昭雄弁護士
オーラル・ヒストリー

土肥勲嗣
Kunji Doi

花伝社

たたかいの論理——馬奈木昭雄弁護士オーラル・ヒストリー◆目次

はじめに

オーラル・ヒストリーとは、当事者が当時の認識を語ることによって、文書のみでは知ることができなかった過去の出来事と当時の状況を明らかにしようとする方法である。図書館や書店に行けば、多様な人物を対象としたオーラル・ヒストリーの書籍を手にすることができる。その方法は、録音した音声を文字に起こして記録するというのが基本であるが、動画として公開される場合もある。民衆の語りを記録した民衆史もあれば、政治家、官僚、最高裁判事の話を記録として残す取り組みもある。

本書の主人公は馬奈木昭雄弁護士である。馬奈木昭雄さんは一九四二年三月八日に台湾で生まれ、一九六六年に九州大学法学部を卒業後、司法試験に合格する。司法修習後、一九六九年に福岡第一法律事務所に入所し、翌年一二月に熊本県水俣市に事務所を開設した。馬奈木弁護士が取り組んだ主な裁判は、水俣病訴訟、カネミ油症訴訟、筑後大堰建設差止訴訟、山野炭鉱ガス爆発事故訴訟、九州予防接種禍訴訟、じん肺訴訟、牛島税理士訴訟、産業廃棄物処分場建設差止訴訟、よみがえれ！有明訴訟、中国残留孤児福岡訴訟、玄海原発運転差止訴訟である。

馬奈木弁護士が取り組んできた裁判は、依頼者と大企業の紛争だけではなく、日本政府、地方自治体、公的な機関が当事者となっている場合が多い。馬奈木弁護士の話を記録することに社会的な意義があると私が考えた理由のひとつは、馬奈木弁護士の個人史が戦後日本の同時代の歴史を捉え直す手掛かりになると考えたからである。

馬奈木さんが弁護士資格を得た一九六八年は、日本が当時の西ドイツを抜いてアメリカに次ぐ世界第二位の経済大国になった年である。同時に、イタイイタイ病訴訟が提訴され、日本政府が水俣病を公害認定し、カネミ油症事件が発生した年でもある。「公害の原点」といわれる水俣病が公式確認されたのは一九五六年であったが、チッソが操業を停止したのは一九六八年である。日本の産業政策が石油へ転換する流れのなかで、石炭産業は衰退の一途を辿る。危険な炭坑のなかで発生した爆発事故とじん肺の被害者は馬奈木弁護士の事務所に助けを求めた。馬奈木弁護士は、経済の発展と被害の訴えを別々の現象と捉えるのではなく、同じコインの表と裏として捉えようとする。

経済の発展をめざして商品が大量に生産され大量に消費されている。その結果大量のゴミが発生する。しかし、そのゴミはいかに処分されるのか。ゴミ戦争といわれた一九九〇年代、馬奈木弁護士は産業廃棄物処分場の建設に反対する地域住民の代理人を務めた。水俣病は化学工場から海に排出された廃棄物が原因であった。私たちの身の回りに溢れているプラスチックは海中と大気に拡散しいまや地球環境問題になっている。地球環境に優しいと喧伝される原発はいったん稼働すれば必ず核汚染物質を排出する。人間が生み出したあらゆる廃棄物をいかに処理するのかが喫緊の課題となっている。本書では馬奈木弁護士の廃棄物に対するものの見方が提示されている。

馬奈木弁護士の話は日本の統治構造を理解する手掛かりにもなる。馬奈木弁護士の話にはたびたび国が登場してくる。国というものは具体的な姿・形で私たちの前に存在するわけではない。私たちは国を直接目にすることはできないし、国と対話をすることなどできない。しかし、馬奈木弁護士はあたかも国を直接見て、取っ組み合いをしてきたかのような物言いで、国が何を言ったのか、国がどのように考え行動するのかを確信をもって証言されている。

もちろん馬奈木弁護士が半世紀にわたって取り組んだ事件は個別具体的な事件である。事件や事故の被害者も、法廷で対峙してきた大企業の代理人、国の代理人、裁判所の裁判官もすべて固有の名前を持った人間である。しかし、国の代理人は法廷で個人的見解を述べるわけではない。国の代理人は国を代表して見解を述べる。国の代理人は国の責任を問われたときにどのように弁明したのか。国は安全をどのように考えているのか。また裁判官はどのような状況において被害者に寄り添った判決を書くのか。さらに裁判所が下した判決が確定した場合、官僚は素直に司法の決定に従うのか。本書において馬奈木弁護士は、体験してきた個別具体的なエピソードを例示しながら、国のものの考え方についての知見を明らかにしている。

本書の構成は次の通りである。第1章では筑豊じん肺訴訟に焦点を当てている。じん肺とは、吸い込んだ粉じんにより気管支などが炎症を起こし、呼吸機能が失われていく肺の病気である。筑豊じん肺訴訟は、企業だけでなく、国を被告にしたはじめての訴訟であった。第2章は廃棄物問題である。馬奈木弁護士は一九九〇年代廃棄物問題に取り組んだ。「弁護士としての取り組みでは一番面白かった時代」の話である。第3章と第4章は水俣病についてである。馬奈木弁護士は、水俣病第一次訴訟が提訴された翌年に水俣市に事務所を開設した。半世紀が過ぎても解決しない水俣病問題を馬奈木弁護士はどのように理解しているのか。第5章から第7章は有明海異変についてである。二〇〇〇年一二月、有明海で赤潮が発生し、漁民らは諫早湾干拓工事の差し止めと仮処分を求めて佐賀地裁に提訴した。この裁判をよみがえれ！有明訴訟と呼ぶ。二〇年以上におよぶ有明海異変をめぐる紛争を振り返ってもらった。第8章は原発問題である。二〇一一年三月に発生した東京電力福島第一原子力発電所の事故後、馬奈木弁護士たちは九州の原発の再稼働を止める裁判を提起した。原発問題の解決に生かすべき公害の教訓とは何か。最後の第9章はたたかいについてである。馬奈木弁護士はたたかいという言葉を多く用いられる。たたかいとはいったい何を意味するのか。なぜ、たたかいが必要なのか。最終章では、馬奈木弁護士の思想と行動を理解する上で鍵概念となるたたかいについて質問し、回答をいただいた。

第1章　筑豊じん肺訴訟

長崎北松じん肺訴訟

長崎じん肺患者同盟会長の堤勇孝さんが私の事務所を訪れたのは昭和五二（一九七七）年です。石炭じん肺の患者救済の裁判をできないかという相談でした。堤さんたちは「国の責任を明確にできないか」という希望だった。それは消極的な意味で、自分を雇用している企業は相手にしたくないということだった。積極的な理由は、国だったら誰も文句を言わない、大同団結できるということです。企業を抜きにしていきなり国に勝つなんてそんなことはありえない。まずは企業の責任を明らかにした上で、次に必ず国の責任を追及しますと約束しました。筑豊じん肺訴訟でその約束を果たすことができました。

長崎北松《ほくしょう》だけが先行したわけではなく全国的な取り組みがあった。堤さんが全国の患者同盟に一緒に裁判を起こすべきだと訴え、個別訴訟は起きていた。従来型の個別の被害者と個別の企業の裁判はいくつかあった。しかし集団訴訟としてのじん肺訴訟は長崎北松が最初だと思っています。

全国患者同盟は裁判自体には消極的だった。三井三池の炭じん爆発事故訴訟やじん肺訴訟はいずれも提訴するまで時間がかかっている。一部の組合員が組合の制止を押し切って提訴した。それは水俣で勝ったことが大きい。それまでは裁判で勝てる自信がなかったし、現に勝ったことが少なかった。「怪我と弁当は自分持ち」というものの考え方だった。病気は自己責任の世界と考えられていた。じん肺による被害も病気ですから、自分で対応するのが当たり前、自己責任の世界だった。それは根強い労務政策の成果とも言える。

もちろん集団で立ち上がるのは不可能に近い。炭鉱労働の古典的形態として納屋制度に象徴される親分子分制度がある。先山と後山、親分がいて子分がいる。一つの集団が一つの坑内でまとまってやっている。これが確立しているから長崎北松でも親分が踏み切った集団は子分もついて起こせる。親分が強力に反対しているときに子分が起こすのはまず不可能です。水俣病も一緒で、検診を受けるときにまず網元を説得したわけですね。網元、区長、民生委員の三人を説得できたらそこの集落全員が検診を受けることになる。今度は受けない方が村八分になる。いまその状況がそのまんま福島に引き継がれているように見えます。

なぜ三池のじん肺提訴が遅れたのか。なぜ労働組合が反対したのか。三池での対応が特徴的です。組合幹部が主張していた「自分たちで権利はたたかいとる」というものの考え方は私も同意見です。ただ、たたかいの手段方法は色々あっていい。労働組合は文字通り自分たちでたたかう。「裁判所は国家権力の一部門だ。国家機関を頼りにしない」という意識が強かった。実際、組合幹部からは「裁判では勝てないというそれまでの実績がある。自分たちの方法で勝ち取る。じん肺は自分たちでそこそこ成果を上げてきている。裁判に負けることによってそれが失われてしまうということを恐れたのだ」という説明を受けていた。

山野炭鉱ガス爆発事故

山野炭鉱ガス爆発事故の責任の考え方は、熊本市で発生した大洋デパートの火災事故の延長線上にある。大洋デパートには従業員労働者と客がいたわけです。労災と考えるか、それとも公害と考えるか。普通の法律家だったらそれを一緒に裁判をするということは全く考えないと思います。私は法律家じゃないもんだから、客と従業員が会社に対して立場が違うとは思わない。労働者であろうが客であろうが会社の過失は同じことでしょう。労働者の安全保護義務が中心ではありません。一つの建物のなかにいる人間の安全をどう考えるのかという話です。労働者か客かは関係ない。一つの施設でどれだけ安全を守れるのか。逃げられなかったことが悪いんだよね。逃げられればよかった。

労働者の安全保護義務という言い方をするから裁判官が当然原告に聞く。「なんで火が出たのか」「火が出て火事になったことが企業の責任か」。斎藤鳩彦弁護士は、久留米の日米ゴムという会社の工場火災で女工さんたちが焼死した事件で「そんなもの神様しかわからんでしょうな。なんで火が出ようとそんなことはどうでもいい。逃げられればよかった。逃げられるようになっていなかったのが責任の問題である」と法廷で主張した。

山野炭鉱もそうなんですよ。労働者が裁判する気になったのは、鉱長と保安管理者が刑事責任を問われたからです。一審で有罪判決が出た。それで裁判をする気になった。ちなみに控訴審で無罪になった。われわれがなぜ火が出たかという話に乗っかって責任を主張していたら大変なことになっていた。出火について落ち度があったという話ではない。もちろん炭鉱では火が出たらそもそも許されません。

私は「議論はいりません。労働者を職場で死なせてはいけないことはわかりきっています。それだけで企業に責任が認められます」と主張した。「それじゃ裁判勝てませんよね」「いいや勝てるよ」というやり取りになる。原発訴訟で勝てない理由はそれです。技術論では勝てない。技術論を握っているのは国と会社です。技術論争をやったらダメに決まっていると信じています。水俣病の裁判でも技術論争をしていない。

責任のものの考え方を案外皆さん議論しないですよね。法科大学院は逆にしてはならないという教育をやられている。議論するのは要件事実だけで、それ以外はしてはならない。賛成するにしても反対するにしても昔はそれなりに議論をやっていた。いまは「しちゃいかん」ですもんね。われわれが勝ってきたのはそういう議論をしてきたからです。逆に言うと国は負けるもんだから議論をしない。長崎県の石木ダムの高裁の裁判で、ダムの必要性の議論を専門家証人で行おうとしたら、裁判長は「これ以上お話を聞く必要はないと考えます」と言っていきなり結審した。裁判所が議論そのものを聞く必要がないと言えば裁判所は必要ないことになります。

山野炭鉱の爆発事故の裁判は、私のなかでは炭鉱に対して労働者が責任追及できることが確立した裁判なんですよ。「怪我と弁当は自分持ち」を打ち破ったのが三池炭鉱の裁判と言われているけれど、私のなかでは山野炭鉱でしょうと。提訴は三池の方が早い。ただわれわれは三年半であっと言う間に解決した。山野炭鉱の方が解決は早い。企業に責任をとらせる問題として、三井は第二会社をつくって親会社が逃げようとするけれどそれを逃がさなかった。もともとの親会社三井の責任をつかまえるのに成功した事例です。

山野炭鉱のときも組合員と私の間で「国を相手にやって下さい」「冗談でしょう」というやり取りが行われている。順番の問題ではなく、企業の責任とその企業全体を包括している国の責任という面があった。企業の責任というのは国の全体の責任の小さい部分なんですよね。勝ち方からすると小さな部分からまず勝とうということです。

国の責任論

国の責任を考えるときには必ず技術論と政策論の両方があるわけですね。

技術論の責任をどこでつかまえるのか。加湿のものの考え方をめぐって国の責任の議論になる。湿式削岩機が一番わかりやすい。粉じんが舞うのがいけないわけですから、粉じんが出ないようにすればいい。坑道の岩を掘るためには削岩機を使う。湿式削岩機を使って粉じんの発生を抑え、通気を完璧にし、散水をせよとなる。粉じんを出さないために金属鉱山の場合は九割は湿式削岩機を使っている。しかし石炭鉱山ではほとんど使用されてはいない。それはなぜなのかというのが技術論での出発点です。

普通国の責任を問う根拠として、法的義務があるにもかかわらずその義務を怠って被害を発生させた、という感じで法的義務を設定してその不履行で被害が発生したと構成するわけですよ。企業に対してならこれで勝てるけれど、国に対しては絶対に勝てないというのがわれわれの意見です。

これこれの義務というのは国の基準です。これこれの義務があるからその通りにやれば安全なんだと。その通りやらないから被害が発生するという構成をとるわけですね。ところが水俣病やカネミ油症は、国が定めた基準に違反をした操業をしたから発生したわけではない。その意味では義務違反はなかった。そうすると責任をどうやって構成するのか。行政事件だとまさにいまの議論がそのまま適用される。国が行政基準をつくって、その通りやったら少なくとも行政法上の責任はないということになっています。

われわれが四大公害裁判を始めたときには「行政法規を守れば義務は免れるか。その考え方自体が間違いじゃないか。危ないものは危ないだろう。行政基準に従ったかどうかに関係なく、危ないかどうかの判断をしろ」と主張した。だから行政法規に違反しなかったからといって違法性がないということにはならんよというのが四大公害裁判の最初の出発点です。もちろん私たちはその主張を通して企業に勝訴したのです。

受忍限度論

義務違反があったとしても我慢の限度、受忍限度の範囲内だったら許されるといういわゆる受忍限度論という妙な議論が出て来る。これは東京大学法学部の加藤一郎先生の議論です。受忍限度論には利益衡量というもとの発想がある。しかし生命身体、健康や命は企業利益とは秤にかけられないというのが、四大公害裁判でわれわれが打ち出した原則です。そのことは加藤先生も認められ、受忍限度論は生命健康への侵害は別だという新受忍限度論に改められる。勝負がついたとわれわれは思っていた。

ところが原発では経済的利益と命が天秤にかけられている。私たちが四大公害訴訟で勝ち取った原則があっという間にひっくり返っている。いつのまに先祖返りしたのか。

実は経済的利益と命は秤にかけられないという議論に決着がついていなかったと考えるのが正しいと思えます。全国公害弁護団連絡会議（以下、公害弁連）の中島晃弁護士は「先祖返りではないですよ」と言われる。公害が一部突出していただけだった。やっぱり異端だった。私は産廃でその議論で勝っているから、裁判所全体がそうなっていると思っていた。だけど裁判所全体がそうなっていたわけではない。言われてみたら確かに電磁波の問題では勝てなかった。なるほど先祖返りしたわけではない。裁判所主流派の考えがそのまま変わらず続いている。

国に対しては基準違反だから違法行為であるとか、ましていわんや受忍限度という考え方では絶対勝てない。だから国に対しては故意犯だというところまで追い込まないと勝てないと考えています。

予防接種禍は故意犯なんですよ。法的義務として刑事罰までつけてまで予防接種をしなければならない、国民は子どもに受けさせなければならない、行政は予防接種を履行しなければならないという義務規定だった。国の言い分は「法律上の義務を履行しただけです。それに対してなぜ責任を問われるのですか」。これに対して「予防接種法は被害を出しても構わないと書いているのか。そのような規定は憲法違反である。被害が起きないようにやれと書いてあるに決まっているでしょう。日本国憲法は健康被害を出すようなことは許していない。もしそうであれば厳重な要件がないとダメですし、身体を傷つけていいと法律を読むこと自体間違いですよ」と私たちは反論した。

予防接種は一〇万人に一人の割合で必ず被害者が出ることが統計的に確立している。厚生省も認めている。一〇万人入るスタンドがあって、スタンドめがけて猟銃を打ち込む。誰かに当たって死にますよね。文句なしに殺人罪です。殺人罪ではないという議論はない。誰かを狙ったわけではないけれど、誰に当たるかわからないではダメです。打ち込めば誰かが死ぬ。故意犯として殺人罪が成立する。一〇万人に一人必ず被害が出る。故意犯に決まっているというのが九州の弁護団の主張です。東京、大阪、名古屋の裁判ではそんな乱暴なことは言わない。

結局最高裁は、小樽の事件で、被害が出ている以上打ってはならない人すなわち禁忌者だったと推定される、禁忌者とわからなかったという立証を国側がやれと言った。さすがに故意犯とは言ってはいないけれど、禁忌者という推定を働かせなかったということで義務違反があった。それまでは公定力つまり行政の行為には違法性がないと推定するという考え方だった。だからその推定を国民が破って来いというのが行政法理論です。予防接種ではこれを逆転させた。ただ予防接種は例外ですけどね。

それがわれわれのものの考え方の基本です。泉南アスベストで一番強調したかったことです。アスベストを使うかどうかという国の政策の判断は、被害が出ないから使うと決めたわけではない。被害が出ることはあらかじめ予想できたにもかかわらず、経済的利益判断で決めた。敢えて人命には関係なしにこれを使うことを決めた。その敢えて決めたところに過失があるという理屈です。われわれはカネミ油症訴訟の一審判決でそれを確立したと思っていました。

技術論と政策論

水俣病が公式に確認されたのは昭和三一（一九五六）年五月です。しかし昭和二八（一九五三）年に発病した患者がいた。そうすると水俣病発症がわかる前から防げという議論が要る。新潟水俣病訴訟では国に勝てなかった。訴訟の加害企業昭和電工に対する法律論は、熊本の水俣病があったから、昭和電工にも起きることが明白であり、それを防止すべきだったという議論です。その議論では企業には勝てても国に対しては勝てないと思っているわけです。事前に防げというのはなかなか難しい。チッソに対しては汚悪水論を主張した。化学工場の排水が悪いというのは工場を造ったときからわかっていた。われわれは国の責任では公式に確認される昭和三一年に患者が出たのがわかったときから防げたと主張した。水俣病第三次訴訟ではそれで国に勝つことができた。

筑豊じん肺も被害が起きたあとの話です。粉じんを吸えばじん肺が起きるとわかっている。あとは防ぐ方法になるわけですね。じん肺患者が発生しても「敢えて構わない。それでもやり続ける」と国が判断した根拠をどこで客観的に示せるのか。

国は一般論としては金属鉱山と石炭鉱山と基準を区別せずに湿式削岩機を使うよう義務付けていた。ところが金属鉱山の場合九〇％以上、石炭鉱山の場合約二〇％が湿式削岩機を使っている。なぜ国はその差について黙っていたのか。実は基準が違っていて、金属鉱山は全部無条件で湿式削岩機を使用しろ、石炭の場合はケイ酸質区域指定、要するにケイ酸質の割合が高い岩石を掘るときには湿式削岩機を使用しろという運用の仕方になっていた。しかし二〇％という数字が長い期間ずっと続くわけですよ。つまり石炭では規制をかけようと思っていない。だから石炭の方ではじん肺患者はどんどん出るわけです。国は規制を強くしようと思わないといけない、ケイ酸質区域指定をもっと増やそう、ケイ酸質区域を指定していない企業がいっぱいいるからそれを徹底させよう、さらにはその指定自体を変える措置をとるべきである。国は十何年以上それを放置してきた。うっかりしてやらなかったというレベルではない。「被害が出続けても敢えてやらない」という意思決定があると考えられますよね、ケイ酸質区域の仕方が明らかに異常でしょうがという主張が効いたわけです。これが技術論の決定打です。

ただケイ酸質区域指定の問題がなければ負けたかというとそうではなく他の理由を持って来るだけですよというのが私の意見です。責任を問うのにこれこれの義務があるのにこれを怠りという考え方をしてはならない。被害が起きることはあらかじめわかっており、その被害を防ぐためにこれこれのことをしなきゃいけないのに、その方法をしないという決定を敢えてしたということです。

カネミ油症ではその考え方です。われわれは最初毒見義務違反、製品の安全検査をしないところに問題があるという主張をした。食品だから毒見義務があると気取って言ったわけですね。しかし、考えてみますと当時の国の基準では検査してＰＣＢが混入しているとわかったとしても使ってよかった。ＰＣＢが混入してはならないという基準がなかったから、国の基準に合致するかどうかを検査しても意味がない。水俣病がまさにそうです。国の基準に違反した排水を流したわけではない。ましていわんや当時の基準ではチッソの流した排水は水道水として使っていいという水ですから何の責任が問われるのかという議論なんですよ。

だから国の基準に従ったかどうかが問題ではない。ＰＣＢが危ないとわかっていたという議論をしないといけない。国は敢えてそれを許したという議論でないと勝てない。アスベストも危ないと分かっていた、だけど規制しなかったではダメです。わかっていて敢えて許したということまで押し込まないといけない。原発もそうです。これまで優秀な弁護団でもどうしても勝てない。私の考えでは技術論で争うからですよ。水俣病の第三次訴訟の第一陣は正面から政策論で勝った。つまり技術論ではなく国が敢えてそういう操業をさせたという政策論を展開した。石炭でも筑豊じん肺訴訟の最高裁判決は国のスクラップアンドビルド政策から判決を書いている。要するに労働者の安全性を政策によって無視したことを認定した。それで労働者の安全を保護するためには最新の技術と最新の知見を使えという判決になる。だから国の責任は政策論が基本です。

そこでもう一つ議論がいる。産業政策の是非を裁判によって問うことはできないというのが法律家の常識です。私もそれは同意している。産業政策の是非そのものを裁判で問うことはダメに決まっています。政策自体の是非を問うのではなく、政策の実行によって起こった結果の行政の責任を問う。政策の是非を問うことではないし、逆に政策の是非を問わないわけではない。

水俣病の第三次訴訟の第二陣判決は国に責任があると認めている。「国に責任があるのは社会一般の認識ですよ。社会通念上認められています」と言ったわけです。裁判所は社会通念に従って判決を書いている。その考え方自体間違っていない。原発裁判では、逆に原告側が社会通念によって負けさせられています。原発を認めるかどうかは大きな政策判断です。それだけの国民の声がないと裁判所は認めることができない。四大公害で勝ったときは「公害は許さない」という社会通念があった。いま原発は必ずしもそうなっていない。

技術論と政策論があって、政策論が基本で、勝つためには裁判所を説得するためにはある一定の技術論がいる。政策論がしっかりしていると技術論はそんなに強くなくてもいい。だから社会通念が原発反対になれば、火山と地震という理由で勝てていい。それを危ないと言うか言わないかだけの話です。まだ危ないと言わなくていいと裁判所は思っている。逆に言うべきではないと裁判官は思っている。あながちそれを十分に批判はできていないところが一番の問題だと思っています。原発で勝つには政策批判を徹底して行うと同時に、原発はなくせという国民の声を裁判所に突き付けることが必要だと思います。

安全保護義務

労働者の安全を保護する義務が企業にある。それはいつからか。

岡村親宜先生が労災職業病の労働弁護団の理論的中心人物です。じん肺の長崎北松の最初の準備書面は、近代市民法ではなく、社会法の段階になって初めて労働者の権利が守られるというように読める論調でした。社会法によって労働者の安全保護義務が確立したというのが岡村先生の論文の中心だと思います。総評弁護団が到達し確立したのが安全保護義務という考え方だと言われています。使用者は万全の安全保護義務を負っているという考え方を自分たちが確立したと言われている。

それはおかしいだろう。近代市民法でも労働者の権利は無条件に守られていたというのが私の意見です。権利自体はもともと近代市民法の権利でしょう。労働者だから特別に保護されるというものの考え方はしない方がいいというのが私の意見なんですよね。一般の権利があってその上にさらにより手厚く保護される部分の労働者の権利があると言うのならまだ理解できる。だけどより手厚く保護された部分が権利だと言われるとそれは違うのじゃないか。安全保護義務というのはもともと近代市民法の最初からあるものであって労働者に限定された権利じゃない。

その発想の違いはどこにあるのか。われわれは公害から来てますから、一般住民がどうやって自分の権利に取り組むかという発想から考える。公害反対闘争というのは、一般住民の一人一人の被害のはずなのに、同じ被害の人が団結して、組織をつくって、より組織的に個別の被害（私情）を超えて総体としての被害回復とその防止

（公憤）を国に対したたかっている。自分で組織を持っていてたたかっているはずの労働者の方が集団としての取り組みにはならない。労災では個別被害者救済の取り組みになっていた。やっぱりおかしいじゃないか。どうして労災が個人的な被害の取り組みになっているのか。

責任の主体は誰かという議論とつながってくる。労働者の安全を保護する義務が企業に当然あるというものの考え方と、労働者の安全を守ることが一企業の力だけではなく国全体の規制の問題だよねという考え方がある。要するに安全を保護するという義務は一企業じゃなくて社会全体の問題です。社会全体を維持するのは国以外の何物でもない。労災というのは企業と労災にあった人の個人的関係だから個別被害ごとに責任が異なってくる、労災裁判は個別裁判の積み上げであると考えていたのではないか。

私のように公害裁判をやった人間からは本質的に違うでしょと言いたくなる。公害被害者は一人一人が被害を受けたと思っていない。集団として被害を受けたと思っている。労災も集団として被害を受けているわけです。そのことを水俣病の弁護団が如実に問題を突きつけた。同様の事件が二つあります。一つは、すでに触れた大洋デパートで従業員と客を区別せず同じ責任として追及したことです。もう一つが次に述べる労災事件です。

慢性二硫化炭素中毒症

昔の八代の街は工場の匂いがすごかった。水俣病の弁護士が労災認定を争います。主要な症状は脳血管障害、脳溢血です。「個人が持っている病気に決まっているだろうが」「いや労災だよ」という議論になる。これ水俣病の弁護団の一員だからできたと言ってもいいと考えています。水俣病はその争いですから。

水俣病はピラミッドで病像を示しています。要するに最重症の狂い死に、四肢変形、むちゃくちゃな症状、もっと穏やかな症状、ごくごく普通の人が持っている症状、感覚障害までピラミッドで病像が示される。その違いがどこから来たのか。そもそも病像とは何か。水俣病の病像はいまだに確立していないと言えます。原因物質の濃度によって病像が決定的に変化する。強い濃度のときの急性症状とものすごく微量の長期にわたる慢性中毒は、全く別の病気、全く別の病像です。これは水俣病をみていると歴然と出てくる。

レーヨンの労災職業病は二硫化炭素中毒症です。街中が匂うぐらい高濃度汚染のときは因果関係は明らかです。企業側は当然のことながら、労働者の安全のために手を打つわけではなく、生産のために手を打つ。汚染の濃度がぐっと下がると脳血管障害の患者が出てくる。従来言われていた労災の認定基準に合う病気ではない。従来の労災の認定基準に合わないから認定されない。だけどそれはおかしいだろう、因果関係は明白だと争った事例ですね。

現場に踏み込め、興人の会社に現場検証に行くぞということになって、現場でバチバチ写真を撮ろうとしたら「ダメだ。危ないですよ。爆発しますよ」と工場関係者に注意された。そんなに危ないのか。水俣工場に検証に踏み込んだときも写真を撮ろうとしたら企業秘密と言われた。操業を止めているのになぜ企業秘密なのか。途上国ではまだ使えるからやっぱり企業秘密なんです。そのときは東南アジアに輸出した。

興人のレーヨンの施設も韓国に売られました。興人と同じ二硫化炭素中毒が起きるぞと国宗直子さんという水俣病弁護団の一員の弁護士がわざわざ韓国まで乗り込んで訴えた。日本でも同じレーヨンの会社がいっぱいあるわけだから、別に八代の工場だけが悪いことをしているわけじゃない。日本中同じことをしていて患者がいるはずなのに全国のレーヨン工場検診を呼びかけたけれど応じたのは京都の一社だけだった。そこで労災が多数出た。ところが韓国は全面的に問題になって韓国の方の労災の被害者の数が日本よりはるかに多いという話になったと言われている。

要するに言いたいのは、個人対企業の問題ではないということです。労災の患者が一人いればその背後にさらに多数の被害者がいっぱいいる。何も一人の問題、一社の問題ではなく、同業企業全体、全従業員の問題なんです。それはすなわち国の責任の問題です。公害をやった人間は比較的その思考回路がスムーズに繋がるんですよね。

筑豊じん肺訴訟のことを、労働者の安全を保護するべき義務を怠った、国の不作為の国賠法上の責任を問うた初めての最高裁判例だという言い方をします。法律上の評価として間違いだとは言いません。しかし本質をついた評価ではない。本質は、労災を個別問題ではなく国家の問題として初めて問うた事例である、国の政策の責任の問題として初めて明らかにして認められた事例であるというのが正しい評価だと思うんですね。

個別訴訟から集団訴訟へ

集団としての労災訴訟という発想は労働事件を中心に取り組んできた弁護士は弱かったように思えます。あくまで個別の労働者とその雇用企業との事件という発想です。でも私は集団としての被害者がいて同じ加害企業群という捉え方をする。じん肺訴訟は集団訴訟です。それも個別企業相手ではなくて、集団として企業群として捉えたのが筑豊じん肺訴訟です。雇用者の集団とはすなわち国、だから被告が当然に国になる。労災訴訟で被告を国にするという発想は労働弁護団には少なかったと思います。少なくともじん肺訴訟を始めた段階では個別被害者とその雇用企業との関係という発想が中心だったのではないか。

岡村弁護士は安全配慮義務の確立と書いてますけれど、あくまで雇用企業が個別の労働者をどう守るかという問題になっているように思えます。われわれはそうではなくて一つの企業の集団としての被害者として捉えています。さらに言うと個別の雇用者としての企業ではなくて、企業の総体すなわち国、国の産業政策そのものが集団としての労働者の被害を生み出している。だからじん肺で言うならば、例えば日本の財閥、三井、三菱、住友、古河などをまとめて被告に据えたわけですね。特定の企業が悪いことをして特定の労働者を傷つけている問題ではないでしょう。それが初めて形としても確立したのが筑豊じん肺訴訟です。

個別の被害者が個別の企業を訴えていた。それを初めて一つの企業の被害者が同じ被害者として集団で特定の企業を訴えたのが長崎北松じん肺訴訟だったと思います。これも画期的だった。そして特定の企業の特定の労働者の枠を離れて、特定の企業ではない、企業全体を貫く問題として企業の代表、旧財閥みんなまさに企業の集合体そのものである国を被告に据えた。それが筑豊じん肺訴訟です。

筑豊じん肺訴訟の画期的なところは国を被告に据えたことだと言われるけれど、その意味は何なのか。じん肺被害を生み出して来たもの、それはすなわち国の産業政策の推進実行そのものであって、個々の企業の問題ではない。被害を生み出したのは国そのものという捉え方です。

国家無答責

労働者の安全を保護する義務は、企業の義務であることはもちろんですけれど、国の義務なんですよというところにまで来た。法的責任としてですね。近代市民法の出発のときからあったに決まっていますけれど、それが法的義務として裁判所で認められるものとなったのは筑豊じん肺訴訟が初めてだと思います。

ここでまた同じ考え方になりますけれど、国賠法ができたから国の不法行為責任が認められるようになったと考えるのがいまの法律家の圧倒的多数ですよね。逆に国賠法が成立しないと国の責任はないのか。法律がないと国の責任はないのか。

国の不法行為責任はないという考え方は、絶対主義王権下の「王は悪をなさず」という法の格言です。ずっと前のローマ法からでしょうね。国というのは悪いことはしない。正確には悪いことをするんだけれど、その法的責任は問えないという意味です。それを破ったのが市民革命のはずなんですよ。「いやいや国といえども市民と対等平等な組織じゃないか。国家の方が市民の上にあるわけじゃないよ」というのが近代市民革命です。「王は悪をなさず」は近代市民革命で破られたと私は信じています。

戦前の日本だって国の責任を問えた有名な事件がある。国が管理しているものでも遊具施設、公園だったら問える。それは権力行為じゃないからです。権力行為ではない部分は民法が適用できる。権力行為の部分はダメだよねという変な説明です。近代市民革命の徹底度によると私は信じています。だからフランス行政法では国が特別な地位にいません。

日本の行政法は恐るべきものがあって近代市民法の視点から言えば極めて特異な異常な議論ですよ。私がちゃんちゃらおかしいというのが公定力、国の権力行為は正当だと考えることを前提としますという考え方です。それを問題にしたい国民はまず国の行為の正当性を破って来い、違法であることを国民側が明らかにせよ、国の行政行為が正当であるという推定が無条件で働いている。これが公定力と言われています。ご冗談でしょう。法律上どこにそんなことが書いていますか。どこにも書いていないですよ。勝手に官僚が頭でつくりだしている。フランス行政法ではそんなことは考えられない。ドイツ行政法の独特の論理だと私は思っています。それも絶対主義王権下のですよ。

それと行政が自分で自力で執行できる。近代市民法の大原則は自力救済を排除する。自分で勝手に実行してはならない。国といえども何かしたいときには裁判所の判断に委ねないといけない。これが近代市民法の基本原則です。それを行政が勝手に法的根拠もなく、身勝手な原則をつくりだして、その原則があたかも自明の論理のように言うのはおかしいとしか言いようがない。いま沖縄で推し進められている国の行為はまさにこのおかしさの現実化です。この実態のどこが法治国家と言えるのかと心から怒りを覚えます。

国民の安全を守るべき義務を履行すると公権力の行使になるでしょうから、その責任を問うためには一定の法律の義務規定が要るという理屈になりやすい。特に戦前の責任を問おうとしたら国家無答責という言葉で排除される。「王は悪をなさず」とはさすがに言えないから、官僚が国家無答責という変な言葉をつくりだした。国家無答責という言葉は市民革命の前にはそんな言葉はない。それから市民革命を徹底した国つまりフランスやアメリカなどにはないはずです。

最高裁の認定

国の安全保護義務を認定した判決として、まず労働者の安全の保護義務を認めたのが筑豊じん肺訴訟、次に一般市民の安全保護義務を認めたのが水俣病訴訟です。筑豊じん肺判決の半年後に水俣病の判決が出ます。国が国民の生命身体を守る義務を負っているという判決です。根拠条文は違いますが法的論理、法的構成は両方全く同じです。問題は認定の仕方です。私が強調したいのはその法的義務を引っ張り出して来る認定の仕方が全然違うということです。私に言わせると本当は同じであるべきですし、水俣の認定の仕方が不十分だと思います。

筑豊じん肺の最高裁判決の事実認定はまず国の産業政策から始まります。国のスクラップアンドビルド、石炭産業を国が支配したという認定からくる。その事実を認定した上で国はじん肺患者の発生を防ぐ義務があったという認定がくる。その義務の履行として法律を持ってくる。じん肺については国にじん肺を防ぐ義務が法律上ある。じん肺法が成立した一九六〇年からの国の責任ということになります。

ところが水俣病を防げという法律はない。国は国賠で責任を認定するためには違法性の根拠条文がないといけないと主張する。われわれはそこに異を唱えたわけです。法律があり、その法律違反があるから法的義務が生じるという、この国の主張は考え方が逆でしょう。まず国民の安全を守れ、国民の被害発生を防げという義務が当然国の義務として前にある。だから根拠条文が先にあって義務があとから出て来るという発想は間違いです。近代市民法上国は国民の安全を守らないといけないに決まっている。その義務を実行しようとしたら実行できる条文がありませんでした、だからできませんでしたというのならまだ論理的にわかる。最初にそもそも義務があってその履行が現実にできたかどうかという議論なんですよね。それに対して最高裁は答えを出していると私は考えています。根拠条文が必要だということに対しては条理でいいと言っています。例外的にですけどね。

われわれの主張は、国民の安全を守るべき義務は当然に法律の根拠なくしても発生する。その義務が履行できるかというときに法律の根拠がいると言うけれど、その法律はありとあらゆる法律を使えばいい。その保護法益が別目的に限定されているなんてつまらんことを言わないでね。もちろんその保護法益に反した使い方はできないというのはその通りかも知れません。その保護法益にも合致して使えるのであれば水俣病を防ぐために使うべきだと。使える法律はすべて使え、その保護法益違反の使用法でない限りはねという主張をして熊本地裁の水俣病第三次訴訟第一審判決でその通りに認められている。われわれの国賠の請求ではわれわれの主張した法律の適用がすべて認められている。最高裁とは真っ向から対立する考え方で、国の義務はどこから出て来るのか、企業の義務はどこから出て来るのかという前哨戦があって、近代市民法の大原則から出て来ますよという主張をする。国の責任についても同じ議論です。だから最高裁の考え方とは正面から逆に考えて勝ってたわけですよ。その出発点が権利論の考え方なんですね。

権利論

権利はどこから来たのか。とにかくいま憲法を守る立場の講演会で評判がいい弁護士の方が天賦人権説を唱えていらっしゃる。歴史的経過としてはそうでしょう。明治維新の時の論理としては正しいですよ。福沢諭吉が「天は人の上に人を造らず、人の下に人を造らず」と説いています。明治憲法、大日本帝国憲法の議論にとっては効果がある議論かもしれませんけれど、いまの憲法がそうだと言っちゃいけませんと確信しています。明治憲法の人権を広げるための説明としては正しいかもしれないけれど、それがいまの憲法の精神だと言われると違うと言うべきです。

日本国憲法はなんと言っていますか。天賦人権説のように天から降って来てひとりでそなわっているわけではない。権利はどこから来たのか。日本国憲法九七条です。極めて明快だと私は思いますよ。誤解のしようがないでしょう。人類の多年にわたる自由獲得の努力の成果なんですよ。過去幾多の試練に耐えて人類が自分の力で勝ち取って来たものだ。いまいうならファシズムの試練に耐えてですよ。私は疑問の余地がないと思う。天から与えられていると言ってはいけない。歴史的経過として天賦人権説は正しいですよ。日本国憲法下において言うのは間違いですよ。

日本国憲法が明文でそう言っている。権利はいまの国民に信託されているのであって、国民は不断の努力によって保持せよ、そして次の世代に渡せという文章と符丁が合う。守るのは国民自身ですよ。国が守ってくれるなんて大間違いですよ。だから自分たちが守り抜く、たたかいとったものだからいまからもたたかい抜こうねとなってくる。天から与えられたものだったらたたかいぬく力が出て来ない。

一二条の強調の仕方が違ってくる。憲法の論者のなかには、国に各種の義務があるのであって国民には義務はありませんよという人がいる。違いますよ。一番大きな義務は、国に官僚に憲法と国民の権利を守らせるという義務が課せられている。そこが論点の違いです。それを言わないとまさに「憲法について考えよう」となってそこで止まってしまうことになる。そこで一二条の強調も足りない。たたかいとってしかも実力で維持しないといけない、自力で守り抜くものであるという認識や議論が足りない。

これは市民運動の特徴だと思っています。私は住民は信用します。市民と住民と何が違うのかというと住民はそこで生活をしている人です。つまり生活上の問題点を主張している人は私は信用します。自分の生活と関係ない一般議論をする人を私は信用できません。いつでもその主張を止めるから。住民は生活の場のたたかいを止めることはできない。

いま私の取り組みの中心となっているのが長崎県の石木ダムの事件です。これは全国的に例がない。ダム反対闘争とか産廃の反対闘争は普通地権者がまずいない。それは理由があってたたかい続けることができず、家屋敷と田畑を屈服して国に売り渡すからです。石木のように集団として生活の現場を国に売り渡さずに屈服しない例を私は知りません。

民法七〇九条改正

民法七〇九条はそれまで文語文で書かれていたのが二〇〇二年に口語体に変えた。口語体に変えただけだから内容は一切いじっていないというのが法務省の説明です。それは嘘で、七〇九条はいじられ法改正されている。中身が根本的に変わっている。権利とは何かという考え方が根底から否定されている。

昔の条文は「他人ノ権利ヲ侵害シタル者ハ」、いまは「他人の権利又は法律上保護される利益を侵害した者は」です。前の条文には「法律上保護される利益」は書いていない。法務省が法的には変わっていない、何ら変更していないということは、すなわち「権利＝法律上保護された利益」と言っていることになるわけです。これは最高裁の見解でもあります。

権利というのは何かという定義になるけれど「一定の支配領域、他人の立ち入り禁止区域」なんですよ。柵があって囲ってある。柵のなかを権利者が実効支配していてそこには立入禁止という立札が立っている。占有権というのはその実効支配の形態です。当然のこととして立ち入り禁止区域に立ち入ったものがあったら排除できる。侵害したものに対しては排除する権利すなわち物権的請求権が行使できる。権利侵害を止めることができる。逆に言うと止めることができないとおかしい。それは権利ではない。権利である以上止めることができる。われわれの議論は「権利侵害即差し止め」が大原則です。差し止めできない権利なんていうのは意味がない。立ち入り禁止区域に立ち入ってきたら排除できないと権利ではない。もちろん特別の事情が認められれば例外として排除差し止めが認められない場合もあり得る。これこそがごくごく常識的な普通の市民法論理なんですよ。ところが日本ではそれが常識ではない、逆に異端扱いされている。

日本の法律解釈の主流は東大官僚法学ですけれど、不法行為については違法段階説といって、まず我慢しなさい、受忍の限度があります。権利を侵害されてもまず我慢しなさいと。我慢の限度まで来たら損害賠償を認めてあげます。損害賠償でも我慢できないところまで来たらやっと差し止めを認めましょう。違法段階説は東大総長になった加藤一郎先生の論理で、これが無条件で信頼されている。これは近代市民法の原則と例外が逆転している。

被告が誰になるかも議論になる。一番わかりやすい例え話をすると、重量制限を超えたトラックが道路の下のガス管を破壊した。ガスが噴き出してして周りの住民に流れこみ危険な状態になっている。住民は止めてもらいたい。さあ、誰を相手に訴えるか。

われわれの答えは侵害行為を止めることができる者、ガス会社に決まっている。日本の最高裁は私に言わせると驚くべき答えをいう。日本政府も同じです。「侵害行為したのはガス会社じゃない。ガス会社は何もしていない。トラック会社を訴えなさい」。これが最高裁と日本政府の答えです。「ガス会社は受忍限度もあったもんじゃない。自分はしていませんという抗弁も関係ない。ガスを排出しているのを止めることができるのはあなただから止めなさい。それで損害が出るのなら損害を出した原因者に損害賠償を請求しなさい。ガス会社とトラック会社が喧嘩しなさい」というのがわれわれの考え方です。住民はガス会社に止めろと、これはあなたのガスであり、あなたが止めることができるからと。ごくごく当たり前の話が、ガス会社を訴えたら「私悪いことしてません。違法性ありません。責任ありません」「そうだよね、人違いだよね」というのが日本の裁判所です。私に言わせるとバカバカしいとしかいいようがないと思っています。

科学としての法解釈学

われわれは九州大学の民法の原島重義先生からその理屈を叩き込まれたと思っています。徹底して近代市民法の原理でものを考える。いま日本の裁判所で通用している論理は資本主義の発展によって大企業が力を持ったことにより大企業のために修正が加えられている。その修正がいかにして生じたのか。何がその修正を生じさせたのか。そもそも修正が加えられる前の基本の原則は何だったのかということが正面から問われるべきです。

法律学は科学ですかという有名な論争が戦後あった。いまは法解釈学は科学ではない、法社会学は科学であるという変な落ち着きになっているように思えます。あるいは法社会学そのものも存在が危ういかも知れません。原島先生は法解釈学が科学であるとおっしゃっていると考えています。

法解釈学の何が科学なのか。近代市民社会で成立したものの考え方は何なのか。原島先生は必ずローマ法まで戻って考えています。その原則がローマ法時代にあったとすればそれがそのあとどう変わって来たのか。変わって来た要因は何なのか。いま日本の権利概念がなぜ原則と例外が逆立ちした逆の解釈になっているのか。

学問的に色々あるのでしょうけれど、逆転を生んだのがわが恩師によると、東大の末弘厳太郎先生だと言われていると思います。戦犯第一号とおっしゃっていると思います（私の誤解であれば申し訳ない話です）。末弘先生は戦後労働法をつくって、『法律時報』を出しています。

近代市民革命はドイツでは流産している。日本と同じです。近代市民法に対応する法律はドイツ普通法だと思います。ドイツ普通法はローマ法時代からの法律を整理した法律と言えると思います。それを資本主義に相応しいようにさらに変えたのがベーゲーベー（B・G・B）、ドイツ民法典です。ドイツ普通法から押さえないと市民革命後の民法の状況というのはわからないというのが、原島先生の説と思っています。だからドイツ普通法を徹底して研究していると思います。

日本の法律家はドイツ民法典以降にいきなり飛びついてドイツ普通法の時代とそれ以前を落としているのではないのか。しかも大企業が確立して修正が加えられている状況が原則だと誤解をした。どれだけ修正を加えているのかという認識が全く欠けているというのがわが恩師の論文「わが国における権利論の推移」だと思います。だから日本においては権利論はついに確立しなかったということが言えるのではないでしょうか。

権利論はそもそも司法修習生でもまともに議論したことがない。私もそうだったと思う。だから法科大学院でも教えたことがないと思います。まともに権利とその歴史について考えたことがない人ばかりが法律家になっているのが現状と言えるのではないでしょうか。

なぜ法が必要なのか

私たちはゲヴェーレ（Gewere）という言葉をしっかり聞いてきました。授業時間中に先生たちが一〇回も二〇回もおっしゃる。ドイツ普通法の一番中心概念です。ゲヴェーレがあるかないか。すなわち実効支配です。

実効支配があるかないかが権利の中心であり基本なんだと思います。わが日本政府が主張していますよ。尖閣諸島がなんで日本の固有の領土と言えるのか。日本政府の答えは長年にわたって日本が実効支配しているからです。実効支配が一定期間継続して、周りがそれを承認するに至ったとき、権利が確立すると私は思っています。出発地点は勝手に支配しても構わない、まだ周りが認めていないときには権利としては確立していない。周りが認める段階まで来れば権利として確立していると言える。出発地点が違法な支配でも構わない。それが取得時効でしょう。

取得時効は何も特別なものではない。権利の概念を説明しただけです。私は取得時効と消滅時効は意味が違うと思っています。消滅時効で権利を長年行使しないでいると権利自体がなくなるというのは、それは必ずしも正義ではない。実効支配しているのは私はある意味正義だと思う。周りから承認されていればですね。紛争状態であれば権利ではないと思います。消滅時効とは、履行すべきことを履行していないものに当然に権利を与える制度では決してないと思います。本質的にね。というのが私の時効論です。これも筑豊じん肺の時効の認定の考え方ですよ。

実効支配していなければ権利が認められないのは当たり前の話です。別に法律、条文で決めてもらう必要はない。ゲヴェーレというのは私の学生時代の先生はみんな言っていました。物権ですけれど、私が法律って面白い、法律を勉強しようと思ったのは京都大学の林良平先生の授業を聞いてからです。原島先生と舟橋諄一先生という物権法の巨人が九大にいたわけですよ。舟橋先生は有斐閣全集の物権法を書いた先生ですからね。有斐閣全集を書いたということは日本のトップの一員だということです。

舟橋先生の授業はほとんど覚えていませんが、一点だけ覚えていることがあります。我妻栄先生の「債権法の優越的地位について」という論文がある。何に対して優越しているかというと物権に対してと言っているのだと思います。物権よりも債権の方が権利性は強いですよ。これは日本の従来の考えと全く逆行します。

日本は物権、所有権が絶対権です。だから債権では二重契約が許されます。履行できなければ損害賠償の話になるだけです。だから履行を強制することはできない。物権は履行を強制することができる。履行を強制する手段が物権的請求権という法律構造になる。物権の方が優越すると思っているわけです。違うんですよ、債権法が優越するんですよと。これは資本主義国においてはという但し書が付くわけだと私は思っています。事実、イギリスでは大企業にとっては土地所有権なんてほとんど意味をなさないと思っています。だから資本主義国の一番原型というか、イギリスでは労働者が土地から追い出されたところから始まるわけです。必ずしも土地所有権を持っている人が資本家になったわけではない。土地所有権が幅を利かせているのはドイツと日本ぐらいなんだと思います。遅れた国なんですよ。

舟橋先生がせせら笑って「物権が優先するに決まっているじゃないか。例えば博打で負けた。そのときでも絶対的に取り立てる。それは債権によって取り立てるわけではない。それこそ物権的請求権の考え方でしょう。債権法によって取り立てるわけではない」という講義をしっかり覚えています。

林良平先生は夏の集中講義にいらしたんですよ。ちょうど舟橋先生から原島先生に授業が交代するときでした。軽い気持ちで受けて法律というのは面白いと初めて思いました。熊祭りの話です。ある人が北海道に旅行して景色が気に入った土地があったので、値段を聞いたらめちゃくちゃ安いから買い込んだ。ある日突然お手紙が来て「熊祭りをやる。この土地の所有者は熊祭りを主催することになっている。出てきて主催して下さい」。土地を買っただけなのにそんなものが付いてきた。

法的にむっちゃくちゃ面白い話です。どうやって解決するのか。「法律というのはそういうことなんだ。こういうことを解決できるようにしているんだ」と私は急に納得しました。皆さん授業でそういうことを教えてくれない。解説してくれない。法の規定のこの条文が社会生活でなぜ必要なのかというのを教えてくれない。商品として土地を流通させようとしたらいろんなものが付いてきたら困る。それをちゃんと表示せよ。この土地は熊祭りが付いていますと。

私は初めて法律とは何なのかその意味がわかりました。条文解釈を読むと積極説、消極説折衷説がある法の規定の条文がそれだけを言われてもぜんぜん理解できないわけですよ。林先生の講義で初めてわかりました。この問題を解決するための法概念が必要となる。原島先生がおっしゃる科学として法解釈学がようやく理解できることになった気がしました。積極説と消極説の立場が違うから解釈が違うのは当たり前です。解釈の違いが出て来るのはなぜか。その立場を明らかにしようね。どの立場に立ったからこっちの説に立ちます。そうわかったら簡単でした。

私は司法試験の答案はほとんど「近代市民法の基本原則は」で書き出している。この問題は基本原則通りにしたら結論が具合が悪いよね。じゃあ具合が悪いのをどう考えて解決しましょうかという答えになる。割といい点がついているんだと思っています。

一八年四か月

筑豊じん肺の提訴から最高裁判決までこんなに時間がかかるとは思いませんでした。われわれが取り組んだ山野炭鉱事故は三年四か月で訴訟の決着をつけた。それと引き合いに出されるのが三池炭鉱の炭じん爆発、夕張炭鉱の爆発事故です。夕張は一二年かかっている。三池炭鉱も十何年かかっている。技術論争を正面からやったわけですね。われわれはそんな論争はしません。夕張でも私は応援弁論で「炭鉱で人が死んだらそれだけで企業の責任」と主張したら、傍聴席からは拍手が起きたけれど東京から来ていた若手の弁護士たちは、結論は賛成だけれどそれだけでは勝てませんよねと否定的でした。

筑豊が裁判で一八年かかったのはやっぱり被告の多さです。筑豊じん肺の特徴でもありますけれど、一企業を相手にしていない。これは板井優弁護士が私に批難の意味で言ったんですけれど「資本主義一〇〇年の総括、責任を問おうとしてる」わけですね。炭鉱の操業の最初からじん肺が発生していたその一〇〇年の責任。被害者救済のためにはもちろん最高裁まで行ってはいけない。一審で決着をつける。山野炭鉱であり、水俣での教訓です。

救済の遅れは拒否と同じです。福岡高裁で私たちを勝たせた裁判長は和解の話には最初から乗らなかった。彼は国の対応がわかっていた。西淀の大気汚染の訴訟で国を負けさせた裁判長です。小宮学弁護士が書いていますが、国が敗訴することを認めた判決がないうちに国が和解することはあり得ない。そういう意味では一審でわれわれが国に勝てなかったのが一八年という長い裁判になった。

一審で負けてしまったのは小宮学弁護士が著書ではっきり言っている。「裁判長が主張を理解できなかった」。長崎北松じん肺一審判決がそのあとの企業の責任論を決定したわけですね。企業の責任は判決にある通り争いようがない。企業が残された論点は時効だけです。それで筑豊じん肺で国の責任に乗り出したわけですね。国の責任も一審でわれわれは楽勝だと思っていた。私の受け止めでは一審敗訴の原因は裁判所に理解してもらえるようにわれわれの主張を整理しなかった。準備書面を何十通も出しっぱなしでまとめなかった。小宮弁護士に言わせるとそれは裁判官の仕事だろうということになる。長崎北松じん肺の企業の責任を認め、原告勝訴の判決を書いた裁判長東孝行先生、筑豊じん肺の裁判長川畑耕平先生、弁護士の私の三人が久留米大学法科大学院の教授にそろってなった。

もう一つあってこれは実務的な話です。麻雀する人はわかると思いますが、いろんな役がある。役によって点数が違う。どの役であがるか始めから決める人と役を絞らない人がいる。私は絞らない方です。絞らないで手広くやっているとと結局散漫になる。勝訴するのは絞り込みが成功したときです。手広くやっていて絞り込む整理をきちんとしなかった。勝つことができなかった理由だと考えています。

筑豊じん肺はどの論点で絞り込みをかけるのかが高裁での議論になる。一審判決は国の措置についてこれも不合理あれも不合理とみんな不合理と認めている。だから原告が勝つという判決が書けたはずです。ところが「著しく不合理とまでは言えない」と言って負けるわけです。どっかで絞込みをかけないといけない。どこで絞込をかけるのかという議論になる。結局ケイ酸質区域指定が著しく不合理という論点になる。岩石のなかのケイ酸部分が肺を痛める。だから病名を珪肺というんだというのが長い間の考え方でした。

それはおかしいよねと私はいつも言っている。一八七〇年、八〇年代からも炭鉱に肺疾患があるっていうことはフランスの小説家ゾラの書いた『ジェルミナール』だって書いてある。炭鉱を始めたころからわかっていた。それをじん肺と呼ぶか病名は別にして、粉じんによって肺の病気になるということは昔からわかっていた。

そうはいってもケイ酸が一番悪いのは間違いない。ケイ酸質の含有量がそれぞれの炭山で違う。同じ鉱山のなかでも違う。ケイ酸質の一定濃度以上のところをケイ酸質区域指定にして、水を使う削岩機にしないといけないなど厳しい規制がある。金属鉱山はケイ酸質に決まっているから一〇〇%に近い水を使う削岩機なんですよね。炭鉱は二〇%ぐらいでケイ酸質区域指定をほとんどしないわけです。これは著しく不合理じゃないかと。しかもそれが長期間ぜんぜん増えないということは対策をとらないでいいと国が認めていると企業に理解される。著しい不合理をどこで捉えるか。それが成功したというのが弁護団のなかの実務家の議論です。

それは必ずしも私の考え方ではありません。やっぱり国に勝てるだけの条件を高裁の裁判の期間中に全国でつくった。長崎北松の酷い高裁判決から最高裁のたたかいに向けて全国へ和解解決のたたかいを展開した成果ですよ。国の責任を問うのは当然です。それぞれの裁判はそれぞれの企業を相手にした裁判ですよね。日本中それぞれの企業を相手にして責任はみんな同じという状況ができる。責任原因は一つでしょう。それは当然国の責任原因でもある。国にいくのは何も不思議ではないという状況ができた。

もう一つは長崎北松の最高裁に行くときのたたかい方の議論ですけれど、一つの論点は消滅時効なんですよ。企業の責任は問題ないわけです。最高裁で突破しないといけないのは時効です。時効をどうやって突破するのか。それから損害額が値切りに値切られた。損害額の水準を一定に保つためにどうすればいいのか。それはある意味では簡単ですよ。損害額の水準は全国各地で上げればいい。全国水準をつくってしまおう。そのために全国で和解を展開する。すなわち最高裁をフリーハンドで判断させないという方針をわれわれが出したわけです。これは必ずしも法律家の議論ではないですよ。最高裁の法律論をどう展開するかではない。最高裁に勝手に判断させないようにしよう。その状況を全国でつくりだそうとした。しかもそれは確定判決まで行ったんじゃ間に合わないから、全国の裁判で一斉に和解攻勢をかける。和解を各地でどんどん成立させて、和解で成立させた金額水準を最高裁は下回ってはいけない。その水準をつくってしまおうやというのが一つですね。

それと和解のなかで消滅時効を問わないという解決をしようという方針ですね。この方針で貫徹するわけです。長崎北松の最高裁判決が出るまで全国的に損害額は確立する。だから最高裁が高裁判決の損害額の見直しをすることになりました。見事に成功したわけです。消滅時効も一定の前進はした。ただ全否定には至らなかった。それでわれわれは筑豊じん肺で全面突破することを目指すわけですね。というのが全体の流れで筑豊の最高裁判決をもたらした。そのために一八年かかってしまった。

裁判官の忌避

審理は裁判長がするのですから必ず勝訴するということにはならないわけです。だから原告を負けさせると決めている裁判官に対し抵抗をどうやってやるのか。あなたの裁判は受けませんという申し立てはできます。忌避申立ては各地でいっぱいやっていますよ。しかし絶対に認められません。これは絶対に認められない。それはそうでしょう。「あなたに裁判をする資格はありませんよ」と言って裁判所が「そうです」と言うわけないじゃないですか。これは文字通り抗議の意思表示の意味です。あなたを信用しないと公に示す。

福岡高裁の下方元子裁判長をわれわれは忌避していませんよ。あなたの判決を受けないと大声で言い続けただけです。裁判を続けるために新しい証人申請をバンバン出した。明日の法廷でこれを認めないと裁判長が決めたらその場で忌避すると決める。忌避は理由がいります。理由を用意していないといけない。その場でいきなりはできない。その準備をしたぞと記者会見をする。明日裁判官が証人申請を却下したら忌避するから記者に見に来て下さいと前宣伝を裁判所に聞こえるようにやる。すると裁判所はわれわれの証人申請をぶちきることはできなかった。逆に採用もしなかった。要するに判断しなかったのです。和解をやっていたので、その間は裁判は空転はしなかった。企業ごとに和解を順繰りやっていく。全くの空転ではない。しかし訴訟の進行自体は完全に止まっていた。ただ打ち切りがないようにわれわれは次々と新しい主張を出していった。これを却下したら忌避すると宣伝を毎回毎回やっていた。和解が一段落ついてその後裁判長が訴訟進行しませんでした。転勤するからそれまでは進行させせないという暗黙の合意が成立したように思います。

司法救済システム

裁判の判決が確定して裁判をした原告については一定の解決をした場合、そのあとから出て来た被害者の解決方法は何も対応をしていなければ当然裁判をもう一回やらないといけない。それはたまらないので水俣病訴訟弁護団が打ち出したのが司法救済システムです。

これは解決条件を当事者みんなであらかじめ合意しておいて、そのあとで出てきた被害者はその解決条件のどれにあたるのか決める。本当は当事者間で合議できるのがいいのだけれど国が同意しないから提訴することにしておく。裁判のなかで判決をもらうのではない。合意した条件のどれにあたるかを決める和解のための裁判です。いまやっているのは例えばB型肝炎がそうですよね。裁判したら補償金がもらえますと宣伝している弁護士がいる。和解条件のどこにあたるのかを確認を求める裁判です。石炭じん肺についても合意が成立したわけです。救済を求める人が来たらその解決方法に従うわけです。判決をもらうのではなく、次々と裁判所で和解するという解決方法ですね。

水俣でその和解解決案成立を目指したら国が拒否したもんだから、われわれが要求した合意内容にはならず、その結果落ちこぼれが出ることになり、落ちこぼれの数が多いため多数の人が救済を求め提訴するという現象がいま起きている。その結果従来の認定患者よりはるかに多くの人が救済を認められている。

ところがじん肺ではそれが一部の人にしかできない。きちんと検診しないからです。まだ水俣では患者団体が自分たちで病院をつくって検診しているから診断ができますけれど、じん肺患者を患者の立場に立って検診してくれる病院がそんなにあるわけではない。退職時企業の病院で全く問題ないと検診された人がすぐあとで重症のじん肺患者だと認められ裁判になる例がたくさんありました。

解決については水俣病が一番わかりやすい。まず裁判で勝った人に対して一定の補償をした。判決が認めた原告だけではなく、そのあとに認定された患者まで含めた全認定患者に医療救済としての医療費全額負担、毎月の生活費（年金）、判決の慰謝料という三本だてを勝ち取ったわけです。裁判した人だけではなく、全認定患者に及ぼした。これだけでも大変なことです。認定された人にもこれを無条件で適用することになっている。だからいわゆる司法救済システムはその限りで必要ないわけです。

なぜ司法救済システムという制度を求めて裁判を起こしたかというと、問題は認定されなかった人の救済手段です。認定されれば同じ待遇を受けられます。しかし、認定されないと救済はないことになってしまう人に対する救済措置です。

じん肺は認定患者いっぱいいますけれど裁判をした原告が受けた救済と同じものは受けられませんよ。裁判をした原告だけです。だけど裁判をして全部認められるわけでもない。だから司法救済システムを実行している。これは本来であればもっと大きな数のじん肺認定患者が控えている。水俣では勝訴した原告よりもはるかに多くのいま七万までできたのだと思いますが、救済を受けている。ただ認定ではないからレベルは違います。本当はじん肺ははるかにもっと膨大な数の被害者にならないといけない。逆に言えば、はるかに膨大なものになるからできないのです。国も企業も絶対に譲らない。実行しようとは決してしません。

アスベスト訴訟

いまじん肺訴訟はアスベスト訴訟が主力になりました。トンネルじん肺は労働者の組織としては炭労ではなく、建設労組です。私はじん肺訴訟はボタンの掛け違いで出発点を間違えたと考えています。

じん肺はまず金属鉱山で裁判を始めるわけです。金属鉱山の裁判と石炭じん肺の裁判は違うということになっている。これがそもそもの大間違いだと思います。最初に裁判をやった人たちが先の展望を欠いていたように思えます。われわれは遅れをとったので金属鉱山はしていないですけれど、これはむしろ遅れをとって恥ずかしい。九州でも金属鉱山がいっぱいあるわけだから被害者は当然いるに決まっている。金属鉱山をちゃんとやった先人の弁護士たちは立派です。特に北海道が金属鉱山を先進的にたたかうわけです。われわれはその金属鉱山をたたかう最中に石炭を遅れてやり始めた。

いろいろな原因によって生じる粉じんの全てを総合して救済を求める被害者をまとめてたたかう主体がつくれるかという問題です。その主体をつくろうとしないと最初からありませんよ。だからそれを構想する哲学がいるわけです。そういうたたかい方の展望を持つ人や集団がいて、同じ思いの人たちが結集する組織活動をやらないといけない。

鉱山、石炭、トンネル、アスベストそれぞれのじん肺患者のたたかいが全部違う裁判の話になっている。おかしいでしょう。まだ筑豊じん肺の訴訟の意味がよく理解されていないように思えます。地域としての被害の問題ですよ。私が強調する意味がわからないから、やっぱり個別労災としてたたかわれているように思えます。

公害弁連の大阪の泉南のアスベストじん肺訴訟は労働者と工場周辺の住民が一緒に原告になったわけです。大洋デパートの事件で従業員とお客は一緒ですよ、同じ裁判で同じ被害ですよとわれわれが考えるのと同じ発想です。だから工場労働者と工場周辺の住民は同じ被害です。これは両方を原告にした。極めて正しい考え方です。残念ながら裁判所を突破できませんでしたけれどね。じん肺の責任論に関しては粉じんが異なっても同じ論理ですから違う裁判をするのはおかしい。だけど違う裁判という認識が一般的です。福岡でも違う弁護団長をつけてやっている。

いまアスベストが大変な問題です。アスベストこそ労災だけにしてはいけないと確信しています。もうすぐ話題になるように小学校、中学校、公共施設の建物みんなアスベストですからね。いま壊す時期にきています。世の中でまともに議論されていませんけれど、個人の住宅もみんなアスベストですよ。本当は個人の住宅だって住んでいる人に被害が出ている。だって日常的にアスベストが出ている。壁、天井、日常的にアスベストの粉じんが出ている。解体のときにどっと出るけれど、それ以上に毎日日常的に壁だって傷んでいるでしょう。工場周辺とまず考えたのですが、その製品、既製品が出回っている。子どもたちは学校に行く以上公共施設に日常的にいて汚染されている。

そこでまた水俣病の議論に戻って、濃厚な大量汚染による病像と一定の濃度による汚染と、それと微量の長期にわたる汚染の病像は全く違います。全く別の病気という認識です。水俣病で確立した病気一般に適用される常識だとわれわれは思っているけれど、医療専門家がそう思わないのがどう考えてもおかしい。専門家の議論はやっぱりおかしい。原因物質の濃度の違いによって病像が違うのは当たり前です。

ものごとを解決しようとするときに、麻雀の手を一番高い手を展望するのか、それより早い安上がりを展望するのか。それを状況判断でどう使い分けるのかというのが問われている。最初からそのことを考えようともしない人はどうしようもない。

予防接種禍

予防接種がそうなんですけれど、われわれが一番少数者だったこともあって、われわれが考えた展望は実現できなかった。裁判には未認定の患者も含めて完全に勝ったけれど、解決については一番無念だという裁判ですよね。予防接種被害も未認定の患者さんがいっぱいいる。もちろん認定された患者に全員に裁判で勝った成果を及ぼす。そして未認定の患者さんの救済措置まで攻め込む。そうたたかうのが当たり前でしょう。

東京の主流の弁護団はそれに対して「それは裁判の問題ではない。われわれ弁護士は裁判できっちり勝つ。国の責任を明らかにしてきっちり勝つ。あとは運動体の問題で弁護士がやることではない」。おっしゃる通り東京の弁護団は予防接種の裁判はきっちり勝ちましたよ。超一流の弁護団です。そして中心メンバーが最高裁判事になります。この最高裁判事になった方がわれわれの牛島税理士訴訟の勝訴判決を書いています。

私はその考え方に対して反対でした。「未認定の問題をやらんとおかしいでしょう。認定患者全員に同じ救済措置をとらせましょうよ」と。「それは運動体がどうぞ」という返事でした。われわれのように「法廷と運動は車の両輪」「主戦場は法廷の外にあり」なんてとんでもない。裁判の法廷のなかだけで論理で裁判に勝てる。確かに論理的に優れている弁護団だから予防接種では法廷では立派に勝ちました。予防接種の裁判の勝ち方には全く異論はありませんけれど、ただ敢えて言えばわれわれの福岡高裁の判決が評価としては一番いい。これは患者団体の評価で福岡判決が一番優れているという評価をして下さった。

しかし未認定患者の救済の問題は運動にすらできない。話題にすらできない。われわれは未認定患者の問題は判決で完璧に勝った。同じく大阪が公害弁連のグループですから、大阪も未認定で完璧に勝った。残念ながら全体の運動にはできない。こっちでわずか十数人の裁判でいってもしょうがなかった。しかも同じ患者さんでもやっぱり哲学がいりますよね。自分の救済しか考えなければ、他の認定患者が協力してくれなければ、自分たちが一緒にやろうやと言っても、なんでそんな人の事を考えないといけないのかとなる。やっぱり患者運動というのもきちんとものを考える必要があると痛感しています。それを特に思うのは犯罪被害者の救済運動です。私たち公害運動では「私憤から公憤へ」と総括しています。自分自身の仇討ちの感覚から同じ被害者全体の救済へ、さらに被害を事前に防止する取り組みへという展開です。

近代市民法からいうと人対人だから従業員と企業の向かい合いと消費者と企業の向かい合いと変わるわけがない。それがアスベストでも大阪の泉南の工場内で吸引した人と周辺の住民が吸引した人と一緒に裁判をした。同じ発想ですよ。大阪のアスベスト訴訟ではそれをやった。弁護団の村松昭夫弁護士は公害弁連の幹事長です。公害弁連の考え方です。東京の建築労組のグループは労災弁護団が中心です。ものの考え方自体が違うように思えます。原告は労働者だけですよね。作る現場の問題であって、作った建材が消費される消費者の問題になっていないでしょう。アスベストの発生現場とその付近の住民、製品ができた場合の使用者、その使用者も建築労働者、大工さんと家に住んだ人消費者がいるわけですよね。アスベスト全体を総合的に考えて統一的に取り組もうという発想が示されていないといけないと思いますよ。泉南アスベスト裁判にはもともとあったんですけれど、途中で負けたりして、最高裁に行ったときには明らかに住民の方はトーンダウンしていたように見えます。

同じ議論がもっと規模は小さい形で予防接種で未認定の問題になってわれわれもトーンダウンしましたよね。もうしょうがないと。とても未認定の問題をやる状況はつくりきれなかった。ただ状況が辿り着けていないのはそうだとしても、少なくともその展開を見通した法律論と政策論を持っておかないといけないと反省しています。

人格権

じん肺について国の安全保護義務はじん肺法ができてからと言われるけれど、法律があろうがなかろうがわれわれは国には最初から国民の安全保護義務があると考えています。極端にいえば憲法上の義務でもいいわけですよね。いや、そんな権利をつくることができるのですかと言われる。われわれは人格権で勝っている。人格権という法律の規定はありませんよね。だけどわれわれは人格権という法概念をつくった。これは憲法上の概念です。近代市民法の最も基本的な概念です。法的主体を保護しない近代市民法なんてありえない。だから法的主体を保護する法律をいちいちつくらなくたって保護されるに決まっている。憲法上それ以外考えられない。それが人格権です。

人格権の一番中核をなすものは、もちろん生命身体の安全なんだけれど、それは人として尊厳を保ちながら法的権利主体として生活できるということです。「尊厳を保ちながら」ということを敢えて強調するわけですけれど「最低限の生活でいい」と逆に考えるのは間違い。最低限の生活というのは尊厳を保っているということで、尊厳を保たない最低限度の生活なんてありえない。

私たちの主張は近代市民法の原則そのものなんですよ。環境権なんてわざわざ法律に規定しないといけないなどという主張はバカバカしい。なんで憲法に書かないといけないのか。その意味はすでに憲法にきちんと書いてあります。いまさら書かないといけないというのは憲法をよくわからない人です。その精神が書いてあるに決まっている。人格権は書いてあるに決まっている。

だから七〇九条の権利概念と私はしつこく言うんですよ。そこが国とわれわれの決定的な違いですね。国民に対して法律で認めて与えたものだという国の考え方は間違いに決まっている。法律がなくたって国は守るべきものは守らないといけない。法律があればもちろん守らないといけない。当たり前の話ですね。だけど国の法律があるから守らないといけないという考え方は、法律がなければ守らなくていいという考え方ですからね。国はそう反対解釈をしたい。

漁船と軍艦が追突して漁民が海に投げ出され救助を求めている。軍艦の乗員は文字通り腕組みをして見ているだけで救助しない。なぜ救助しないのか。「軍艦には民間人を乗船させてはならないと法律に規定されています」というのが国の主張であり最高裁の考え方です。バカげているとしか評価しようがない。

人格権を徹底して議論したのが廃棄物問題です。とうとういま排水が生命健康を害する場合だけではなく、生活水として利用する水に嫌悪感を催すような水はダメだという判決文が出て来るところまで来ている。ただこれはリップサービスですよ。それで勝負したら勝てませんよ。勝てませんけれど少なくとも理念として裁判長が判決文で言うところまできている。廃棄物が一番進んでいると思っています。人格権を正面から一番まじめに取り組んだ裁判だからだと思います。もちろん加害企業がそれほど社会的な地位を持った大企業ではないという点も大きいと思います。大企業相手ではそうはならないということが原発の判決だと思います。

第2章　廃棄物処分場問題

ゴミ戦争

産業廃棄物（以下、産廃）が全国的に問題になるのは一九九〇年代に入ってからですよね。ゴミ戦争と言われていた。全国各地で問題になった。産廃処理の考え方は最終処分場と焼却施設の両方あって、埋めて捨てるという考え方と燃やしてしまうという考え方がある。最初は埋めて捨てるでやっていたわけですね。それも特別な処理はいらないという考え方です。安定型処分場と言います。一定の処理が必要だというのは管理型の処分場です。捨てるゴミがそもそも危険だから外部に漏らしてはならない、密閉してしまう遮断型ですね。捨てるといった場合、この三つの処理の仕方がある。

福岡は筑豊に次々と産廃処分場ができる。炭鉱跡地にバンバン捨てた。もう一つは山林経営が潰れて、山の土地が処理のしようがない。だからそこを産廃業者が目を付けたわけですね。山林経営の放棄地の山間を買い叩いた。日本中の山が産廃処理地の候補になった。それも安定型の処分場です。福岡県八女の矢部、上陽、星野、立花。山はみんな産廃処分場の捨て場になったわけです。

法律の建前上、日本政府のものの言い方からすると、安定型処分場に捨てていいのは安定して変化しない安定五品目です。全く変化しないからそのまま捨てていい。処分場というのは捨てたゴミが流れだすのを防止する。捨て場としてきちんと保全できればいいという考え方ですね。何の危険性もない。だからバンバン捨てていいということです。ところが実態は変化しないはずのところから真っ黒な廃液や逆に真っ白な廃液が流れる。一番激しいところでは処分場で火が出て燃え出すという騒ぎが日本中で起きた。

『法学セミナー』が一九九七年に「水源地にひろがるゴミ戦争」という特集を組んでいる（第四二巻第七号）。全国的に話題になったのが東京都日の出町、岐阜県御嵩町ですね。大変な騒ぎになったのは目の前で汚い実態が見えるからです。しかも全国一斉だった。もう一つは業者のお行儀の悪さですよね。零細業者であると同時に、安定型の処分場は暴力団の資金源になった。資金がいらないでしょう。空き地を買い叩いて、そこにゴミをボンボン捨てればいいわけですから。

私が最初に取り組んだのが一九九二年、上陽町です。公害問題は、まず四大公害訴訟で勝って、大阪空港訴訟で差し止めに道を拓いたわけですね。例えば水俣病第一次の勝訴判決の『判例時報』の解説には「被害が出てからではもう遅い。公害被害を止めるためには事前の差し止めしかない。ところが立法が整っていない」という指摘がある。判決を書いた齋藤次郎さんが自分で書いたというのが定説ですけれど、これは原告のわれわれが主張したことです。損害賠償から差し止めへという流れになったわけですね。差し止めを求める大きな流れを受けて、大阪空港で午後八時以降に飛行機が飛ぶのを差し止める。大阪高裁でいったん勝って、最高裁で敗れるわけですけれど、とにかく中心課題は差止訴訟に移ったわけです。差止訴訟で勝った事例が出だしたのが、私が取り組んだ牛深（現在の熊本県天草市）のし尿処理場、そのほかにもある。そのあと勝つのが大勢になったのが産廃処分場です。

具体的事実で勝つ

産廃処分場の差し止めが勝つようになったリーディングケースが一九九二年二月の仙台地裁、宮城県丸森町の事件です。ここで差し止めの仮処分を初めてとった。

裁判の流れは最初に先頭を切った先人がどういう裁判をするかである意味運命が決まる。負けるとなるとずっとそれで負ける。勝つとなるとずっと勝つ。丸森町で増田隆男弁護士が優秀だった。同時に協力した京都大学防災研究所の中川鮮《あきら》先生がすごかった。中川先生は私も一緒に取り組みました。

法律の専門家には色々な意見があるでしょうが、私の意見では差止訴訟で勝つ要件は二つだけです。一つは生命身体健康に被害が及ぶことを立証すること、もう一つは現地で実際に止めていることです。この二つの要件を満たさないと差止訴訟は勝たないというのが私の意見です。これは極めて正しいと思います。いままで勝った事件はみんな二つの要件を満たしている。逆にこの要件を満たさない訴訟は勝てない。

丸森町をやった増田弁護士と中川先生が具体的な事実提示を実行したすばらしさなんです。つまらない理屈を捏ね回さなかった。徹底して産廃処分場の捨て場の実態、安定五品目しか捨てないなんてちゃんちゃらおかしいという実態を明らかにしたわけですね。

われわれは九州廃棄物問題研究会という弁護士の勉強会をつくって徹底して反対する。「処分場は一つもつくらせない」というスローガンで取り組んだわけです。熊本の山鹿の処分場反対訴訟に結集したとき「丸森町の産廃処分場を止めた仮処分の判決を守り抜く」というのがわれわれの合言葉だった。見事に守り抜いたと思います。何でも捨てているから危ないに決まっているわけですけれど、安定型処分場というだけで危ないというところまで追い込んだ。だから日弁連は「安定型処分場は許可すべきではない。法改正すべきだ」という意見書まであげています。

山鹿で裁判をするときは、丸森の判決を守るというスローガンと同時に、丸森町の裁判の資料を全部もらってくる。行ってコピーさせてもらう。「全国各地でこうなっています」とその資料を裁判所に全部出した。

全国状況に詳しいのは中川先生で、この人が現地の住民運動、裁判の仕方から証人尋問の仕方まで意見を言っていた。専門は地質です。先生は、大雨が降ってお年寄りの施設が土砂崩れに遭って死傷者が出た事件で、「危ないということが予見できた」と原告側について証言した。土木学会の最高権威が国側についていたがその証言を破って見事に勝った。この人は勝てるんですよ。喧嘩の仕方がわかっているから。いらん理屈は言わずにとにかく危ないという事実をひたすら提示した。この正しさですね。

文字通り足で稼ぐ。具体的事実で勝つというのは四大公害裁判の原点ですけどね。イタイイタイ病の弁護団が唱えて、われわれ水俣がそれを受け継いだ。それを文字通り産廃でやってみせた。これが産廃のリーディングケースになった。だから産廃で勝つのが当たり前になった。とにかく安定型は危ないと言って勝った。

管理型処分場

問題は管理型です。管理型は、有害物質を含んでいて危ないから、そのまま処理しない排水を流してはならない。もちろん廃棄物自体が外に漏れてはならない。問題は廃棄物に触れた水が未処理のままで外に出てはならないというルールですね。原発も同じ論理になる。福島では汚染水を処理できないまま海に放流しようとしている。とんでもないことです。

そのルールを守っているかどうかという争いになるわけですね。国側なり業者なりの主張は守っているかどうかを判断する国の基準がある。その基準を実行すれば守っているというのが、国、県、業者も全部同じ理屈です。われわれは「いや、基準を守っているということを証明できていないよ」「基準を守っているからといって流していないことにはならないよ」という主張です。このようにしなさいという国の設置の基準、構造の基準がある。その通りの基準にしたから大丈夫だと言うけれど、われわれはその構造にしたからといって漏れないことにはならないよと主張した。

漏れないようにする基本はシートを敷く。「シートをきちんと敷いている。だから漏れない」と言うわけですね。最初の議論はシートが破れるかどうかという議論です。日の出町の時代は、鉛筆の芯、先の尖ったもので突いたら破れる。鳥が突いて破いたという有名な話がある。それくらい脆い。それはそうだということになって、それから厚いゴムシートになる。ゴムシートだって破れるから最後はとうとう五層の構造になった。シート自体は三層です。三層のシート間に遮断する二層が入る。それで五層になる。五層シートの間に緩衝材が入っている。それは漏らさない緩衝材です。普通に言われているのは、広い処分場に一枚で敷くわけにはいかない。必ず繋がないといけない。その繋ぎ目が破れる。

中川先生の話は極めて明快です。ものの考え方がむちゃくちゃ面白い。処分場では山の谷間にシートを敷く。水が流れ込むように中央に排水管が必ずある。ゴミは排水管の上にも積まれる。排水管の上の部分とそれ以外のところではかかる圧力が違う。一枚のシートの引っ張る力が排水管があるところとないところの圧力が異なることによって管の周辺が破れる。有名な話で関西空港は現在でもドンドン沈んでいる。造ってから一メートル以上沈んでいます。全体として問題にならないのは、同じ程度に平らに沈むからです。建物の構造物としては傾いて沈んでいない。だからいけないのは、沈下そのものではなく、不等沈下あるいは不同沈下です。要するに同じでない沈下がいけないわけです。同じように沈下するのならいい。ところがゴミが同じでも沈み方が違ってくると、そこが破れるに決まっている。五層シートでもです。だから処分場の構造上そうなっているから必ず破れる。中川理論のすばらしいところですね。尖ったもので押さなくても不同沈下によって破れます。絶対に避けることができない。

環境ホルモン

次の問題の方が私はより重要だと思っています。いまのは構造上漏れるという話です。今度はゴミに触れた水が流されるとき、処理した水が実は安全には処理されていないということです。これが鹿児島の鹿屋の処分場の判決です。

その理屈は二つある。一つは「処理した水は安全です」と言うけれど、その意味は国の排水基準値を満たした水が流れている。クリアしている。水俣病もそうでしたよね。基準値はクリアしていた。だけど有機水銀は規制をかけていなかった。規制をかけていない物質が流れる。「規制をかけた物質が基準値内で流れている」と言ったってダメなんですよ。規制をかけていない危険物質がある。

われわれが正面から打ち出したのがダイオキシンシン、要するに環境ホルモンです。われわれは環境ホルモンの危険性を正面から掲げてたたかった。これが大成功した。一九九〇年代から二〇〇〇年にかけて環境ホルモンが一番問題になっていった。特に九州ではカネミ油症です。ダイオキシンシンによる被害と認められました。裁判所も特にダイオキシンシンはという議論になった。「ダイオキシンが出ているよ」「規制をかけていないじゃないか」という議論です。

もう一つの議論がそもそも安全、安全でないという量の問題があった。毒劇物法が規制する法律の根幹ですよね。毒劇物法の規制の基準値の単位はミリグラムです。ミリグラムの単位で考えるときの危険性についてのものの考え方は二四時間、四八時間で発病する値です。一〇〇匹のマウスのうちの半数が二四時間あるいは四八時間で死ぬ量なんです。これは単位がミリグラムです。

同じ考え方で基準値が変わったのが水俣病です。水俣病はＰＰＭで議論する。ＰＰＭはマイクログラムです。ＰＰＭというのはパーセント、一グラムの一〇〇〇分の一です。単位は必ず一〇の三乗になります。ミリグラムは一〇〇〇分の一、マイクロというのは一〇〇万分の一、その次の量がナノで一〇億分の一です。そしてついにわれわれの議論はピコまでいった。一兆分の一です。一〇の三乗、六乗、九乗、一二乗までできた。

荒っぽく言うと水俣病もミリからマイクロ、ＰＰＭまでいったのは、慢性水俣病の場合、原因物質が微量で長期に汚染されて蓄積したからです。一回一回の排水量は問題にならない量なんだけれど、それが長期にわたって蓄積する。水俣病の場合は食物連鎖によって濃縮する。濃縮しかつ蓄積することによって排水では危険ではないと考えた量が人体に届くときには危険量に達するというのが水俣病なんです。それでミリからマイクロに危険物の単位が変わったわけですね。

それがなぜ現在ナノにいくのかというと今度は環境ホルモンの議論になる。これまでは発病には一定の量があるというものの考え方なんですよ。人体への影響が一定の量までこないと発病しない。これを閾値《いきち》と言います。発病する量ですね。水俣病でも汚染量と症状の関係で、汚染量が増えるとあるところで発病する。汚染量が体内に取り込んだ量マイナス排出量、これが蓄積量でその量が一定の量にまで達した時発病するというのが日本政府の説明です。私はウソだと言う。出て行った量を単純に引いたらいけない。体のなかを通ったのは悪さをして出ていっている。単純に引き算をしたらいけない。私は積分した量だと思っています。

環境ホルモンの危険性はシングルヒットというものの考え方なんです。汚染量と症状の関係が単純な一直線ではない。一塁ベースにいって、二塁ベースにいっても、まだ三塁ベース、ホームインすなわち発病するまでには余裕がある。日本政府は、ダイオキシンは二塁ベースを周った辺りだと言っていました。発病する量にはならない。日本政府の考え方だと入った量と排出量を引き算しますから、一生取り続けていてもその範囲内だったら発病しないという。発病しないとわかっていても毎日毎日有害とわかっているものを体内に取り込む人がどこにいるのかと私は思います。日本政府が「発病しません。一生大丈夫です」と言ってもそれが本当であっても私はお断りします。

環境ホルモンについてのこの国の考え方は決定的に間違いだと突きつけた。環境ホルモンとは人間のホルモン物質の作用を撹乱する物質です。例え話でウグイスとカッコウの話がある。カッコウが卵をよそのウグイスの巣に産み付ける。その卵は先に孵るようにつくられている。一日先に孵化して自分が生き残るためにウグイスの卵を巣から落とす。馬鹿力が一定時間だけ働くというホルモン作用を持っている。その力を発揮できる限定された時間がある。その時間内にそのホルモン作用を撹乱する物質が入ったら、蓄積濃縮という概念はいらず、極めて微量でも直ちに影響が及んでしまう。

遠くに嫁に行った娘さんが産廃処分場の近くの実家に帰って一週間だけ羽を伸ばして帰った。産廃処分場の影響はその一週間だけです。ところがたまたま妊娠していた。たまたま手足が成長する時期にそれを阻害する環境ホルモンの物質がきたら手足が成長発達しない。一番わかりやすいのがベトちゃんドクちゃんです。ちょうどその時期に成長するホルモンを阻害する物質が微量に入った。

これが環境ホルモンの恐ろしいところです。閾値がない。それをシングルヒットと俗に言うわけです。いままでは蓄積濃縮して本塁まで帰らないと得点がはいらなかったのが、一塁に出ただけで得点すなわち発症するルールです。全く新しいルールでわれわれは危険性に直面している。体内のホルモンバランスを乱す量でいい。めちゃくちゃ微量でいい。それでナノまできた。一〇億分の一の量でも危ない。環境ホルモンとして働く物質がまだその多くが特定できていない。ダイオキシンとかいま一〇〇近く特定できていますけれどね。まだまだわれわれが知らない未知の物質がたくさんあります。

不幸なことにこの頃環境ホルモンという話を全然聞かない。一九七〇年代に四大公害裁判を始めたころはカーソンの『沈黙の春』が問題を指摘した本でした。『沈黙の春』は有機化学物質とりわけ塩素を使った物質によって生物がみんな死んでしまう。卵は孵らず、春に鳥がさえずらない。それで沈黙の春。有機化学物質の恐ろしさ、とりわけ塩素化合物の恐ろしさを警告した本です。

ところがその二〇年後『奪われし未来』という本になるわけですね。これが環境ホルモンです。環境ホルモンによって私たちの子どもたちの未来が奪われた。ちょうど二〇年の間に危険性がそこまできた。その本の序文をゴアが書く。これが大統領候補です。大統領選でたたかってブッシュに敗れる。ゴアは環境ホルモンを徹底して規制するという姿勢を打ち出していた。勝ったブッシュ側はそんなこと大嫌いな人たちのグループでしたので、環境ホルモンの話はどっかに吹っ飛んだ。大統領が先導するような環境ホルモンの研究はなくなった。

しかし危険なものは危険に決まっている。環境ホルモンは廃棄物の裁判では裁判所が私たちの主張に割と乗ってきた。だからわれわれは安定型から管理型の処理場の差し止めまで勝ち続けたわけです。敗れるようになったのが、行儀の悪い業者から自治体に移ったからです。自治体に移ったらわれわれの主張はまともに検討してもらえず、行政の裁量権があるという議論にすり替えられてしまった。久留米市にも簡単に負ける。裁量権があるからという理由で危険性の判断をまともにせず負ける。

もう一つは焼却施設です。焼却施設は危険な排出量が微量も微量ですね。まだ希釈理論が生きているわけです。水俣病の裁判のときも希釈理論、水処理というのは薄めればいい、閾値があるという考え方でした。閾値以下にすれば発病しない。閾値以下にしても蓄積濃縮すると閾値に達するというのが水俣病です。そもそも閾値がないのが環境ホルモンです。単位をミリからマイクロ一〇〇万分の一、そして一〇億分の一にいくわけです。しかし危険な量が一〇億分の一（ナノ）になっても大気汚染は違う。「大気だから希釈されるから、危険量にはならないでしょうが」と言う。これを突破できないわけです。

未知の危険物質

九州廃棄物問題研究会は、基本は水俣病の弁護団ですから、水俣病のものの考え方が徹底している。それで組み立てたのでいままで勝ち続けてきた。いままで原発をやってきた弁護士たちは原発の専門家なもんだから、ものの考え方が技術者と同じ考え方をする方が多いようです。同じものの考え方をするからそれを疑問に思わない。われわれはニセ科学論争、技術論争を否定する立場で出発しています。

廃棄物問題もゴミ弁連というのがありますけれど、同じ産廃処分場の危険性も、構造上漏れる方にアクセントがあって「処理できないでしょう。特に環境ホルモンはダダ漏れだよね」と私が言うほどにはあんまり強く主張されない。むしろ処理した放流水の方が問題です。未処理で流れるのはいわばアクシデントで例外的に流れる量です。処理水は流れている方が正常でしょうから、毎日流れている方に含まれている毒が危ないというのが私の意見です。鹿屋の裁判は裁判所がそうだと「基準値内に処理している保証はない」と言ってわれわれが勝つんですよね。放流水は処理できない。技術的にもそうなんですよ。排水処理は基本は薄めるという考え方です。薄めてもダメだ。物質自体を違うもの、危険ではない形に変えないといけないわけですね。その物質を違う物質に変えるということは化学的にはその物質が特定されているということなんです。特定されていない、未知の危険物質に対しては全く手が打たれていない。

未知の危険物質がそんなにあるわけではないといままでは毒劇物法で考えてきたわけですけれど、われわれが問題提起したのが有機化合物の危険性です。つまり自然界に存在しなかった人間が造り出した毒物です。生命体が地球に誕生して以来三五億年以上営々として毒とたたかい続けてきた防御体がある。自然界に存在する毒については抵抗力を持っている。個体でいうと最も脳を守らないといけない。種でいうと胎児を守らないといけない。だから関門をつくった。脳関門と胎盤で毒がいかないようにする。三五億年以上かかって営々として防衛機能をつくりあげてきた。ところが水俣病もカネミ油症もどっちもその防衛機能をやすやすと突破した。脳が侵され、かつ胎児が侵された。なぜかというと生物体が毒と思っていないから。生物体が知らない毒物、人間が造り出した毒だから、防衛機能は働かない。新しい怖さだと思います。

電磁波裁判

私の友達が九大の教授をしていた。磁石を使った実験をやっている。強力な磁場をつくるそうです。私が「ピップエレキバンはものすごくよく効くよ」と言ったら「そりゃ、効くくさ。自然界の何百万倍の磁力は効くに決まっている。逆に効くということはいろんな影響を与えている。いい影響しか考えてないかもしれないけれど悪い影響も一緒に与えている」と。

有名な話は伝書鳩が飛べなくなった。自分の位置のバランスがとれなくて巣に帰れなくなるのは電磁波の影響だと言われています。自然界の何百万倍の電磁波を浴びていいわけがない。自分たちは実験をするときには厳重に完全に防御して近くに寄らない。電磁波って怖いんだよ。その話を聞いてからは電磁波は危ないと信じるようになった。やっている専門家がそう言っている。

電磁波の裁判をやると「電磁波は影響ない」と業界の専門家は言うけれど、電磁波の機器を医薬品として有効だと認めている商品がある。いい影響だけを認めて悪い影響を認めない、そんな都合がいいことがあるのか。影響があるということは何よりの証拠じゃないですかと裁判所に言うんだけれど。理屈から言えばそうに決まっている。危険性のものの考え方の基本です。廃棄物では裁判所が乗ってきた。電磁波ではなぜ危険だという考え方に乗らないのか。ましていわんやもっと危険に決まっている原発でなぜ乗らないのか。いみじくも裁判所が判決で言っているのが正しいと思います。社会通念という言葉です。

電磁波が危ないという世界中の研究論文が集められている報告書がある。ＥＵで専門家が一〇人ばかり集まってそれぞれの専門分野の信用できる論文だけを精査して一冊の報告書にした。この内容がすさまじい。危ないに決まっているとすぐ理解できます。

ＥＵは面白いですね。ＥＵ議会がこの報告を取り上げた。子どもの携帯電話の使用を禁止した。日本では子どもには安全のために持たせている。同じ資料をわれわれも当然ながら裁判所に提出する。ＥＵでは議会で正しいと、警告を出して規制すべきだと決議をした。フランスの裁判所で携帯電話の大きな会社の中継塔の移転と損害賠償を求めた訴訟を起こした。その裁判は一審で勝ち、ベルサイユの高等裁判所でも勝った。

われわれが裁判所に準備書面をしっかり書いて正面から問いかけた。同じ資料を使って、同じ議論をしている。そして業者は同じ反論をしている。フランスの訴訟で住民側もこの資料によって危ないと主張した。フランスの裁判所は危険性を認め中継塔の移転を命じた。損害賠償も命じた。日本の裁判所は何と答えたと思いますか。「日本とフランスは法制度が違いますから」。結論の違いは、そうではなく危ないと思うか思わないか。日本の裁判官は同じ資料をみて危ないと思わない。

裁判所の答えは「私が思うか思わないかではない。社会通念で思うかどうか」。これが裁判官が本音で言いたいところです。社会一般で危ないと思っていないでしょう。フランスで勝てるのは、社会一般で危ないというところまで来ている。EU議会では危ないと思っている。日本の国会ではそうは思っていないというのが本音で判決に書きたいところですよ。原発の判決では社会通念とはっきりそう書いた。事故が起きると社会では思っていない。

私たちが社会通念で勝ったのは水俣病の第三次訴訟の第二陣判決、国に責任があることは社会通念ですと言った。国に責任があるとみんな思っている。第三次訴訟の第一陣は私たちが主張したありとあらゆる法律で勝った。第二陣は国に責任があるに決まっている、社会通念はそうだと言って勝った。

原発でも私たちはそう言ったわけですよ。ところが川内原発で負けた。社会通念で危ないと思われていないよと言って負けた。逆に使われた。私たち法律関係者は皆怒ったけれど、裁判所から足元をみられているからしょうがないと私は受けとめています。一番足元をみられたのは仮処分をかけたとき、九電が仮処分の申請者に損害賠償の脅しを打ち返してきた。こんな恥ずかしいことがあるか。人の命がかかっているから、申請者である原告に対し損害賠償の脅しをかけるなんてとんでもないと反撃しないといけない。しかしきちんと反撃できなかった。それで裁判所に完全になめられたと思っています。文句のいいようがない。本当に危ないと思うのだったらもっと日本中裁判が起きてもおかしくない。だから私はあながち裁判所がとんでもない判断をしたとは思っていない。樋口英明元裁判官の見解は私と同じ結論だと思いますよ。退職後、日本中で講演して回って危険性を説いておられるのは立派ですよ。

社会的な妥協値

産廃では危険性の考え方を貫くのに成功してある程度止めてきた。ゴミ捨て場はほとんど止めてきた。ところが建設主体が自治体になって止めきれなくなった。一つは裁量権の問題です。

久留米市の処分場をわれわれが危ないと言うと市はすぐに予算を使って被害の防止対策措置を増設する。不等沈下を防ぐ、繋ぎ目が危ないと言うと、高良内の処分場はコンクリート五〇センチを底に敷き詰めて、その上にシートを敷いた。「少々不等沈下しても大丈夫でしょう。これで文句なかろう」と市は言う。しかし斜面も明らかに断層がある。「あそこ崩れるぞ」と言ったらむちゃくちゃにコンクリートを放り込んでワイヤーで固めた。だから高良内処分場は建設予算が大幅に増加した。問題点を指摘するたびに対応してくる。安全運用を確保したのはいいが、無駄な市の予算をいっぱい使った。管理型の処分場でわれわれが敗れた例です。最終処分場は自治体には勝てない。一方焼却施設はもう最初から問答無用で勝てない。私たちは五つの裁判をして全敗です。

二〇〇〇年にドイツの環境大臣が来て日弁連で講演をした。ドイツ全国で焼却施設が十か所ぐらいある。ドイツでは焚き火をしても罰金です。二〇一〇年までに焼却施設はゼロにしますと言ったので日弁連講堂がどよめいた。しかしゼロになっていません。原発をつくらない代わりに焼却施設を認めたと言われています。

日本で焼却施設に取り組んだ産業は何か。斜陽産業で潰れるところに補助金を使って救済する事業です。最初が造船業、船の炉です。造船会社がみんなで焼却施設に乗り出しました。ところがダイオキシン騒ぎになります。船の炉は蒸気がつくれればいいので、むちゃくちゃ高い温度にする必要がない。せいぜい八〇〇度の炉です。ところがダイオキシンを防ぐためには一〇〇〇度を超えないといけない。造船の炉ではダメだ。船の炉では使い物にならない。もっと高い一二〇〇度から一三〇〇度の温度の炉が造れるのはどこか。しかも斜陽産業です。製鉄です。いまの焼却施設は製鉄の溶鉱炉の技術です。

国はダイオキシンシンは安全だと言って、日弁連と喧嘩して一年後、二年後に危険だと言って、文部省が全国の小、中学校に一斉に焼却炉使用禁止の通達を出した。全国に一斉に通達を出したというのはいかに危ないと思ったかですよ。私の家の目の前が中学校なんですよ。裏門を入ってすぐのところに小さな焼却炉があって燃やしているから怒って校長のところに電話したんですよ。「なんで燃やしている」そしたら「別に構わんでしょう」って大喧嘩したんですけれど、危ないと思っていない。そういう調子ですよ。それこそ社会通念です。ダイオキシンがいかに危ないかと日本政府が思っているという証拠として日本中からそれまであった小型の炉が姿を消しました。本当に危なかったんですよ。

製鉄所の君津工場の最新鋭の溶鉱炉が完成してすばらしいとNHKが特集をした。そのときに排出されるダイオキシンが二七ナノ程度です。規制値は八〇ナノの時代ですから、すばらしいですよ。ところが規制値が変わって既製の炉は一ナノまで認める。新設炉は〇・四ナノまで落とさないといけないということになった。そうすると二七ナノなんてとんでもない危ない炉なんですよ。これも現在決められている規制値を守れば安全だということがいかにもバカバカしい代表例です。いままで規制値は安全値だ、最新鋭の炉と言っていたのが急にダメになる。論理的に説明しようとすれば、日本人がダイオキシンに対する耐性を失った、急に耐えられなくなった。あるいは毒性が急激に増えたという説明しかできない。そんな説明はバカバカしい。

いままで安全値だと言っていたのがウソだった。安全値だと言ってはならない。これは社会的な妥協値です。危険物質を出す側と被害を受ける側が社会的に妥協した値である。社会がこれでしょうがないと妥協した値であって、決して安全値ではない。いまの判決は、社会が決して合意していない、政府の一方的規制値でいいという説明だと思います。正面から言われれば「間違っているけれどしょうがないよね」と言わざるを得ないと思います。社会通念という裁判所に対して世論調査では七割が反対しているといってもダメなんですよ。その七割ってなんですか。問われているのは、立憲主義、国民主権の大きなものの考え方だと思います。

証人尋問

産廃処分場建設反対運動の具体的なやり方についてはわれわれが編み出したものがある（『自由法曹団物語』）。韓国と日本の公害に取り組む弁護士の共同シンポジウムで、私が九州産業廃棄物研究会はこうたたかうという報告をした。それを踏まえて近藤忠孝弁護士が報告書の冒頭でこのように書いている。「議論が噛み合っていることを実感させられたのは、馬奈木弁護士の私は法律家ではないからという立場からの発言です。現行の法律をあらゆる面から駆使して公害闘争を勝利するためには、弁護士が法律家でなくなる必要があるという問題提起です」（『日韓公害問題シンポジウム（冊子）』）。近藤先生が正しく言っている。廃棄物問題をどのようにたたかうのかという問題提起です。

一番のポイントは排水を処理したって危ない。処理しようと思ったら物質を特定させて、それに対する薬品を加えて違う物質に変えないといけない。しかし、量が異なれば安全な別の物質にならない。だから極めて難しい。極めて難しいことを日常やれと言われてもやれるわけないでしょうがというのがわれわれの指摘です。裁判所もそうだと。相手方証人として技術者が出て来たので相当追及した。技術者もそうだと言わざるを得ないですもんね。

売る側は魔法の薬で全部処理できると言うが全部処理できるわけがない。この薬でこの物質が処理できますとしか言えないはずだ。それと適量をどれだけ入れたらいいのか。その薬を売っている会社の説明で「実際にやってみなさい。処理する液に入れてみて適量を決めて下さい」と書いてある。あらかじめ量がわかっていればこの量と言える。あらかじめ確かめてからやらないといけない。運んできた廃棄物の搬入先ごとにやってもらわないと困る。「搬入先が決まっていますから毎回やる必要がない」というのが業者側の言い分です。

それに対するわれわれの反論は「製品検査は何のためにやるのですか」。毎日同じものをつくっているから同じものができているはずだから製品検査なんか必要ないじゃないですか。にもかかわらず製品検査をやらないといけない。出来損ないがある。同じものができている証拠はない。廃棄物も毎日同じものが捨てられているとは言えない。入ってくる原料も同じところから入れていると言っても量も微量に違っている。毎日同じものだって違っている。厳密に言うとそれを測らないと適量が決められないはずだ。未知の物質でなくても、わかっている物質でもそうですよ。製品検査は要らないのか。必要だというのなら廃棄物もいる。裁判所もそうだそうだと認めた。

この技術者に対する私の反対尋問は自慢です。安全な処理ができていないという理由で管理型処分場を本格的に止めた例だと思います。

証人尋問が成功するかどうかは、組み立ての論理の明快さと同時に小道具の使い方にあると思っています。小道具を適切に使いながら「あんたおかしいでしょう」と追い込む。準備作業として尋問の内容を何度も書き込み、書き込みしていく。だからアスリートの反復練習というのはとってもよくわかる。頭のなかでシミュレーションを何回も何回も繰り返して、前の日は四、五回やる。こう言ったらこの道具で反論してと書き込みをずっとしていく。

水俣病では、答えを四つ予想して、さらにそれぞれ四つの答えを予想するということをやったと弁護団で千場茂勝団長が書いてます。それをきっちりやるわけですよ。追い詰めることができるものだけを質問する。結局逃がしてしまうということになるとそれは尋問しない。逃がさない一番の方策は資料などの小道具があって、この小道具を使えば逃げ道を塞げると。論理だけではどうしても水掛け論で逃げられますからね。まず、論理と事実がしっかりしていないといけないけれど、その論理に従って追い込んだ袋小路でとどめを刺す道具を用意する。その道具が用意できないのならもうしょうがない。逃げ切らせるのだったらしないほうがいい。それを何回か繰り返し検討しながら研ぎ澄ますわけですよ。

急にその話をする気になったのは、テレビドラマ「ドクターX」の最後の回で自分が病気になって最後の手術で倒れる。自分が手術できるなら自分の病気を切れるんだけれど。ところがノートが残されている。それがシミュレーションなんです。こういう事態が起きた場合はどう対処するとずっとノートに書いている。それでちゃんと他の人が対処できて助かったわけです。手術だってそうだよね。予想外のことが起きるわけです。予想外のことをどれだけ想定できるか。予想外のことに対してどう対処するのか。だから「私は失敗しないので」という名セリフはそれだけの対処をしていますよという裏返しの表現なんですよね。手術で開いてみて驚いていたら話にならない。全部想定の範囲内で当然起こるという前提でないといけない。証人尋問もそうなんだと思います。

質問会

反対運動の質問会では司会を獲得する。司会を業者にやらせていけない。司会を獲得するテクニックはマイクを握って離さない。会場はだいたいこちらが用意する公会堂です。施設はこちらがわかっているわけです。マイクを絶対に渡さない。こちらが全部持っておくとかね。髙橋謙一弁護士と一緒になってその技術を築き上げたんですよ。業者に任せずに自分たちが司会をする理由をまず議論して勝たないといけない。それはわれわれを納得させてほしい場だと。あなた方が安全だと言うのであれば、われわれを納得させてほしいと。あなた方が説明するよりも、われわれが知りたいことを説明してくれないとわれわれは納得できないよ。あなたたちが言いたいことを言うのではなく、われわれが知りたいところを教えてほしいのだ。そのためにはわれわれが司会をしてわれわれが聞かないとわからないだろうが。われわれを納得させるためにこの集会をやっている。違うとは言えないですよね。あなたにはわれわれがどこを知りたいかわかるわけないだろうが。

質問事項で三〇頁ぐらいになる。それを反対運動の役員の皆さん方とみんなで共有するわけですね。水俣病の弁護団で尋問事項を一つずつ議論していったのは、もちろんその尋問に成功するためでもあるんですけれど、弁護団と運動体みんなの意思統一になったわけですよ。だから弁護団がみんなで共通認識を得ることができた。私は、チッソ水俣工場長の西田栄一氏への尋問をみんなで検討することによって初めて心を一つにした、一つの弁護団運動体になれたという評価をしています。その経験があるから、産廃反対のときも役員の皆さんとその尋問事項を一緒に考えてつくるわけですよ。すると共通認識になる。何が危ないのか。本当だよね。みんな本当に危ないよねと確信になる。共同作業をやらないとダメなんですよ。髙橋先生はその質問票をいくつも持っているのじゃないかな。それが『自由法曹団物語』に書いてある。

岡山県吉永町の反対運動

具体的にやった例で一番面白かったのが岡山県の吉永町です。この処分場は第三セクターだった。要するに行政がかんだ管理型最終処理場のゴミ捨て場ですね。岡山県知事が建設を不許可にした。われわれの反対運動が成功したからです。全国で県知事が不許可にした例がその当時六、七かあったと思います。全部業者側が行政不服審査で当時厚生省に不服申し立てをします。全部ひっくり返って業者側が勝つ。全国で不許可にした例で最終まで不許可を貫いた例はそれまでないと思いますよ。一番おかしいのが千葉の例だったと思います。知事が不許可にして不服審査でひっくり返って許可になって、住民の差止訴訟で勝って止まる。それも最高裁までいって止まる。私に言わせれば最高裁までいって止まるなんてバカバカしい。岡山県知事がやった不許可の判断を厚生省がひっくり返さなかった。たぶん私が知る限りでは唯一の例だと思いますよ。なんで唯一の例となったかは、本当に安全かどうかの作文の審査ではなく、住民と業者に討論をさせた実質的な危険性の結果によって判断したからです。

設置許可の県の審査は作文審査と私はいつも言っている。基準通りやりますと書いてあればいい。本当にやれるかどうかなんて審査しないわけですよ。「国の基準通りにするように書いてありますね。設計図そうなっていますね。じゃあいいでしょう」。いまの原発の審査と一緒です。「いや、本当にできるかどうか審査をやってみて下さいよ。そのためには現地まで見に来てよ」とまず県にさんざん言って、県知事がその結果不許可にした。厚生省にも見に来いとさんざん言った。行政の立場では作文ができていたらいいわけだから、理屈から言うと本来見に行く必要はない。何回も何回も貸切バス三台とか四台で岡山から東京まで乗り付けて銀座でビラ撒きをしてたいがい激しくやりました。そうしたら厚生省の担当者が現地に来ることになった。「絶対反対阻止するぞ」と横断幕で迎えると現地の皆さん思いますよね。それはダメだと。現地に見に来ないことが原則の人たちが見に来るというのは大変なことだ。「絶対反対阻止はいけません」。そうではなく「熱烈歓迎」の横断幕を駅前に張った。みんな日の丸の小旗持って振った。駅から処分場までの沿道を全部埋めました。これは町ぐるみの反対運動ですからできるのです。

この問題で利害関係者として町、住民に原告適格があるという最高裁の判断になった。それまで原告適格はせいぜい五〇〇メートル範囲の住民だとか、あるいは一番酷い例は処分場をつくる小字の住民です。これは住民の立場からはとんでもない。われわれは影響があると考える人全部という意見です。影響がないならその人を却下すればいい話です。影響があると考える人は全部原告適格がある。少なくとも町はあるよ、住民団体はあるよと、そうだと最高裁が言った。それが最高裁判例です。

この時の新聞の写真がありますけれど、厚生省の役人が現地に行って地図を見ている。現地を見ているわけではない。私が後ろからああでもないこうでもないと説明している。役人は関係者を回ってわれわれの会場に最後に来て、「一言も発言しませんからね。皆さんの話を聞くだけですよ」としつこく言ったんですよ。「結構です。聞いてもらうために来てもらったんで、何もおっしゃらなくて結構です」。最初の段階では反対運動の先頭に立つ人たちの話が予定されていたので、いかんいかんと言って中学校の生徒会長、それも女性の生徒会長に前の晩にバタバタ差し替えた。しかも基調は熱烈歓迎です。「しっかり見てもらって、私たちの声を聴いてもらってありがとう」。絶対阻止するぞではない。その話をみんなでしたら終わるときに厚生省の代表がマイクを貸してくれと。「皆さんのお話はとってもよくわかりました。きちんと報告します」とわざわざ挨拶しましたよ。反対運動はこうあるべきだ。鹿屋と吉永町、水俣、地元の上陽、山川の産廃処分場の反対運動、それぞれ特徴がある。反対運動もみんなそれぞれ面白いんですよ。

安定型、管理型の差し止めではわれわれは裁判しなくて勝っている。裁判をしたのは鹿屋が初めてですものね。吉永町も裁判しましたけれど、県知事の不許可の防衛戦争ですから、われわれは県知事の応援に駆け付けた。補助参加です。水俣はもう裁判なんてちゃんちゃらおかしい。熊本県の潮谷義子知事が自分でダメだと言った。ダメと言ったというのは正確ではなく、「われわれは五〇の疑問点がある。それを業者にしっかり確かめろ。業者が答えないのであれば県が自分でわれわれに対して答えろ。答えきれなければ許可していけないよね」と県に問いかけた。そうしたら県が四〇近くの問題点を業者に答えなさいと。業者は答えられない。そのなかのかなり大きな部分が本当に基準通り処理できるのかという問題です。

もう一つは、事実としてこれまで存している処理施設は現実に処理できているのか。それぞれ処理施設で処理する設備が五段階ぐらいある。その五つの整備についてそれぞれの最初の原液の成分、最初に処理して出てきた液体の成分、順繰りに全部数値を示して、最後の施設から放流するところの数値はこれだと一連の流れを全部示すべきだ。

業者は、全体との流れは関係なしに、それぞれの施設一つごとに提出して、この施設でこれだけ除去できました、この施設でこれだけ除去できましたというデータを単独のものとして出してくるわけです。それはできるでしょう。そのデータに合わせて処理する量を作っているわけだから。つまり施設ごとに入るものがわかっているという意味です。入るものがわかっているなかで実験室でやっているわけだから除去できないとそもそも話にならない。

さあ、連続技でできますか。最初の施設から最後の施設を出て放流するまで連続した数字を示せと。絶対にできるわけがない。しかしそれをやらないと本当に処理できていることにはならないわけだから業者にやらせろと言った。県が「そうですね。やれ」と言った。これが決定打になります。業者が「できません」と答えた。全体の流れにそって途中の処理経過の数字を示すことはできない。実験そのものは物理的には可能だけれど、経過がきちんと基準値内におさまる結果を示すことなどできるわけがない。いま現実には大抵いい加減な処理水が流されているということですよ。それぞれの施設が九〇％除去できますと。それはできますよ。わかってやっているわけだから。問題は、連続して次の段階に行くときにいちいち測っているわけではない。だから連続運転でやれますかという問い掛けにいままで答えた裁判例はないと思いますよ。

現在裁判所は答える必要すら認めない。行政の裁量の一言で拒否して、その問題に立ち入るとわれわれが勝つから裁判所はちゃんと議論させてくれないというのがいまの裁判です。

廃棄物をやっていた一九九〇年代は私が一番生き生きして取り組んでいた時代ですね。二〇〇〇年にはいって諫早をやりだした。諫早も楽しかったですけれど、諫早の楽しさはまた違うですものね。廃棄物をやっていたときが弁護士としての取り組みでは一番面白かった時代です。危険性とは何かを正面から問うて、裁判所が曲がりなりにも答えていた時代ですよね。法律論では、諫早での物権的請求権、権利とは何かというのが面白い。廃棄物では事実問題、危ないという事実とは何かを正面から向き合うことができた。われわれはそれを原発でつくりきっていないと思います。

松茸が取れない理由

福岡県上陽町（現八女市）では私と髙橋弁護士が引き受けた時には七件の申請があった。すでに動いていた二件の施設がでたらめだった。住民はたまらないと言って建設を止めるのに成功した。追い返すのに成功して良かったね、全部止めたよねと言っていたら、反対運動の中心にいた集落でまた処分場建設の計画が出てきた。それだけ山林所有者が困っていたということだと思います。山林の維持管理ができない。持っていたって自分の代で金になることはまずない。荒れ山にしておくしかしょうがない。荒れ山にしていたら災害が起きたときにどうするのか。だから少しでも買ってくれる人がいたら売りたい。

最近久留米大学で入会の研究会があった。いま入会の行為自体がなくなっている。山林経営が放棄されている。いまから益々増えてきますね。いい解決策は考えられない。山林経営を個人でやるのは事実上不可能です。入会の主体、地域の共同体が一定の山を管理するのがいいんじゃないかなと思いますけれど。この研究会のなかで現実に入会主体が残っていて、入会稼が行われている町では、産廃施設の計画が少なく、現に建設されていないという事実が報告されています。私はそうなんだと納得しています。

松茸がいま取れない。われわれから言うと松露《しょうろ》です。私は新宮の浜辺で育ちましたけれど、私の高校生の時代松露は取れていた。虹の松原はもちろん文句なしに松露が取れていた。松露饅頭っていまの若い方はなんのことかわからないかもしれませんけれど、松露はトリュフなみの高級食材です。われわれの時代は高級食材でもなんでもない。ごく日常的にそこらあたりに転がっている食材です。松露饅頭そのままの形です。あれが松林の砂浜にいっぱいあるわけですね。取って来てお吸い物に入れたり、卵とじにしたり、われわれの子ども時代はごく普通にあって取って食べていましたけれど、それが高級食材になっていまはお目にかかることすらない。松茸もとんでもない高級食材になりましたよね。昔は例えばいまから三〇年前人吉の山のなかで事件があると帰りにひと籠もらって帰ってました。それぐらいはありましたよ。

なんで松茸はなくなったのか。一番わかりやすい理由は管理しないからです。松林の松露の話の方がわかりやすい。みんな浜に行って落ちている松葉かきして持って帰る。なんで松葉かきして持って帰るかというと、風呂釜で木を燃やしていましたから、追炊きに松葉を燃やすと一番いい。むちゃくちゃよく燃える。追炊きでちょっと湯がぬるいと燃やしてくれといったら松葉を燃やしていた。だから松林の下は松葉がないのは当たり前。雑草はもちろん茂りません。誰も松葉かきをしなくなったから、もちろん松葉が溜まるし、雑草が生えたら松露が出て来るわけがない。松茸がそうなんですよ。松茸が取れるところはちゃんと管理をしているところです。こういう場所では産廃処分場の建設が問題になることはないと思います。

里山をどう理解するのかという問題にもなる。里山というのはどうしても農業と一体です。おじいさんは山に柴刈りに、おばあさんは川に洗濯にという感じです。要するに秣《まぐさ》を取って牛馬の飼料にして薪を取って生活を支える。草を埋めて畑の肥料にする。いまだと山林経営の発想なんでしょうね。営農者の村落共同体、農業のための山、日常生活のための里山ではなくなっている。

入会権

法律論として共有と総有の違いは持ち分があるかないかです。共有は持ち分がある。総有は持ち分がありません。入会は総有です。入会は持ち分がないのは所有権そのものだからなんですよね。所有権だから持ち分があるわけがない。入会地全部に完全な所有権を構成員一人一人がそれぞれ持っているわけですね。持ち分があったら所有地全体に完全な権利があるわけがないですもんね。持ち分があることになれば、持ち分がある割合は所有権だけれど、他人の持ち分のところを使用するとすれば用益物権ですもんね。入会は用益物権として理解しようというのがいま全体の、少なくとも民法をつくったときの流れだと理解されている。私は違うでしょうと。用益物権じゃありませんよ、所有権そのものなんですよ。用益物権としての入会権があるとすれば、所有権としての入会権が成立している土地がまずあって、そこに文字通り入会の形での用益物権として入会稼をする他の人たちがあったかもしれない。そっちが本流ということはないよねと堅く信じてきたんですけれど、かなり強硬にそれは間違いだという反論がありました。

入会には最初から持ち分があります。そっちが本質だという考え方です。私に言わせるとそれだと共有と総有を区別する必要がない。共有でいいですもんね。そうすると入会権は所有権だということを強調する意味もあんまりない。総有に意味があるのは、入会行為をおこなっている入会団体、例えば五〇人なら五〇人全員が一つの土地の上にそれぞれ完全な所有権を持っていることに意味がある。五〇分の一ずつ持っているのであれば共有でいい。ごく普通の共有ですもんね。入会は総有とわざわざいう必要がない。総有であってかつ持ち分があるという法律上の意味がどこにあるのか。私には疑問です。

権利がどっから生じるのかということと同じ議論です。入会はそもそも権利概念の根本です。そもそも所有権の発生は入会に決まっている。五〇人が集まっていて一つの物件の上にそれぞれ一つの所有権を持っている。五〇人がみんなそれぞれ自分固有の支配を確立（ゲヴェーレ）していて、それが所有権として認められるというのが、歴史的な所有権の出発点であり、かつ現在までそうだと理解してきた。

産廃処分場の反対運動の基本的な権利は入会権、水利権、漁業権の三つです。これはいずれも同じ入会権なのです。水利権、漁業権も入会権です。水に対して水利権で、海だから漁業権です。それでも漁業権の方が陸上の入会権と全く一緒ですよね。入会行為をおこなう場所が海と山の違いだけです。一定の地域を支配してそこでなんらかの成果物を得てくるというのは全く一緒です。共同で管理するその根源は何かと言ったら所有権に決まっている。海のなかを直接支配する権利ですよね。それは条文として最初から書いてあるわけではない。もちろん用益物権ではないのははっきりしている。私はそれを自分の頭のなかで思い付いたとは到底思えない。九大の恩師原島先生の教えに従って理解したらこうなるのだよねと思っている。

「漁業権というのは入会権である」というのは農水省の監修した教科書でも書いてある。「歴史的には」という注が付くわけですけれど。官僚や国はいまは違うと言いたいわけですよ。われわれは歴史的にそうだったらいまもそうでしょうと言う。国が途中で勝手に取り上げることはできないでしょう。権利とは何かに結局繋がる。水利権も全く一緒です。水は誰のものか。使う農民のものに決まっているとわれわれは思うのだけれども、いやいや国のものですと。国が権利をつくって国民に与えているのであって、逆にいつでも取り上げることができるというのが国の考え方です。

筑後大堰

いまから三〇年前農民からも流水占有料、要するに水の使用料をとろうと国が言い出したことがあります。農民が猛反対した。そのときに農民が「雨は国が降らしたのか。違うだろ。国は水に対してもともと権利を持っていないだろう。自分たちが利用している水利施設は自分たちの祖先が造って来た施設である」と言った。農水省としては、権利は国がつくって与えるものだから施設でもそのことを形にしたい。農民が持っている権利、とりわけ慣行水利権(まさに農民の事実支配でありゲヴェーレ)は水を奪う立場からは極めて困る。不特定の用量だから慣行水利権を認めると相当多量な流量になる。それが一番正面から議論になったのが筑後大堰です。

筑後川の平均流量は毎秒七〇トンから八〇トンぐらいの計算で考えていた。下流域の慣行水利権、これを淡水《あお》取水と言います。筑後川と有明海の天然条件は干満の差が六メートルから七メートルあることです。農業水利の一番のポイントは水面の水位と田面の水位の差とをいかに克服するかです。筑後川の横に農地があっても筑後川の水は利用できない。農地が水面上より高くて水が引けない。だから水位差を克服しないといけないわけですね。それをどうしたら克服できるのか。世界中どこでも同じ議論で、エジプトでアスワンハイダムを造る前にナイル川でどうやって水を上げるか。土地の方が高いところでは水牛がぐるぐる回って低いナイル川の水を汲み上げている。筑後川も五庄屋物語の前はそうやって水を上げていたという描写をしている(帚木蓬生『水神』)。やっぱりそうなんです。東南アジアに行くと女の子が水車を踏んで回して水を取り込んでいる。水位差をどうやって克服するか。万国共通の課題です。

筑後川流域はどこまで潮が上がってくるのか。筑後大堰建設地点河口から二三キロ上流なんです。潮が上がってくる限界点です。そのとき全国で造っていた大堰は全部河口堰です。文字通り河口に造った。筑後大堰の本質は河口堰ではないのか。なぜ河口ではなく二三キロ上流地点に造るのか。それがわれわれの疑問点です。答えは造る側の学者の論文があったので簡単でした。どこに堰を造れば目的を達成するのかという論文です。取水する立場から言うと淡水取水の量が大きいのが問題なので、淡水取水を退治することが筑後川の水を利用する要であるという論文です。淡水取水退治が一番のポイントであると言う。

淡水取水というのはどういうことかというと、二三キロ地点まで潮が上ってくる。新潟水俣病でも原因論争として争われた。塩水が上ってきて比重が重いから下に入る。すると塩水に乗って淡水が上になる。塩水くさびで上にのぼっていくので、新潟港に置かれていた農薬の有機水銀が阿賀野川に混入して、工場地点までのぼったというのが会社側の主張です。淡水が上にのぼると高度差がいっぺんに解決する。普段なら取水できないのに、満潮の時点で淡水が上に乗って水位が上昇した時点で取水ができるようになる。そのためいつでも取水できない。取水した水を貯めるために下流域は縦横に用水路を張り巡らしている。張り巡らしてある用水路の貯水量は二〇〇〇万トンと言われている。つまり二〇〇〇万トン級のダムが左岸右岸、両方にそれぞれ一つずつあることになる。取水できる時に一時に貯め込むもんですから、淡水取水の慣行水利権が毎秒六〇トン、七〇トンになっている。つまり筑後川からそれ以上に取る余分の水はないという結論になるわけです。

問題は新しく許可水利権として認められる水量がないということになる。それは困るということで筑後川からどうしても水を取りたい。とりわけ農業用水ではなくて都市用水と工業用水として水を取りたい。都市用水は福岡市が渇水でどうもこうもならないから水がほしいという議論ですね。より本質的な議論は工業用水はどこにほしいのか。

周防灘開発計画というのがありまして、周防灘を埋め立てて一〇〇万都市をつくる。巨大な工業都市をつくるという計画があった。その水を用意しないといけない。筑後川から水を取りたいけれど足りない。嘉瀬川からも取る。宮崎の大淀川からも取る。財界の皆さんが考えることはすごいね。大淀川の上流側にダムを造って水を貯める。そのダムからトンネルで熊本の球磨川の上流のダムに流入させて貯めて、川下りをさせて、あとは勝手に球磨川を流れてくる。そこから北九州までどうやって運ぶのか。導水路のための新しい土地の取得なんていらない。八代から高速道路に乗せるわけです。高速道路の下を通ってくれば土地の取得がいらない。北九州まで文句なしにひとりでいきます。同じ話が阿賀野川でありまして、上流地点でダムを造る、トンネルを掘って東京側に落とす。尾瀬沼に落として貯める。大変な騒ぎになった。環境保護者はカンカンに怒った。財界が考えることはすごいですよ。

筑後大堰は淡水取水を退治するための農業用水の合口堰という位置付けです。河口堰ではない。右岸左岸の農業用水を堰に一本化する。農業水量を決めようといって毎秒六〇トンから七〇トン慣行水利権があったものを、左岸右岸両方合わせて二三トンまで抑え込んだ。つまりそれで新しく取水可能な水量が生み出されたということです。その結果何が起きるか。農業用水の水利権をそれぞれの地元の土地改良区が持っていた。淡水取水の権利として慣行水利権を持っていたものが合口堰に一本化されることによって、堰の管理者が水利権者になる。すなわち水資源管理公団が管理者水利権者です。農民は「施設は俺たちの祖先が造って俺たちが守ってきた」と言っていたが「はいはい、施設は国のものです。だから水も国のものです」と。だいたい水資源開発公団という名前が恥ずかしいですよね。水資源をつくり出しているわけではない。水は一滴もつくり出したわけではない。川の水を貯めて取り上げるだけです。それで水資源開発と言っては恥ずかしいよねというのが私の意見です。それで水利権は農民から奪われたわけです。筑後大堰が建設されたのは農民からの水利権を取り上げるためなのです。

技術の階級性

五庄屋物語の水もすぐ横に川があるにもかかわらず農地に水が取れない。だから荒地だった。それをなんとか美田に変えたいという五庄屋が堰を造って水を引いた。五庄屋のところの農地へ水を引くためには、はるか上流から自然流下させて水を取ってくる。堰を造る場所とそれから途中水を引いてくる場所では、その水を通すだけで利用できない、土地をとられる人がみんな反対するわけです。工事の困難は当然のこととして、そこの調整が難しいわけです。それを実行するためには藩がその気にならないといけない。藩がついに踏み切るわけです。ただし久留米藩は踏み切るときに農民の自己責任にする。「五庄屋が責任を持て。だから失敗したらはりつけにするぞ」。五台のはりつけ台を現場に立てるわけですね。村人は五庄屋をはりつけにしてはならないと努力して、ついに成功して完成させ、五台のはりつけ台をみんなで燃やすわけです。その村びとたちの将来の繁栄を象徴するかのようにはりつけ台が煙となって消えていくという感動的な成功物語として五庄屋物語は終わるわけですよ。

ところが九州農政局が出した『筑後川農業水利誌』にその話が出てくる。農水省の役人でも歴史をやる方は偉いなと思う。五庄屋物語は、感動場面で終わったんだけれど、現実は違ったとちゃんと書いている。現実は何が起きたか。荒地が美田になったのは良かったんだけれど、その結果、そこの村びとに何が起きたのか。過酷な課税です。建設費用の取り立てとできたコメの税金と両方がかかる。村人たちは「たまらん勘弁してくれ」と工事費用をなんとか緩めてくれと言うのだけれど久留米藩は聞かない。それで農民みんな逃げて放棄地はまた荒地に戻る。残った人たちも困窮してこの地方で一番大きい百姓一揆を起こします。その原因の一つになります。農水省の『筑後川農業水利誌』にきちんと書いてある。

私たちは技術の階級性という議論をします。技術に階級性があるか。かつて社会主義国の原爆水爆と、資本主義国の原爆水爆は違う。社会主義国ソ連の原爆水爆は綺麗なんだというまじめな議論をしていたという話があります。そういう議論ではなく、技術に階級性があるということは具体的にどういう意味なのか。

結局、長野堰、大石堰を造った功績によって、五庄屋たちは長野水神社に祀られる。要するに五庄屋は神になった。戦前の修身の教科書で国のために公共事業に取り組む模範的な人々と取り上げられる。だけど長野堰、大石堰ができた結果、誰が得をしたのか。苦労して造った農民たちではない。重税に喘いで逃げ出したり、百姓一揆を起こす。結局久留米藩が大儲けしたことははっきりしている。この堰は久留米藩の利益のための堰であって、決して農民のための堰ではなかった。

では将来の子孫の繁栄を願った五庄屋や村びとたちは無駄なことをしたのか。違うというのが私の意見です。結局堰の利益を享受したのは、戦後の農地解放によって自らが耕作する田畑を自らのものとし、長野堰、大石堰の水を自らのものとして使うことが可能となった子孫たち、農民たちです。堰というのは物理的存在としては造ったときからいままで何の変化もない。だけど誰のための堰かというのはそのときの利用主体、利用権利者が誰か、利益主体が誰なのかによって決まる。これが技術の階級性だと理解しています。長野堰、大石堰は、農民が土地を自分のものとして、水を自分のものとして使用できる権利が確立できたとき、農地解放ですよね、まさに自らの堰、自らの水利権として利益を享受できるようになった。

だから筑後大堰も誰が何のために利用するかによって、国民のものともなり、国民に敵対するものにもなるのですよと私は筑後大堰の裁判で弁論した。筑後大堰が農民から水を奪う手段として利用されている。まさに農民にとっては敵対物であり、権利を奪う手段として利用されている。だけどいずれ農民がまた自分たちの手に筑後川の管理権を取り戻せば自分たちのものになる。漁民とりわけ有明のノリ漁民にとっても同じ話です。筑後大堰によって下流、有明海に流れ込む水を奪われたために有明海異変と言われる異常な状況が生じています。有明海は筑後大堰建設によってじりじり殺されているのです。そしてその状況にとどめを刺すのが諫早干拓事業なのだと思います。そして前提としての筑後川の水そのものが、水源地となる上流で産廃処理施設によって、その出発点から汚染されているという現実が存していることを強調して指摘しておきたいのです。だからそのあとの地域住民、農民、漁民は筑後川の水を自らの水として、権利として活用できるようにたたかい続けているのだと思います。「よみがえれ！有明訴訟」もその一つなのです。

生産現場の話

廃棄物処分場をめぐる問題は、ゴミの生産と処理をどう考えるのかという根本の哲学問題がある。ゴミの処理をどう考えるか。そして処分場がまともな施設といえるのかという議論にくる。もともとの一番の出発点のゴミの生産をどう考えるのかという哲学が日本にないものだからいまの大混乱になると考えています。

倉本聰は、ドラマで炭焼きで木を切ったらその場にまた植林していくのを教えている。廃棄物の捨て場、最終処分場で「北の国から」の主人公の純君は、市の管理する廃棄物処分場のゴミを集めて回る市の職員になる。まだ使えるものがいっぱい捨ててある。恋人と一緒にいろんなものを拾ってくる。倉本聰は家も廃棄物でつくる。純君のお父さんがつくった家がある。ゴミとして捨てるのがおかしいよねという問題提起を倉本聰はしっかりした。倉本聰にしては問題意識が不十分だよねと私が疑問に思うのは、敢えてそれが間違いとは言いませんけれど、それでも消費の問題ゴミの捨て方の問題と考えて生産の問題に踏み込まなければものごとは根本的には解決しない。久留米市の廃棄物処分場反対というのに対して、市長が「あなたたちもゴミを出すでしょう」と言った。それに対する直接の反論はない。ゴミは間違いなく出すわけですよ。

ただ哲学の違いが何を生むのかということは私も本質的に反論できる。ドイツと日本のものの考え方の決定的な違いですけれど、ドイツのものの考え方は「そもそもゴミになるものをつくらない」。だから一九七〇年代から八〇年代に入るときだと思いますけれど、ベンツが日本で一斉にコマーシャルを流した。その時の最初のコマーシャルを私はいまでもよく覚えていますけれど、「ベンツには捨てるものがありません。廃車にするときには部品はすべてリユースします」。「捨てる部品がありません」というこの宣伝文句の重大さ偉大さが日本国民には全く理解できなかった。もちろん私も理解できなかった。いかにそれが大変でかつ重大なことなのか。それが宣伝文句になるということが理解できない。だからあっという間にこの宣伝をやめました。

ドイツ哲学の神髄なんだと思います。製造現場で商品としてゴミが出るものは造らない。フライブルクに行きましたら反対運動の中心メンバーが話をしてくれました。毎年一番良い商品と一番悪い商品を選ぶ。いずれも日本の商品だった。一番良い商品は京セラの商品です。ゴミを出さない製品を造っている。一番悪いのがたまごっちです。何の意味もない。しかもプラスチックは永久にゴミが残るというのがドイツの発想ですね。燃やすのは犯罪です。

日本はゴミ捨て場がなくなったのでしょうがない、なんでもすべて燃やせですもんね。正反対のものの考え方になってドイツはなぜ燃やさなくていいのか。一つは自然条件が違う。ドイツは自然の捨て場がある。昔、山のなかで塩を切り出した廃坑がある。だからそこに捨てればいい。絶対安全に決まっています。ここに貯めておいて将来処分できるようになったら処分する。核廃棄物もドイツの塩の廃坑に捨てればいい。とりあえず安全な捨て場がそもそもあるというのも違うのだけれど、より根本はゴミをつくらないという哲学です。

ゴミ問題の解決は消費の段階でするのではないということですね。倉本聰は消費の段階でなんでも捨てるのがおかしいという問題提起をした。それでも捨てるゴミをできるだけ少なくしてできるだけゼロにしたい。生産現場で考えないと問題解決にはなりませんよという哲学を倉本聰が持っているけれど書けなかったのか、そもそもそういう哲学を身に付けていないのか。

いま廃棄物問題を議論するときに、そもそもゴミをつくらないようにする、生産現場でそもそも最初からつくるときに問題にするような発想にはならない、財界、国がさせない。いま産廃問題をやっていると称する人たちも「これは生産現場の問題なんですよ」という発想がほとんど語られていないと私は思いますよ。もっぱら消費の段階、製品ができたあと処理の問題として考えている。だから原発ゴミが出ることに対する怒りの声はあがるけれど、原発をつくるときになぜゴミの処理を考えていなかったのかという怒りの声は小さいように思えます。誰が考えてもつくるときに捨て方を考えておかないと。いまになっても捨て方すら確立できない。これを確立しないで原発をつくるのはけしからんというのが、反対運動の主要な流れにもならないですよね。原発反対運動のなかでも、核に汚染された廃棄物処理の方法が確立していないことが反対運動の主要理由としてはあがってこない。産廃問題に取り組んでいる専門家の方も処理技術については専門家であっても、そもそもゴミをつくらないという専門家はほとんどいないのではないですかね。そもそもゴミを出さない生産のありようを議論する場面をなかなか見ることができません。

ドイツはそっちが本流ですからね。ドイツでは原発をつくらないと決めた専門家たちは、中心は哲学、倫理の専門家たちですものね。技術者屋さんではない。そこの差が重要だと思いますよ。日本で原発はダメなんだという哲学倫理の問題にはならない。そこはさすがだと思いますね。産廃の基本的問題点だと思います。

技術的な問題は一番は廃水の処理ができるのか。漏らさない施設はかなりのところまでいったと思いますよ。そもそもの問題は「処理して流しています」と言うけれど本当に処理できているのですか。できていないに決まっている。少なくとも環境ホルモンについてはされてない。環境ホルモンはいま議論が下火ですから、なんとか成り立っているけれど、環境ホルモンの議論が世界的に確立したら、燃やしたら本当に犯罪ですものね。

プラスチック

いまようやくプラスチックは使用してはいけないという考え方が確立している。私が東京で二〇年以上前にペットボトルを燃えるゴミのコーナーに捨てたら厳しい批判を受けた。「よう廃棄物の専門家と言っとられるな」「燃やしてはいけないゴミだろうが」と。「ごめんごめん、福岡では燃やすゴミのコーナーに捨てる」と笑ったけれど、いまは東京ではプラスチックは燃やすゴミになっている。

なんでプラスチックを燃やすのか。もちろん捨て場がないからですけれど、それでも東南アジアでも買いたがるところがたくさんある。売ろうと思えば売って売れないことはないように思えます。とにかく燃やすと言ったのは、一つは焼却施設で燃やすゴミが少ないからです。もう一つは可燃材としてよく燃えるからです。プラスチックを燃やしたらわざわざ可燃材を加えなくていい。だから施設管理の点から言えば燃やしたい。

ただこれは犯罪であるといまようやく声があがり始めました。海の生物が多量に飲み込んでいるというので問題になりましたけれど、やっと控えめな感じで大気中のプラスチックも危ないというのが、いま恐る恐るという感じで出てき始めています。私から言うと大気中のプラスチックゴミの方が危ない。もちろんプラスチックの粉じんもありますけれど、燃やした方の危険性がいまの日本でははるかに大きいと思います。

問題になっているPM2・5という一定の粒子の大きさですが、じん肺法が成立する前と同じ議論をしているように思えます。一定の大きさの粒子は危ないという考え方です。しかしそれをわかりやすい言葉で言うと危ない粒子と危なくない粒子があるということになります。じん肺の裁判で国の学者が出て来て「危ない粉じんと危なくない粉じんがあります」と。そんなバカなと私たちは怒りました。PM2・5の議論はそのレベルの議論のように思えます。そうではなくどの大きさでも粒子は全部危ないに決まっています。燃やすなんていうのは論外です。特にプラスチックを燃やしてはいけない。だから東京都だって以前は燃やしていけないものだった。それを処理の必要に応じて変更するところが日本流です。

これは端的に捨て方の問題ではないという議論として理解しやすいですよね。というのはプラスチックは変化しないから捨て方を工夫したってどうしようもない。燃やすしかない。しかし燃やしたらいけないという議論にならざるを得ません。そうするとそもそも使わせない。プラスチックはうまくいけば生産現場の議論にいく。その場合製造者側は直ちに反撃に移りますからそれが成功するかどうか。ただ世界的に危ないということになっていますから日本国内で決着がつく問題ではない。私はかなり楽観視している。生産現場に踏み込むという話の突破口になる。

久留米市の八丁島の焼却施設もプラスチック処理を問題にしたが、裁判所が話を聞く気がない。残念でしたけれどね。もともと久留米市がプラスチックゴミを別途処理するようにしていた。ところが喉元過ぎて今度は八丁島に新しい施設を造ることになったら燃やすゴミの量が不足していますからプラスチックを燃やさないとしょうがない。プラスチックのゴミの量が大きいから昔は一応分別はしていたけれど、いまはもうプラスチックゴミは本気で分別はしませんよね。どうせ燃やすんだから。

廃棄物と原発

廃棄物の議論というのはそのまま原発の議論に直結しますね。ゴミの問題は生産現場を規制しないかぎり解決はつかない。根本的解決にはならない。そうなるのはやっぱり核だと思いますよ。原発の核汚染廃棄物の処分をめぐっていままでの廃棄物の処理のルールよりも緩やかにするんですからね。緩やかにしていいのか。本当はより厳しくしないといけないのに。放射能物質を普通のゴミの基準より緩い基準で捨てていいと。だけどそうしないと福島事故の解決はつかない。一か所に集中すると問題になるから日本中に分散してばら撒く。そのために補助金をつけてばら撒いたわけですね。手を挙げた自治体と手を挙げない自治体が出て、手を挙げた自治体は核に汚染された廃棄物を受け入れる、処理すると言って補助金をもらった。住民がびっくりして反対運動が強まったために慌てて手を下ろした自治体もいました。いまこっそり実行に移そうとしている。もう何年も先の話ではないですものね。

福島でいまタンクに貯めている汚染水は流すに決まっている。最初からそう決めている。最初からその方針だったのは明らかだと思います。いきなりは言えないから「限度が来ました。流しますよ」。環境大臣が辞め際になって言った。あれは既定方針で東電は最初から海に流す方針です。水は流すことは決まっている。あと汚染度が低いと思われるものを日本中にばら撒く。そしてだんだん捨てる濃度が高くなっていく。

高良内の廃棄物の処分場の建設のとき私は市役所の隣の公園にビルを建てろと言った。そこを廃棄物の捨て場にしろと。これが一番簡単な解決の方法だと市長に言ったことがある。あちこちにばら撒いて捨てるのが一番悪いと思います。

遮断型処分場

遮断型について話していないのはそもそもどこにあるのかさえよく知らない。鹿児島の鹿屋の反対運動をやったとき、管理型処分場が鹿児島県に一つもないから造らないといけないと鹿児島県は力説したわけですね。いまでも一つもない状況は本質的には変わっていないのではないかな。私が「廃棄物処分は現地主義で各自治体が自分のところは自分で責任を持とうねと言ってきたはず。県境を越えるのは原則やめようね」と。県境を越えるというのは大変なことなんです。鹿児島県の担当者は、管理型処分場に捨てられているゴミはいまどこに捨てているのかわかっていないとおかしい。いくらそう聞いても答えませんよ。管理型処分場に捨てるべきものが安定型に捨てられているってことでしょう。あるいは県境を越えているのであればその先を明示してほしい。いま根本的に状況は変わりました。全部燃やすから。

官僚は作文したら世の中は自分が書いた通りに動くと信じることができる能力を持った人たちだと思います。オーウェルの『一九八四年』の世界です。難しいのは自分も現に騙されちゃったらいけないから自分のウソを信じる能力と、しかしそれはウソであるということを理解している能力と矛盾なく持たないといけない。『一九八四年』で描かれた官僚の姿ですよ。本当の姿は知りたくない。それが文書偽造ですよね。『一九八四年』でも毎日文書偽造して歴史を書き換えていますけれど、あれとはレベルが違いますよね。いまは真実とは何かに目をつぶって見ないふりをして現実を知らない。質的に違う。『一九八四年』の官僚たちはレベルがむちゃくちゃ高い官僚たちですよ。

遮断型に捨てないといけない医療廃棄物はどこに捨てられているのか。本当に知りたいですよ。くどいけれどいまは燃やすからそれで一応の解決になっている。その前はどうしていたのか。映画監督伊丹十三は、死ぬ前に次の新作の準備にかかっていた。それが医療廃棄物です。それを聞いてわれわれは色めき立った。遮断型に捨てられるべき廃棄物がどこでどうなっているのか。これは面白い。楽しみにしていた。そして彼は突然死んだ。自殺と言われている。推理小説風に言うと触れてはいけないところに触れてしまったのではないか。全く何の根拠もない話ですけれど。ただそういう話が流れてもおかしくない医療廃棄物処理の状況であった。それがいま福島原発で問題になっている。核汚染廃棄物は遮断型に捨てられないでしょう。いまでている話は、本当にきちんとやりたければチョルノービリの石棺、本当に文字通り遮断型にするしかないと言われている。

遮断型の法的概念は極めて明確ですよ。管理型は有害物質でも処理可能なものは処理してある一定の安全度に入ったら捨てていい。処理できないものは遮断型ですよ。医療廃棄物は安全に処理できるとは言えるわけがない。特に問題になったのはＨＩＶですよね。住民みんな調べているわけではないから、汚染されているかどうかわからない。大丈夫だとは言えない。その割には遮断型の処分場はどこにあるのか。よくわからないほど少ない。私は実際問題として遮断型に捨てている例を知らなかった。問題になった例はある。宗像（福岡県）の焼却施設反対運動でそれまで捨てているところを掘ったら医療廃棄物が出てきた。大問題になった。高良内の反対運動のときも満杯になった前の処分場でも医療廃棄物がいっぱいでてきた。捨て場がない。いまある処分場に捨てる他ないわけです。

日弁連が安定型をやめろという提言をしたのは、管理型に捨てられるべきものを安定型に捨てているからです。安定型に捨てていいものなんて本当はない。だから安定型処分場はなくして全部管理型と遮断型にすべきだと。しかし遮断型にすることが不可能なものだから燃やす。燃やすというのは廃棄物行政が抱えている安定型、管理型、遮断型の無意味さを露わにしてしまった。概念上はすっきりしているが、実際問題としては実行できるわけがない。しかもわれわれが管理型を止めだした。

鹿屋で勝った決定的な意味は、処理できると言うけれど処理できませんよというところです。安定型の議論は安定型五品目以外が捨ててある。非常に明快でわかりやすい。安定型は無条件で止まるようになった。処理できないものはまず捨ててはいけない。まだ未処理の状態で捨てている場合外に漏らしてはならない。だから外に出すときにはきちんと処理するんですよ。未処理のものが外に漏れるかどうかという議論をしてきた。必ず漏れるという議論をしてきた。ところがわれわれが鹿屋でわかったことは、処理できるという処理方法はうそっぱちだった。魔法の薬があるわけではない。廃棄物は性質が均一のものではない。むちゃくちゃに高い処理能力が必要となる。そんなことができるわけがない。裁判長はそうだと認める判決を書いた。水俣の施設でも完全に処理することはできないという議論になった。行政は困った。それで燃やせばいいという話になる。遮断型もいらない。しかし放射能は燃やせばいいという理屈にはなかなかならなかった。原発だけは解決できないのです。

第3章　水俣病とは何か

コロナと水俣病

水俣病についてはいろいろな視点がある。あまり言われていないことを言っておきたい。水俣病はたいがい議論されたと言うけれど、私に言わせると型通りの議論がされたのであって、本当に必要な議論はされていない。水俣特有の歴史があるから、いわゆる告発系の議論は皆さん一生懸命参加されているけれど、私たちが提起している問題は全く無視です。告発系の議論というのは、技術屋さんが多いからどうしてもチッソの技術が悪かったという議論が中心になる。そうではない。水俣病の問題はチッソの技術の問題だけではないという議論がすとんと落ちる。

一つはマスコミの問題でもある。今度のコロナの問題でも、例えば、保育園に来るなと言われたとか、医療従事者とその子どもさんたちが大変な差別に遭っている。大変だ大変だと言ってマスコミも取り上げて指摘するのはハンセン病です。ハンセン病を取り上げるのは当たり前だと思うけれども、水俣でそういう差別があったことを忘れないでほしい。水俣は真っ先にそれで被害を受けた。ある意味でそっちの被害が社会的影響としては大きい。完全に差別された。いまの騒ぎが起きてもハンセン病の指摘はあっても水俣病の指摘はないですよね。

水俣病問題とは何なのだろうか、どう考えるのか、整理がいるのではないか。いまのコロナ騒ぎの差別の問題、実は水俣病でも同じ問題で出発している。水俣病で差別があったと言う方はたくさんいらっしゃるけれど、その差別が日本社会の全体構造とどう結びつくのかという視点はあまりおっしゃらないですよね。例えば、ハンセン病の熊本の裁判は水俣病の弁護団が中心です。だから一番理解しやすかったと私は思います。水俣病の弁護団は無条件で理解できた。もっと酷いかたちがあった。本質的に起こっていることは同じことです。コロナ騒ぎで医療従事者が酷い目に遭う。日本においてはごくごく普通のことが起きていると思う。

社会通念

「半沢直樹」というテレビ番組について自由法曹団で激論がおこなわれている。激論と言えば言い過ぎですけれど。私が最も敬愛するある先生が真正面から半沢直樹は到底許せないという論考をお書きになった。やられたらやりかえす倍返しだと。そのやられ方が悪質なのは間違いない。大企業、銀行なり日本政府がとんでもないことをやっているのはその通りだけれど、ではやり返すといった被害に遭った側が倍返しするためにやっていることは全部違法行為ではないか。支店長を誘き出して家探ししたり、やっている行為は違法行為の連続である。だからやり返すという目的が正義を貫くためだということはあるにしたって、手段を選ばずに何でもやり返す、それを拍手喝采する状況です。視聴率が当然いい。それはいけない状況だというのがきちんとわかれと書いたわけです。

それを受けまして、ある事務所のナンバー2のベテランがお書きになった。おっしゃる通りご説ごもっとも、自分も無邪気に拍手喝采していたが、指摘を受けたら確かに自由法曹団員たるものこんなものを喜んでいてはいけない。だけど、われわれの世代、破れ傘刀舟、文字通り浪人ですけれど、周りの困った人を助けに立ち上がって、悪代官やら悪商人を「てめえら人間じゃねえ、叩き切ってやる」と人でないから人権もない。適正手続きなんかあったものではない。それをみてやっぱり拍手喝采した。それが許されるというのは純然たるフィクションだと全員がわかっているから許されるのだろうかと。正論は正論なんだけれど、正論を真正面から言ってもこの問題解決にはならないじゃないのかと。社会一般では受け入れている心情がある。

水俣病で告発グループの人々が主張した「水俣病のたたかいは、患者とチッソが相対で血債を取り立てるものである」という考え方と、さらにはその血債の取り立てを告発する会の皆さんが「義をもって助太刀する」という考え方とある意味では通じる感覚があるように思えます。

私は責任論のところできちんと問題にしたい。裁判の勝敗を決めるのは世論です。裁判というのは政治的なものだというのが私の意見です。それはイデオロギーで判断するのではなくて、世論が結論を決めると言ってわれわれは勝ってきた。それが一番わかりやすいのが水俣病第三次訴訟の第二陣判決、国の責任です。

裁判所は、水俣病が発生したのは国の責任だと社会が承認していますよ、社会通念だと言ったわけです。水俣病問題はそれを正面から問いかけた裁判でもあった。公害問題に対しては、社会の世論はけっして許さない、公害を許さない、企業の利益よりも人の命ということで、少なくとも四大公害裁判のあとは、経済的利益と人の命は秤にかけてはならない、秤にかからないという原則が確立した。それは社会通念であると。

水俣病とは何か

水俣病とはいったい何なのか。普通の捉え方は、テレビで報道される劇症型の患者さん方の痙攣する姿です。いまはそれも見なくなった。最初われわれがやっているときの水俣病はその姿と猫が狂う様子、これが水俣病だと。これが水俣病問題だと。つまり限られた人の病気の重大さ、人身被害の大変さ、限定されたせいぜい数百人の重大な人身被害を解決する問題、あるいは救済する問題というのが一番基本的パターンではないでしょうか。水俣病問題とはそういう問題ですと。

それは企業と国が作為的につくりだした姿です。被害をできるだけ矮小化する。被害の実態が見えないようにする。「最重症のもだえ苦しむ姿だけが水俣病だ。それ以外は違う。その問題を解決すればいい」と。われわれが裁判をしたのは第一次訴訟で原告はせいぜい一三〇名、患者の所帯数は三四ぐらいです。認定患者は他に二〇〇世帯ぐらいいる。その数です。その被害をどうするかという問題です。

そうではない。当然のことながら病気も最重症の人から軽症まである。一番軽症はちょっと手足が痺れるというごく普通の症状です。この地域で生活をしている全員が大きい被害からごくごく軽微で普通に日常生活を送っている人まで連続してあるという認識です。この認識がなぜ専門の医学者の間で常識にならないのかが理解できません。特に国の立場に立つ医学者はそれが常識だと考えない、考えないふりをします。

その一番わかりやすい例が水俣病を否定する論理として加齢を挙げる。年のせいです。「ちょっと手足が痺れるのですが」「言葉がうまく出ません」「難聴ですけれど」「それは加齢でしょう」と。一時期笑ったのですけれど、われわれが第一次訴訟で勝ったあと、新潟の椿忠雄先生が委員長になって第三水俣病を否定した、いわゆる白判定というのをやる。原田正純先生は、集まった専門家の顔ぶれを見たら「水俣病の専門家ではない」とおっしゃった。いまだったら生活習慣病という言い方をする、高齢者の病気の専門家です。加齢現象で例えば難聴があるとしたら、あるいは頸椎の障害があって痺れがでる、それを見つける専門家です。それを見つけたら水俣病ではない。そんなことはない。その病気もある、水俣病もある。当然一定の地域で生活をしている人のなかには日本中全地域にある病気を持っている人もいるわけですから、その病気を持っている人の上に、汚染物質の負荷がかかっているという当たり前の発想ができない、敢えてしない。だから御用学者だと言ってもいい。

私たちが第二次訴訟をやったときに三重大学の四日市公害の認定審査会の会長を証人に呼んだわけです。四日市で認定をどうするのか。地域にはもともと喘息を持っている患者さんなんてごく普通にいるわけです。喘息を持っている患者さんがいたら、その人は公害患者ではないのか。そんなことはありません。いままでの一定の病像があった上に汚染が乗っているわけだからという説明をして頂いた。大気汚染の方ではそのようにもともとの喘息患者も認定をやっています。なぜ水俣ではやれないのか。

水俣で検査をすると地域によっては四肢末梢性の感覚障害がすごいところでは九割という数字がでます。水銀の汚染のない普通の地域で四肢末梢性の症状が出て来るのはどれぐらいか。一割いるわけないというのが定説です。誰が考えたって九割というのは水俣病に決まっている。水俣病という言い方が気に入らなければ、チッソが排出した水銀その他有毒物質によって影響を受けた人です。国や加害企業は水俣病と認めないように必死で努力している。

地域全体の破壊

じん肺の話のときにも強調したように、国や企業は個別の企業と個別の原因物質、個別の被害者との対応関係でものごとを処理しようとする。そうではなく地域全体の汚染が地域全体の住民にどういう影響を及ぼしているのか。大きな病気、重大な病気という話だけではなく、連続した汚染による地域社会の被害の全体像があると考えるべきだ。

チッソがやった犯罪は何か。特定の重病者を生み出したことだけではなくて地域全体を破壊したことです。一定のグループは環境汚染だけを問題にします。もちろん環境汚染が全体に起きているのは間違いない。普通にある病気の症状として出てきている人まで連続している。と同時に破壊したのは環境だけではない。社会全体を破壊したのではないか。地域支配というのは政治から経済、文化、全体を破壊したのではないですか。水俣病というのは地域社会、文化あるいは経済、それと環境、健康を含めて総体として破壊した。地域破壊の全体が水俣病問題だという捉え方が正しい。そういう捉え方を水俣病は必ずしもされていないと思います。重症者の人体被害、軽症でごくごく普通の人まで切れ目なく連続している。加齢だけが加わると発病する。それは加齢が原因ではない。普通だったら発病せずにすんだものを汚染があったもんだから一定の加齢で発病する。ほかの病気でもそうです。チッソによる地域社会の破壊は事例を挙げていけば数限りがないという捉え方です。

被害とは病気の人身被害だけではなく社会的にもたくさんある。その被害を考えるときに当然それを生み出してきたものが何かという加害の行為があるわけです。被害と加害というのは両面一体になって考えるべきもので、それぞれ切り離して考えるものではない。加害行為としてチッソが何をやったのか。その結果、起きている被害の方から加害行為をみる。この被害はどういう行為で起こったのか。法律の世界で裁判官はたぶん切り離して考える。加害行為があって結果として生じた被害がある。その間の因果関係と言うけれど、そうではなくてお互いの相互作用で考えることがなかなかできない、本質的にそう考えようとしない。いまの法科大学院教育ではむしろ逆にしてはならないと教えられていると理解します。そういうところまで踏み込まないのが正しいのだというものの考え方だと思うんですね。それは実態を隠し責任を誤魔化す論理だと思いますね。

国の産業政策

いまのように全体像を考えると被害を生み出したものは何か。一番狭い意見はチッソの技術という答えになる。チッソの技術というのは一部の説明になっても全体の説明にはならない。特に文化まで社会生活の人と人の結びつきまで破壊したのは単なるチッソの技術の問題ではない。ただチッソという会社が酷い会社であったというのは事実だと思います。いわゆる旧財閥系の企業と比べて後発の追い付け追い越せの精神で突っ走るからです。強引なやり方は昭和電工と比べてチッソの方が酷い。昭和電工は財閥系の大企業で余裕がある。

地域破壊をしたのはチッソだけなのか。程度の差はあるにしたって、当然同業他社もそれぞれ同じことをやっているでしょう。水俣病が水俣だけに起きたのはおかしい。もちろん新潟にも起きた。水俣と新潟だけにしか起きていないというのもおかしい。水俣、新潟だけ起きたという科学的な説明はあるわけがないと思います。同業他社も同じ問題は大なり小なり起こしている。水俣病を起こしたのはチッソの技術だという説明は、被害を大きくしたというプラスアルファの理由としてはありえるけれど、根本的な説明にはならない。同業他社に起きているという説明にはならない。全体として起きている被害を捉えるとしたら、やっぱり国の行為すなわち国の産業政策が原因だというところに論理必然的に辿り着くと思います。だから国の責任を問うのはある意味では当たり前、問わない方がおかしい。つまり、最初から責任を限定して考えている、被害を限定して考えているわけですよね。水俣病を考えるときの一番基本、いまの論理展開が一番わかりやすい形で起きているのがチッソだと。

チッソの場合も産業政策と言いますけれど、簡単に言うと一つは植民地支配です。日本の侵略戦争と同時に海外へ膨張していく。チッソの海外膨張はちょうど侵略戦争に乗っているわけですね。朝鮮半島に進出し、満州に進出する。産業政策で植民地支配に乗っていった。チッソが朝鮮興南工場をつくります。創業開始した野口遵社長の弟が画家で、興南工場の絵を描いてお祝いに社長のところにもって行ったら、社長はその絵をみてカンカンに怒って工場長を呼びつけた。煙の色を見ると原料が煙のなかに逃げている。「こんなバカな操業をなんでしているのか」と怒った。有名な話なんですけれど「労働者は牛馬と思え。牛馬と思わんと情が移って仕事がさせられない」。それはチッソが悪い会社だからという話ではないというところを強調したい。それが産業政策であり、それに従う企業の本質ではないかと思う。

そこにあるのは国策としての植民地支配です。興南工場では憲兵まで使い、警察権まで使い土地を強制的に取り上げてあれだけの工場をつくった。「川の流れを変える」という絶対にものごとが起こりえないという現地の格言があったが、発電所をつくるためその川の流れを逆行させた。海へ落ちる方向を逆にさせた。一企業ができることではない。国の産業政策です。

だから戦前から水俣病があったというのがわれわれの主張です。何も昭和二八（一九五三）年に突然起きたわけではない。熊本大学の一〇年後の水俣病研究班が最初の発病患者として確認している患者は昭和一六（一九四一）年、昭和一七（一九四二）年です。そこで産業政策の二番目は戦争そのものです。水俣病は戦争によって発生したということをわれわれは忘れてはならない。

水俣工場は憲兵が常駐する軍需工場でした。戦争遂行に最も必要な工場でした。そこで無謀な操業が行なわれた。漁民は工場が排出する汚悪水被害に堪り兼ねて、補償を要求して工場に押し掛けています。驚くべきことにチッソは戦時中にもかかわらず追い払うことをせず漁業補償協定を結び締結した補償の支払いをしました。この協定書において漁業被害を発生させている原因は「工場汚悪水」だと明記されています。

私が考える一番のポイントは、この補償協定は被害発生を防止することが目的ではなく、今後も被害を出し続けることを漁民に認めさせる目的になっているということです。今後も従来以上に被害を出すこと、被害者がそれを承諾させられた宣言文です。このことは水俣病患者に対する見舞金契約でも貫かれています。チッソは被害を防止する気持ちはないのです。私たちは訴訟でこの新たな契約を結ばせたチッソと行政の行為を新しい不法行為として論じています。

三番目が戦後です。荒廃したなかから不死鳥のごとくチッソが蘇ったのが国の産業政策である傾斜生産方式ですよね。傾斜生産方式で国が予算を注ぎ込んだ企業が、チッソ、昭和電工、第三位が三井東圧です。だからその工場付近に第三水俣病があるに決まっていると思っております。国の産業政策から考えてそうならざるを得ない。いわゆる傾斜生産方式のあと、石油化政策です。エネルギー転換です。これが決定打になった。国の産業政策の流れと水俣病の患者発生の流れを比較してみる必要がある。くどいけれどもそれは全国共通の問題なんですよ。

余談ですけれど、私が筑豊じん肺と水俣病を両方やっているから、その意味が弁護士のなかでは一番わかるつもりでいます。筑豊じん肺の国の責任が問われた年が一九六〇年からです。水俣病の国の責任が問われた年が一九六〇年からです。これは偶然一致したのではありませんよ。石油化政策で考えたら当たり前のことです。要するにスクラップアンドビルドですね。筑豊じん肺でスクラップアンドビルドが原因だと最高裁も認定した。残念ながら関西水俣病の最高裁判決は、そもそも強く主張していないから認定していないだけで、われわれの第三次訴訟では国の産業政策、石油化政策の責任をきちんと認定している。特に第三次訴訟の第一陣は法律の議論としてそれを認定して、そして第二陣の判決に至っては、国に責任があるのは社会通念とまで言った。水俣病において、国がチッソを徹底して擁護したのは、チッソ一社を庇ったのではなく、国自らの産業政策の遂行を守りたかったのです。大きな捉え方を最初に考えておきましょう。産業政策の問題なんですよということですね。あまり水俣病の議論をするときに指摘されない。チッソのえげつない利益追求の本質を見ないといけないという視点です。

被害とは何か

次の問題ですけれど、そもそも現地の被害をどう考えるのか。最初の建設のとき、土地取り上げと特別の利権を得ている。丸島港はチッソが専属港として優先的に使える権利、それから曽木の滝で発電した電気をチッソ工場まで引いてくる。競争相手が出水だったわけですよ。水俣まで引いて増える分は行政が負担するとかね。いろんな特別優遇措置があっている。成立するときから行政の優遇措置を受けて、地域支配、利権構造に絡んでいる。あと当然工場労働者、それから水の排出先の漁民、そして住民が被害を受けていくことになりますね。

水俣病発生当時、昭和三〇年代初頭、日本で降下煤じん量が一番高かったのが川崎だと言われるのですが、丸島というところは一集落だけで言えば川崎を上回っている。二酸化硫黄、SO_2も全国で高かったのは四日市ですけれど、四日市を上回っていた。チッソはなにも有機水銀だけを選んで流したわけではない。工場内のありとあらゆる毒を排出したのであって、そのうちの有機水銀だけが被害を与えて、他の有害物質は被害を与えていないなんていうことは有り得ない。これも被害を矮小化する論理ですよね。

チッソが排出したありとあらゆるものの被害、その被害が当然地域の住民に起きているわけで、海に流したら当然漁民が被害を受けている。大気中に放出するものだから近くの集落では酷いところは、粉じんが屋根の下に入って溜まるものだから屋根瓦が浮く。家のなかにも粉じんが降って、歩くと畳に足跡がつく。チッソの工場の横に丸山という山があるけれど、その麓に湧水があって、死に水にするということでみんな取りに行っていた。チッソの敷地内になったから取れない。チッソ側の方に向いているお墓がその面だけ全部変色している。裁判官をわざわざ見せに連れていった。死んでからもチッソの汚染被害に苦しんでいる。決して人身被害の酷いところだけではない。地域全体がやられている。日常生活と連続しているところですね。

隔離政策

いわゆる差別の構造ですけれど、病気についてまず感染症だと思いますよね。一つの家族にどっとでる。近所にどっとでる。そうすると感染症だと思うこと自体は間違いだとは思わないけれど、そうすると感染症対策として真っ先にやるのが隔離でしょう。当時は隔離される病気は法定伝染病で、赤痢とチフスとか、天然痘ももちろんですけれど、隔離されるのは避病院《ひびょういん》と言っていた。山のなかにある避けさせる病院ですね。隔離して閉じ込める。典型的な形で人狩りまでやったのがハンセン病ですよね。水俣病は出さないようにするから人狩りまではやらないけれど、どうしても隠し切れなかったらそこに送られる。これは両面あって、行政担当者の説明を聞くと、伝染病だと言って隔離されたものだから、家族が酷い目に遭う。

水俣では買い物に行ってもまず売ってくれない。売ってくれたらお金を直接受け取ってくれない。品物を棒につけたお盆の上に置いて、受け取ったあとお金をその上に置く状況がお店で起きた。一番われわれが驚いた例が、亡くなったあと、解剖させてくれと病院が言うものだから、協力して解剖してもらった。当然家まで遺体を送り届けてくれると思ったら、自分で連れて帰れと。タクシーに乗せるお金がない。公共交通機関に乗せるわけにはいかない。道路を通ったらみんなからいじめられるので、遺体を背中に負ぶって病院からすぐ横の線路の脇をつたって帰った。家族の世話をしているから子どもが学校に遅れる。先生がカンカンに怒って、廊下に立たされる。下の子はお兄さんが立たされるのを見るのが嫌で嫌で。くたびれて眠ったら先生からチョークが飛んでくる。地域全体で支えていこうねという発想ではないのははっきりしている。やっかいもの扱いです。コロナで急に起きた話ではない。ハンセン病でも酷い目にあった。日本では普遍的にやっている。

行政は最初は本気で伝染病と思ったから本気で隔離した。伝染病ではないとわかったあとでも隔離政策をやめなかった。行政側の言い訳は「だって家に帰したら生活できませんよ。病院に置いておく限り待遇は悪くても生活はできます」。それは事実なんですよ。あとからの言い訳かどうかわかりませんけれど、家に帰ったら何も食べるものがなくて非常に困ったであろうことはおっしゃる通りです。病院にいる限りは、少なくとも食べ物は食べられる。一定の医療処置も受けることができた。それは事実です。隔離していて酷いことをしたと言われるけれど、行政側から、特に市の行政側から反論がある。

患者さんはそのあと熊大にまとめて送られる。伝染病ではないということで、小さい子どもの場合、お母さんの付き添いが許される。子どもには病院から食事がちゃんとでるけれど、お母さんには出ない。だからお母さんのところには家から芋を送る。お母さんが子どもの食べ残しにその芋を混ぜて食べたとか、その手の話はいっぱいある。

コロナのような問題が起きた時の対策のありようですね。これまでに流行した伝染病の話がありますけれど、必ずしもそれだけではない。いわゆる公害被害というか、伝染病では必ずしもない場合に被害が発生した場合の対処の仕方について総合的に捉える視点がない。水俣病の教訓として語られないところに私は行政の悪意があると思いますよ。大変な目に遭っているのに、行政が隔離政策をとったことに一定の生活補助の面があったと言い訳するのだったら、家族全体の生活措置をなぜ講じなかったのか。伝染病対策で隔離された患者でも同じです。水俣病問題からすでに提起されている。少なくとも水俣病の教訓を学んで議論されていないといけないと思うわけですね。決して自助、共助、公助などという官僚が作った変な造語に誤魔化されてはいけないと思います。

安全とは何か

一番教訓として残さないといけないと考えるのは、安全とは何かという議論です。国の基準を守ることだ、国の基準を守っているから安全なんですよ、規制をかけている行政法規を遵守していれば違法性はない、許される行為だ、法律的用語で言い直すとそういうことですよね。水俣病では現実的にはチッソの操業は国の基準に従っていますと。工場の排水基準は楽々クリアしている。国の基準で流していけないものを流したわけではありませんよ。流していいものだけを流している。しかもそれが飲料水の基準、飲料水として使っていいという国の基準に合致していました。だからチッソの排水は飲み水として使用できたというチッソの主張です。ぶっ倒れそうになりますよね。私が弁護士一年生でしたからびっくりしました。しかしその主張はウソを言っているわけではなく、事実としてはその通りです。

原因物質が必要だ、排水が原因だという議論に対して反論が来るのは「危険な排水か、危険でない排水かは決まっている」。行政法規です。工場排水で流していい排水基準があります。排水基準に合致していれば流していい排水なので、私が言うように危険な排水だという議論にはならないでしょうというのが次の議論です。

公害被害で負けてきたのは「行政法規に違反しなければ違法ではない。排水が原因物質と一言では簡単に言えないよ。国の基準に違反した排水が原因物質です。違反していなければ原因物質ではないよ」という議論です。これを突破するのにみんな苦労したわけですよ。だから、わが恩師原島先生も私が「水俣に行ってきます」と言ったら「馬奈木君、負けだよ」と言ったのはこれなんですよ。行政法規違反でなければ違法ではない。それが根本的な誤りなんだと四大公害裁判でさんざん叩きのめしたと思っていたら、この主張がいまだに生きているわけですね。

「理路整然とした非常識」

法律上の責任を負う「原因物質は何ですか」という問いかけに対して「有機水銀が原因物質だ」と言うのは自然科学の観点からも正しくない。法律概念としてももちろん正しくない。法律概念として正しいのは「チッソがありとあらゆる毒物を流したからである」。だから「原因物質は何ですか」と問われたら「チッソの排水」だと答えるのが一番正しい。法律的に正しいというだけではなく、自然科学的にも正しい。有機水銀が原因だと言えば、他の有毒物質を切り捨てているわけだからです。

要するに最初原因究明の段階で原因と目される原因物質が転々とする。これまた水俣病の原因究明の過程の問題点ですけれど、セレン、タリウム、マンガン、そして有機水銀と原因物質が変遷するわけですね。東京水俣病訴訟の裁判官は「原因物質は研究によって変遷して、しかもチッソがそれを原因物質ではないと反論したこと自体は結果として正しかったわけだから、チッソがわかりきっている原因を争って抵抗したと原告側は非難するけれど、正しく抵抗したわけだからそこは問題ないだろうが、原告側が言っていることがおかしいよ」と判決で言ったわけですよ。

何がおかしいのかということですけれど、セレンを否定してチッソが反論した。マンガンだと言われたらまたチッソが反論した。だけど、セレン、タリウム、マンガン、有機水銀とずっと探していったのは、全部チッソの排水のなかの有毒物質ですよね。つまり、最初から終わりまでチッソの排水が原因だというのは動かなかった。その排水のなかの何か。東京判決の論理のおかしさは、特定の原因物資を否定したらチッソが犯人だということを否定したことになるというものの考え方です。加害企業と国が言ってきた誤魔化しの論理、テクニックです。一つの原因物質を否定したら自分が原因ではないということにはならないだろう。チッソが流している物質のどれかという点は最初から終わりまで一貫して動かなかった。つまりチッソが自分が犯人ではないと言い続けたことは、最初から最後までウソ、でたらめだったという認定が正しいのであって、チッソが抵抗したのが当たり前だと、それを非難するのがおかしいという東京地裁の裁判官は、これをわれわれが言う「理路整然とした非常識」、一見理路整然としているようにみえて根本的に間違っている。これが水俣病の東京地裁の判決に如実に現れている。いかにも現代風ですよね。この特定の物質を否定したら自分の責任がないと一見正しくなりそうですけれど、全体のなかのどれかという議論をしているときに一つ否定したら責任がなくなるというのは間違いですよ。

われわれはその議論を汚悪水論と言ったわけですね。汚悪水論の提唱というのは、チッソの責任の大きな基本の法律概念と合致した。最初に提起した大きな全体の被害構造があって、それと直結した加害構造がある。表裏一体としての被害構造と加害構造があって、それを法律的に説明する法論理が汚悪水論だったわけですね。われわれが汚悪水論をとる限り、チッソの技術論は論理のなかには出てこない。どういう技術だったのかではなくて化学工場が流した廃液は危ないとみんな思っているのではないか。それこそ社会通念です。社会全体の共通認識になっている。

その話を裏付けるエピソードとして、西田工場長を漁民が漁船に乗せて水俣湾に連れ出す。生きた魚を船の生け簀に入れておいて、外から水俣湾内に入ると、百閒排水口からチッソの排水が流れてくる。色が付いているからわかります。そこに船が乗り入れたらたちまち魚がバタバタ死んでしまう。漁民が「そらみろ、おまえの工場排水が原因だろうが」と言うと西田工場長は平然と「どの毒物が魚を殺したのか特定しないと排水が原因だとは言えない」。毒物が特定されないと排水が原因ではないと。詭弁に決まっている。その詭弁に決まっている話を水俣病の東京の裁判官は、チッソの反論が正しいと言った。この恐ろしさですね。しつこく言いたい。それが当たり前の判断のようにいま判決全般がそうなっている。

私はそれを東大医学部長だった白木博次先生に習って「理路整然とした非常識」と呼んでいます。

新潟水俣病判決

基準を守ったらいいと言うけれど、現実に被害が出ている。それに対する反論として予見できなかった、わからなかったという議論に持ち込まれるわけですよね。予見可能性の話です。だけれど人が死んでいる。法的責任を問うためには人が死ぬ基本的な機序まで要るんですか。もう少し言うと工場内の特定の機械で特定の部署で原因物質が精製されて、それがこういう経路を辿って工場外に排出されて、そしてこういう経路を辿って人体に到達し、発病する。しかもその全てを予見できないといけないという議論です。

この発生機序の全部の経路が必要だと新潟判決の裁判官は考えたわけです。全部の経路がいるんだけれど、工場内のことを原告に立証しろと言われても患者には立証できないでしょう。わかるわけがないから責任追及は門から出たところでいいんだよと判決した。門前説と言われる。

この新潟の判決が高く評価された。「挙証責任の転換」を認めたという論評が出た。「挙証責任の転換」なんか認めていませんし､そんなことを認めてはいけませんというのが私の意見です。訴訟の根幹ですから､勝手な「挙証責任の転換」を許したら大変です。「挙証責任の転換」とは要件事実の立証を原告側がしないでいいということですから、裁判の制度自体が崩壊しますよ。

そうではないというのがわれわれの反論です。新潟判決は、発生機序の過程が全部いるといったところが大間違いです。われわれのように工場排水が原因で、途中でどういう経過を辿ろうが人体に辿りついて人が死んでいます。途中の経過は問うところではない。当たり前の話でしょう。途中の経過をみんな問うと言うから、立証不可能なことを原告側に負わせるのはおかしいということになる｡最初から負わせるのが間違い｡「挙証責任の転換」ではないという議論です｡基本事実が排水だと言えば簡単に解決することを､原告が有機水銀と技術論にこだわったことが影響していると思います。

新潟は東京大学の宇井純先生が特別補佐人です。工場内の設備からどうやって流れ出るのか、人体に到達するまで新潟の弁護団はきちんと技術的にやったわけです。その準備書面が出て戒能通孝先生が『法律時報』で褒め称えた。だから技術論をやるのが当然だという前提に立っている。根本的な間違いは、原因物質は有機水銀だと言って争うものだから、しないでいい無用な論争、つまり被害者が立証することが根本的に不可能な議論を被害者側がやることになっている。被害者が証明困難な議論をなんでやる必要があるのか。そもそも基本の議論が間違っているという点を忘れて、門前まで来ればいい、工場のなかまで入らなくていいというのはいかにも中途半端な議論、それだったら最初から工場に入らなくていい議論をすればいいと私は考えています。

公害弁連ではニセ科学論争はやってはならないとルールになっている。やって勝てるわけがない。同じことを原発訴訟の樋口英明元裁判官が福岡の講演で言っているわけですね。技術論争で被害者が勝てるわけがない。樋口元裁判官は「私に法律論争をしかけてきてもダメですよ。絶対負けませんよ。誤魔化し方まで私の方が上です」と。宇井純先生は技術屋だから技術論の必要性を思ったのでしょうけれど、裁判官は技術論をそのまま勝たせるわけにはいかないからその判決を書ききれなかった。だから挙証責任の一部を被告に負わせることによって解決したわけですね。それを法律雑誌まで含めてみんな褒めたわけですよ。

われわれは「褒めてはいけない」という立場です。議論の前提として間違っている。技術論をやっておいて、うまくいかない部分は会社側に一定責任を負わせればいいなんて。われわれはその意味ではきわめてオーソドックスなわけですね。挙証責任を相手に負わせていいなんて言わない。

挙証責任と反証責任

われわれが言っていることは主要事実を裏付ける事実として間接事実がある。主要事実そのものを立証できれば問題ないけれど、それは概ね立証できない。ほとんどの事件は間接事実の積み上げで立証責任を果たす。その間接事実の立証を一定程度やった場合、主要事実を立証されたと考えてもいいのではないですか。間接事実を潰す立証を行うことを相手の企業側は立証できるはずだ。間接事実を立証することによって主要事実が推認されるというわれわれの主張を潰すことができる。原告が立証した間接事実を潰す立証をしなさいと。だから反証責任なんです。われわれは挙証責任を尽くした。反論する責任が企業の方に行っているよ。その反証は企業側ならできる。できないのであればわれわれが言っていることが正しいことの逆の証明になる。われわれのこの論理の方が法律論として優れていると思います。

私たちが勝った裁判は裁判所が乗ってきた事件です。水俣病は汚悪水が主要事実ですから、そのものを立証したと言っていいんですけれど、チッソの議論に乗れば、反証責任が向こうにいっている。一番正面から認めたのは予防接種の福岡高裁判決です。近くで言えば、諫早の差し止めを認めた仮処分の決定です。それから本裁判の開門を認めた佐賀地裁の判決です。主要事実の反証責任を相手側に負わした。主要事実の推認を許した。事実上の推認と言います。このわれわれが編み出した実践的な論理展開ですね。裁判所はこれに乗ろうと思えば乗りやすい。

これ案外専門家の方でも、理屈上の違いはもちろん十分わかっているでしょうけれど、実践的な訴訟上の違いをあんまりご理解していただけない。私たちを勝たせようと思ったら裁判所は案外乗ってきてくれる。水俣病こそ事実上の推認が働く典型的な事例ですよね。原因物質は工場内でつくられたに決まっているでしょう。違うなら反証しなさい。新潟港内に積んであった農薬が川を遡ったというのが昭和電工側の議論ですから、それは否定されたわけですね。農薬が辿り着いたわけではない。やっぱり工場内で有機水銀ができたと推認する。何も問題はないと思いますよ。この新潟判決は褒めたたえられましたけれど、私は論理的にトリック、誤魔化しだと思っています。事実上の推認というわれわれの理屈の方がはるかにはっきりしている。法律論的にもなんの問題もないはずですよ。いかにも大変なことが起きたと持ち上げるのはちょっとおかしいんじゃないかと思います。

予防原則

この手の裁判になると予防原則を原告側はみんな主張するわけです。一定の危険性があるものについては安全性の証明を会社がやれ、開発者側がやれ、簡単に言うとこれが予防原則です。これは言ってしまえば「挙証責任の転換」です。業者側が安全性の証明をしなさいって言うわけですから。予防原則を採用せよと言って争われるけれど、私は予防原則は主張としても言葉でも言わない。

理由は二つありまして、一つは主要事実の「挙証責任の転換」という民事訴訟の根本を揺るがすようなことはやってはいけません。根本は守らないといけない。私はその意味で原則主義者です。一定の間接事実を積み重ねておいて、それは主要事実そのものを立証したことにはならないけれど、少なくとも主要事実が推認はできる。そうしたら企業が反証として否定してこい。挙証責任を最初から企業側が負うと言わなくてもよい。われわれにもある程度の努力がいる。われわれも一定の事実を証明したらそれが全部の事実を証明したことにならなくてもあとは推認しましょう。それに反論してきなさい。反論できなければ推認を認めるよ。訴訟技術上もいまの基本の原則に合っている。

もう一つは、日本の裁判所は予防原則という言葉を聞いた瞬間、即座に思考停止します。そんなものは日本の法制度にありません、問答無用です。聞く耳を持たない。裁判所に聞く耳持たんと言わせるアラジンの魔法のランプの言葉は、予防原則と環境権です。これも言ってはならない。環境権といった瞬間、裁判所は即座に思考停止する。同じことを訴訟法的に上手に言いましょうよというのが、間接事実の積み重ねによる主要事実の推認、反証責任を相手に負わせる。予防原則の言っていることなんですよ。こちらが何もしないでおいて相手が立証してこいというのはそれはない、横着ですよ。少しは努力しましょうや。われわれが危ないと思う事実をこれだけ立証したよ、否定しようと思えばできるはずなんだから、本当に危なくないのであれば、それをやんなさい。それぐらいの努力はしましょうというのが私の意見です。

われわれは「諫早干拓工事と漁業被害は因果関係がある。私たちが立証したこの事実で推認できますよね」と主張立証した。佐賀の仮処分と本訴訟の裁判所はそうだそうだと推認できると。きちんと立証するためには、開門調査をやればすぐに立証できるのに、国側がやらないから立証妨害までしていると言ったわけですね。それで国がカンカンに怒ってそこを執拗に争うことになった。立証妨害までやっているかという争点にしたら争点がずれちゃいますもんね。福岡高裁は、裁判官がなかなか立派な方だったんで、そうではなくて「主要事実の立証ができています」と言って勝たせた。私たちもそう思っていたけれど、裁判所が認めるとまでは思っていなかった。

ネコ実験

予見可能性の問題として、予見の対象は有機水銀による水俣病の発生ではない。ただ判決はそう認定してしまった。第一次訴訟判決は有機水銀が原因物質であることがわかったという認定をしているけれど、若干認定の仕方に問題があります。チッソが高裁に行かなかったから良かったけれど、その点を絞って高裁で争ったら、その点は認められたかもしれませんね。有機水銀であることがわかっていたという認定が覆ったかもしれない。わかったはずだはいいですよ。ただそれをわれわれの主張の本体にしていない。

チッソは水俣病について故意犯かどうかという議論をマスコミの人たちはしたがって、特集記事を組むからと言って、私の意見を聞きに来られたこともある。有機水銀で故意犯だったのか。私はそうだと思いますし、証明したと思いますけれど、本当に証明できているのかというと若干問題がないわけではない。推認なんですよね。推認であることは間違いないわけです。しかし直接の証拠があるかと言われると難しい。そうするとチッソが故意犯で水俣病の発病がわかっているのに敢えてやったというところの「敢えて」は何なのか。それが汚悪水論です。

汚悪水論だったら敢えてやったに決まっている。チッソ排水以外の原因をチッソは言えないわけです。チッソ排水のなかのこの物質が違うという反論しかできない。チッソが犯人だと、しかもチッソの排水が原因だとはわかっていた、認めていた。だって違うという反論はしていません。チッソは原因物質がセレンではない、タリウムではない、マンガンではない、有機水銀ではないと反論しましたけれど、自分の排水ではないという反論はついに一度もしていない。だから故意犯だっていいんじゃないですかということですけれど、汚悪水論ではマスコミは面白くない。だからどうしても有機水銀でないと気が済まない。細川証言でそれははっきりしたと言わないと気が済まない。

細川一証言の評価を言っておきますと、ネコ実験でアセトアルデヒド排水であると突き止めた四〇〇号の実験を強調するわけですね。われわれの見解はそれでいいんだけれど、論理の組み立てが間違っています。ネコ実験は九〇〇匹の実験をやっているわけですね。細川先生は疫学的にきちんとやろうとされた。まずチッソ排水だというのをはっきりしたわけですよ。それも排水溝に近いところから順繰りに魚介を取って、それを食べさせていくわけです。近いところほど早く発病する、重症になる。遠くなるほど症状が出るのが遅いというのではっきりする。まず距離と地域のネコ実験をやっている。もちろん魚の種類でもやっている。出かたの早い遅いはあるけれど、種類に関係ない。排水だというのはとっくの昔にわかっている。排水のなかのどれなのか。

ネコ三七四号はわれわれが発見して強調した猫です。一般的な議論ではほとんど出てこない。全排水、排水全部をネコの餌にかけて食べさせたわけです。発病するんですよ。ただし典型的な水俣病の症状ではない。後ろ足が麻痺した。ただ全工場排水をネコの餌にかけて食べさせて発病した。水俣病そのものと言えるかどうかは問題にしても、やっぱり工場排水だと細川先生はそう思った。

次は工場ごとの排水に分けようと思いますね。水銀を使っている工場が二つある。それが塩化ビニールとアセトアルデヒドの二工場です。当然のことながらこの二工場の排水をネコの餌にかけます。それが三九八号と四〇〇号です。三九八号が塩化ビニール、四〇〇号がアセトアルデヒドです。それで四〇〇号が発病するわけです。四〇〇号が発病して有機水銀だとわかったと皆さんおっしゃるけれど、積み重ねがある。積み重ねを押さえないと四〇〇号の意味がわかりませんというのがわれわれの意見です。

四〇〇号だとわかったと言うためには三九八号と対比しないといけない。その前に三七四号があった。この三つがそろって初めてアセトアルデヒド工場排水説が確定した。そのなかの何かと言われたら、塩化ビニールの方ではない、アセトアルデヒドの方では出た。だから有機水銀となる。ただ塩化ビニールだって有機水銀はありますからね。本当のことを言えば有機水銀が特定できたのかは問題なんですよ。私が言うようにアセトアルデヒド工場排水まで特定できたのが四〇〇号だと。それ以後は故意犯に決まっている。

チッソの技術論が好きな人たちがそういう細かい議論をやらない。必ずしも資料をきちんと追っていない。われわれはネコ実験を徹底して追いました。だから三七四号を発見している。立証の上では四〇〇号は面白いけれど、だからそれだけでどうしたということです。それが決め手ではない。いかにも四〇〇号が決め手のように世間一般強調されるが、われわれはそれに無条件では乗れない。もちろん細川先生自身四〇〇号で決定打ではなく、そのあとさらにアセトアルデヒド、酢酸工場排水のネコ実験を続けていきます。私たちはもっと全体を見よう。排水によって地域全体が汚染されていく。同じ議論でそれが湾外に広がっていったときの議論もわれわれのものの考え方でないと上手くいかない。水俣湾内の汚染ではなくて、不知火海全域の汚染まで考えるべきである。細川先生のネコ実験はそこまで実験を続けることを見据えていたと私は確信しています。

具体的な例は有機水銀の汚染度です。一層問題になりますけれど、汚染地域を限定します。国とチッソはそれを越えた地域には患者はいないと言う。いやいや、いますよ。その一つの根拠は、例えばハモが京都の市場で水銀の規制値が超えてひっかかる。どこの魚か。天草だった。漁は同じ場所でしている。揚げた港が水俣なのか、天草の港なのか。もちろん魚が回遊するという話が根本にある。同じ場所で捕ったら同じ水銀量が出てくるのはある意味当たり前ですよ。どうしても水銀量と漁場の関係、現実を見ないで漁業権の範囲内で国は形式的議論をしようとするわけですよね。水銀汚染がどこまでいっているのかという本当の調査はされていない。有機水銀だとどうしても流出した水銀量を立証しろという話になりかねない。

大気汚染をやってきた弁護士は、自分たちがやってきて元気がいいもんだから水銀量を数字で立証すると言う。大気汚染はかなりやった。細川先生が順繰りに湾内の場所をずっと外へ向かってやった。しかし本当に疫学として厳密に数値をとったわけではない。それを本当に疫学でやろうと思って電磁波で議論しかけたけれどとてもではないができない。疫学としてきちんと数字をそろえるにはカネと人がいる。水俣も藤野糺先生以下がそれなりに立証している。一つの島と水銀汚染がない地域を疫学的な悉皆調査をやって両方比べている。疫学的手法であって、学問的に言う疫学でやろうとしたら条件をもっときっちり細かくやらないといけない。やれないですよね。それでも疫学の考え方で証明できる。

判決がその認定を有機水銀で議論したというのは間違いで、判決の結論は「被告工場が全国有数の技術と設備を誇る合成化学工場であったのだから、その排水を工場外に放流するにあたっては常に文献調査はもとよりのこと、その水質の分析をおこない、危険物質混入の有無を調査検討し、その安全を確認する。その先の地形、環境全体の変動に注目せよ」ということで排水が原因物質だということは認めている。ただ環境調査、その他をきちんとやれというのはわれわれも主張している。

民法七〇九条

その責任ですけれど、われわれの主張は「その排水の放流は、被告の企業活動そのものであって、代表機関がその職務を行う上で他人に損害を与えたり、あるいは雇われている人が使用者の事業執行にあたり、第三者に損害を与えたときのように、特定の人の不法行為について、法人すなわち使用者が責任を負うべき場合とはその本質を異にする。だから民法七一五条ではなくて、民法七〇九条によって責任を負え」。つまり会社が悪いことをやった。雇われた人個人が悪いことをやったわけではない。

法律家は普通七一五条でやります。七〇九条は加害行為を直接やった人、七一五条は加害行為をやった人を雇った企業が責任を負う。国賠法は七一五条だと言われています。要するに公務員が悪いことをやってその責任は国が負う。七一五条と同じ構造だというのが普通の法律家の説明です。

われわれは国の責任を問うのは七〇九条だと。つまり国が悪いことをやった。だから公務員が悪いことをやったと言うけれど、それは特定の公務員を言っているわけではない。もちろん言っている場合もあるのは否定しませんよ。ただそれだけではない。国相手の裁判をやると必ず国は「公務員を特定せよ」と言う。われわれは「そんな馬鹿な」。裁判所も国の主張に「そうだそうだ」と言う。予防接種のときも先に行けないもんだから「わかった、わかった。公務員は厚生大臣だ。文句なかろう」と。残留孤児の場合は、一つの省の大臣と言えないから「公務員は内閣だ」としか言わざるを得ない。

やっぱり悪いことをしたのは、法人そのものなのか、それともそのなかの雇われている社長、工場長なのか。チッソが全体として悪いことをやった。この考え方を裁判所が認めた。特定の被用者じゃない。七〇九条なんだ。七〇九条で責任を認めたということは案外強調されない。これはそのまま国になりますから国が悪いことをした。特定の公務員じゃない。

予防接種が一番わかりやすい。最初は予防接種をした医者を相手に裁判を起こした。これが一番矮小化した例です。違うでしょうが、接種した医者の責任じゃないよね。この場合は厚生大臣の責任でまだ特定できますけれどね。内閣全体でやった場合、産業政策そのものであるといった場合は、特定の大臣とは言えない。内閣全体、国そのものとしか言いようがない。代位責任という言い方をしますが、企業なりに国なりに代位責任がある場合もあることをもちろん否定しませんけれど、それ以外の場合がない。

国自体は悪いことはしないなんてそんなバカな。昔絶対王政の時代、「王は悪をなさず」と法格言で言った国はまだ「国自体は悪いことはしない」で頑張っている。水俣病で企業自体が悪いことをしない。そんなバカな。企業自体が悪いことをしたということを突破した。国の責任でもわれわれは突破したと思っているわけですよ。筑豊じん肺で国の産業政策、国自体が悪いことをしたと事実認定されている。

チッソの責任は七〇九条であるというのは水俣病第一次訴訟の判決です。有機水銀が原因だとはそのときは言わなかった。言えなかったというのが正解です。判決のネコ実験四〇〇号の議論も有機水銀かどうかではない。アセトアルデヒド排水による投与実験です。だからアセトアルデヒド排水による直接投与実験を打ち切らせたことが問題であると。有機水銀解明ではない。われわれの主張がそうだから裁判所もわれわれの主張に乗っているわけですね。

地域全体の課題

末梢神経障害を受けている患者はボタン掛けができない。入浴の場合も風呂の温度がわからない。風呂を高くすると入れないですよね。だからなるべく高くしたくない。しかし、洗い場と湯舟を同じ高さにするとまた問題がある。もちろん段差をつくらないというのは当然のルールです。被害者が生活できるような家の設計構図を考えるのは当たり前のことで、それにふさわしい家の構造、例えば車いすで生活できるような家の構造、それを造る費用は当然損害に含まれるという問題提起ですね。これは水俣病でやった。カネミ油症でもやった。水俣病ではまちづくりの問題だということを主張した。つまり段差をできるだけ少なくするのは家のなかの話です。まちに出たら車いすの患者は道の段差に困ります。水俣病患者がたくさんいるという前提になった水俣市のまちの構造、当然のことながら公共施設の構造までわれわれは問題提起をした。

カネミ油症の被害についていまの議論を私が『法律時報』に書いた。その論文を読んだ私と同期の裁判官は「理屈はわかるけれど、そんなものは認められないよね」。しかしそんなに時間が経たないうちに交通事故で家の改造費を認めるようになります。車いすに乗ることになったら、バリアフリーで認めるのが当たり前になった。だから地域社会の問題ということを強調するのは、それは水俣病固有の問題で発生しているわけだけれど、それは普遍的な課題だからです。身体に不自由な方の固有の問題ではなく市民生活の普遍的な問題として捉えようと。地域で解決すべき問題、水俣病ではない他の患者さんや高齢者にとっても同様の課題があるという問題提起です。それはすなわちまちの構造自体が問題になる。

わざわざ京都の西山夘三先生、都市工学の先生たちに水俣病患者たちの家の設計図を作ってもらった。勝手に学者に作ってもらって大工さんが作業できないのも困る。実務家である大工さんができないと言えば話にならないので、建築労組、大工さんの組合と一緒に共同討議してもらって、基本的に設計図に基づいて改良した家が水俣にいっぱいありますよ。いまでも建築労組は水俣病に取り組む人々の中心ですよね。それがじん肺の取り組みに参考になる。なるべく段差をつくらないようにというのは結構でてきている。

イタイイタイ病

人体被害とは何かという考え方の一つのパターンだと思いますけれど、病気というのは多原因で起きる。いつも私が例にあげるのは、結核の原因は何か。結核菌ですと普通答える。でもそれは本当に答えたことになりませんよというのが私たちのものの考え方です。結核菌に感染した人は、日本国民でいうと陽性反応を示す人は九割いる。みんな発病しているかというと発病していませんよね。結核菌が原因だと言っても答えたことにならない。大阪大学の公衆衛生の先生に予防接種の裁判で証言していただいた。結核菌が前提にあるのは間違いないけれど、結核菌に触れる機会があった人で、かつ症状が出るのはプラスアルファの原因があるわけです。だから病気の原因は多原因、たくさんの原因が積み重なって起きると考えるのが正しい。公害の汚染物質も負荷がかかったけれど、その負荷のかかり方、同じ負荷なら同じ病像になるかというと他の条件との絡みでそうはいかない。

国側の水俣病の専門家と称する人たちは、多原因で考えないで、単純に考えるふりをするわけですね。もう少し正確に言うと、国側の専門家は必ずしも水俣病の専門家ではなく他の原因の専門家です。つまり他の原因を見つけたら水俣病を否定する専門家ということになる。一時期他の病気を見つけて認定を拒否する事例が続出しました。頸椎症であれば水俣病ではない。高齢で一定の運動機能障害が出ると水俣病ではない。否定するのを目的に考えて言っている。

逆に同じ汚染負荷量でも若いうちは症状が出ていなくても、加齢で症状が出る。みんな同じ汚染量があったとする。一定の持病があったために症状が出た人、一定の持病があったんだけれどそれだけでは発病しなかった、そこに加齢がきた人、別に持病がなかったんだけれど加齢が深刻にきて発病した人、持病があって汚染が乗ったら発病した人。同じ汚染で発病する人と発病しない人がいる。特に加齢によって発病が来た人は汚染が原因ではないというのはおかしいでしょう。

一番わかりやすいのがイタイイタイ病です。イタイイタイ病で最初に激烈な症状を示した人たちには特徴があって全部経産婦です。痛い痛いと泣き叫んだ患者さん方はみんな出産を経験した女性です。だから加害企業は、三井金属ですけれど、裁判で出産が原因だと主張した。加齢が原因だというのと同じものの考え方ですよね。出産が原因だと主張したことはあとで裁判所から判決で厳しく批判されています。自然の営みをもって原因とすることはできない。出産するということは人間の普通の自然の営みである。それが原因になると認められることはない。汚染物質が原因に決まっている。カドミウムとカルシウムの構造が似ている。だから骨のなかからカルシウムが抜けて、代わりにカドミウムが入るとカルシウムの強さがないので、骨がボキボキ折れる。痛い痛いと泣き叫ぶ。寝返りをうっただけで骨が折れるという話になる。カドミウムがカルシウムに一番多量に取って代わる現象が出産なんですよ。胎児に自分のカルシウムを与えると不足する。カルシウムがなくなったところにカドミウムがどっと入ってくる。骨の強さがないからボキボキ折れる。わかりやすい図式で言うとそういうことなんですよね。イタイイタイ病の最初の争点です。

企業というのは恐ろしいことを何でも言うものだと思いますよね。出産が原因だと言うのはおかしいだろう。これは言い易い。ただ加齢だと言うと、実は同じ論理構造なんだけれど、もっともなように聞こえてくるわけですね。イタイイタイ病の判決並みに言うと、加齢というのは自然な現象ですから、自然の現象をもって原因だということはできないというのが正しい判断だと思います。同じ汚染の負荷がかかっているという前提です。同じ汚染負荷がかかっていたら、症状が出る人と出ていない人の差がある。その原因が自然現象であれば他の原因を原因だと言ってはいけない。国側とわれわれ側と決定的に対立している考え方です。国はいまだにその考え方を改めません。水俣病だけでなくて、病気一般とりわけ労災認定の場面ですね。労災認定の考え方を絶対改めようとしない。

四日市公害

大気汚染が比較的わかりやすかった。呼吸はみんなしているわけだから汚染負荷が同じというのは大気汚染の場合は言い易い。水俣病で魚を食べたということになると必ずしも全員とは言えない。そのなかでも一生懸命言ったのは、家庭内同居家族だったら同じ量を食べたんじゃないか。同じ食事をしているわけだから、少なくとも推定は働く。差があってもたくさんの差はない。同居家族に認定患者がいるという条件です。認定家族がいればあとの家族も当然発病するに足りる同じ汚染を受けているという推認が働くという話になるわけです。だから「喘息患者というのは必ずその地域にいるはずだ。喘息患者を大気汚染の公害患者と認定するとき、もともといる喘息患者はどうなるのか」というのが私たちの一番の疑問だったわけですね。

われわれは四日市の認定審査会の会長のお医者さんに証言してもらった。「同じ汚染負荷がかかっているのだから、発病する、発病しないというのは他の条件、つまり喘息を持っている人も同じ汚染負荷がかかっているわけだから、その喘息はもともと持っていた喘息にプラスして症状がより悪くなっていると判断しますよ。原因を否定する理由にはなりません。もともと喘息があった人が汚染負荷を受けたらそれは症状に影響を受けないと考えること自体おかしい。当然同じ影響を受けている」。非常に明快です。

認定審査会の会長さんの証言は非常に勉強になった。今度は負荷量が違った場合どう考えるのかという質問になる。チッソの代理人が反対尋問で聞いた。「水俣の魚一匹を食べてもいけないというのですか」。先生は「そうです」と答える。私たちはどよめくわけです。例え話で、家一軒に小石を一つ投げる。外側の障子の隅が石一個分破れたと考えて下さい。家全体の機能としてどこかに問題が起きたか。起きていない。障子が破れたというのは事実です。魚一匹だって影響を受けたというのは間違いない。それだけの細胞が死んだということです。裁判所も納得されたんだと思います。判決に反映されているからですね。汚染負荷の量が違ってもその量に応じた影響は等しく受ける。それがどういう形で外で出て来るかは他の条件との絡みです。疫学的なものの考え方だと思っています。「的」をつけますけれどね。学問としての疫学そのものじゃないかもしれませんけれど。

いまは公害として問題がいっぱいあるわけじゃありませんから、労災のときのものの考え方として私は基本に据えるべきだと思います。同じ職場で働いているのならば同じ影響を受けている。それはその企業、固有の問題ではなくて、よその職場の同種企業も同じ影響を受けていると考えるべきです。労災職業病の認定というのは、当然それを前提にものを考えるべきである。一人の労働者対勤めている企業との関係とは思ってはいけない。水俣病の病気の考え方の一つの教訓だと思いますよね。

ハンター・ラッセル症候群

次の教訓は、原因物質が有機水銀だというものの考え方です。われわれは違うという主張です。法律論では、原因はチッソの排水であり、排水を排出する行為が加害行為である。汚悪水論を法律論の中心に据えた。

まず事実の問題としてチッソは有機水銀を選んで流したわけではない。工場内のありとあらゆる毒を流している。水俣病の発病の機序は、魚の体内に蓄積されて、小さい魚から大きな魚に移って食物連鎖で特異だと言われますけれど、私は決してそのこと自体が特異だとは思わない。それは普通の生活で当たり前でしょう。職場で直接吸入したという労災の場合は途中の経過はより少ないと思います。排水から食物連鎖というのが一番経過が複雑だろうと思いますけれど、原因物質が一つだけで、その一つだけが人体に影響を与えたと思うのはあんまり単純すぎる。チッソはありとあらゆる毒を流しているわけだから、そうすると流したありとあらゆる毒が魚に溜まっている。だからチッソが流したありとあらゆる毒が人間に影響を与えていると思うのが当たり前で、有機水銀だけが影響を与えたわけではない。

原因物質が次々と変遷しました。セレン、タリウム、マンガンと変遷した理由があった。それぞれが毒物として人体に影響を与えている。チッソはそれを流している。魚の体内にも当然あった。猫にもあった。人間はそれを摂取している。だから原因だと思った。だからセレンが否定されたからといって、人体が摂取したことは否定されていません。セレンが害を与えていないことはない。有機水銀がより被害を与えたというのが正確ですね。

大気中にも毒物を排出している。水俣の工場周辺にいる人は当然大気汚染の影響も受けている。地域としてと私が強調して言うのは、当然一つの物質で被害を受けたというわけではない。それは法律論として汚悪水論は正しいと思っていますけれど、自然科学としても汚悪水論は正しいに決まっている。有機水銀だけを原因物質だと断定するのは科学的に正しくないと思います。当時複合多重汚染という言葉が流行りましたよね。自然科学的に極めて正しい考え方だと私は思っています。

だから原因物質を一つに特定して症状を合わせようとするのは、ベッドの大きさに合わせて寝る人の足を切断するようなもので他の物質の影響を否定する論理だと思います。正しい病像には辿り着かない。だから認定審査会が水俣病の患者を切り捨てる論理は、一つは他の病気を見つけて否定する。その前にそもそも有機水銀の特定の症状しか拾わない。有機水銀の症状とは何かというと、魚の体内に蓄積濃縮されて入ってきた病像を捕まえるべきですが、そうではなくて認定審査会が言った症状、ハンター・ラッセル症候群と言われるものはまさに労災の有機水銀をつくっている製造工場の労働者が吸い込んだ病気です。だから発生機序も水俣病とは全然違うんですよ。純粋な有機水銀をつくっている工場ですから、大気中から吸入して発病した患者と水俣病の患者を同じ症状認定することは極めて非科学的だと私なんかは思いますよ。なぜ国の専門家と言われる有名な先生方が科学的だとおっしゃるのか。私の理解を越えます。そんな専門家とは何なんだろうかと率直に思います。

悉皆調査

原田正純先生が「水俣病の前に水俣病はなかった。教科書はない。目の前の患者さんを診るほかない」とおっしゃる。現地の実際の患者で水俣病とは何かを明らかにするしかないと言うのは、私は極めて正しいと思いますね。予見可能性の問題で「水俣病の前に水俣病はあった」という論文を『エコノミスト』にお書きになった弁護団の一員がいらっしゃるけれど、水俣病の前に水俣病があったわけではない。水俣病の前に水俣病と類似の病気があったと言うべきですよね。

ハンター・ラッセルなどが見つけたハンター・ラッセル症候群の患者たちは、有機水銀中毒の患者ではあるけれども、決して水俣病ではない。そこを分けて考えようとしない専門家とは何なんだろうかと思います。水俣病患者が持っている症状とは何か。それは現地で調べる以外にない。悉皆調査ですよね。悉皆調査をやればわかりますよ。

そんなに大がかりにやらなくても熊本大学が第二次研究班、正確には「一〇年後の水俣病研究班」が、公式報告から一〇年間経過したあとの水俣病の実態調査を熊大の各専門教室が協力してやった。非常に面白い研究成果が出ているわけです。強い汚染による重症患者と一定の微量の長期による患者と症状が違ってくるという研究も出て来るわけですね。微量でも長期になると発病する。その研究のなかで注目すべきは、無機水銀が有機水銀になることはないとその筋の専門家が強く主張されたことについてです。

なぜ無機水銀しか使っていないのに有機水銀になるのか。まず工場のなかで変化する。具体的な実例として主力製品として酢酸ビニールというのがある。アセトアルデヒドを原料として塩化ビニールをつくる。その製造工程中、管が詰まってしまう。それが酢酸ビニールだった。つまりチッソは酢酸ビニールを意図せずにつくった。それを商品化して売り出す。チッソの内輪話として社内報で書いてある。化学工場では全然珍しい話ではない。目的の製造工程をやっていたら知らないものが出て来る。それが良い商品価値があるものだった。ごく普通に起きる話だと。それはそうだろうねと思います。

工場内の製造工程過程で有機水銀化するというのは別に珍しい話ではない。さらに無機水銀を排出したら自然界で有機水銀化するのかという問題があって、それを熊大は見つけたわけです。無機水銀が自然界で条件次第によって有機水銀化するという報告が出ました。ただし微量です。その時の学者の研究成果だと微量であっても蓄積濃縮して発病可能な量になるというところが味噌です。「一〇年後の水俣病研究班」はそう言っている。ただ全く無視されています。その研究が意味を持つのは、その微量が発病可能な量だという過程が一ついるわけですね。国はそれを絶対に認めません。チッソが流した無機水銀が自然界で有機水銀化し、長期にわたる蓄積によって一定の症状が出る。急性劇症とは全く違う。慢性とも違う。それがなぜ水俣病と言えるのか。

悉皆調査のなかで一定割合を占める人たちに有意に差が出る症状がある。その調査をやらないと水俣病の症状とはならない。国は絶対にやらない。自治体もやらない。水俣病県民会議医師団だけが少ない地域ですけれど悉皆調査をやってみせた。九〇パーセント以上の住民で調査をしている。その積み重ねが水俣病県民会議医師団の水俣病の病像です。これが裁判で水俣病の第二次訴訟、病像を争った裁判ですけれど、第三次訴訟の一陣二陣で認定された水俣病像、それから最高裁でも認定された。われわれの弁護団ではありません、違う弁護団がやった裁判ですけれど、基本的には県民会議医師団の病像です。最高裁で認められている病像ですね。それぞれ微妙な差がありますけれど、基本は同じです。

いままでは水俣病の県民会議医師団の病像はある意味では不敗、敗けたことがなかった。大きな人数のうちの少ない何人かが否定されたことはあった。それは個別事例で否定されたので、基本が否定されたわけではなかった。今回、初めて福岡高裁で全員否定されました。これは初めての事例です。びっくり仰天です。県民会議医師団の考え方が否定されたと考えるべきことかも知れません。ゆゆしき事態です。

駅弁論争

食中毒事件で考えれば、行政だってちゃんと必要な行政措置をとっている。それがわれわれの駅弁論争です。駅弁で食中毒が出た。何が原因かはわからない。しかし駅弁の会社はわかっている。食品行政はその会社の駅弁を全部販売停止にしますよ。この会社の弁当のどのおかずか、そのおかずのなかのどの菌かを特定しなければ販売を許すなんてバカなことはしない。その販売禁止を誰も疑わない。なぜ工場の排水となると当たり前でなくなるのか。水俣病は湾内の魚で起こっている。魚を規制するというのは、食中毒行政では当たり前である。「水俣湾内の全魚が有毒化している証拠を示せ」と国は言った。横車に決まっている。駅弁の販売中止と比べると水俣病の異常さがとってもよくわかる。原因物質が特定されるまでは規制できないということはやらないという行政の意思表示です。やらないということを別の言葉で説明しているだけです。

水俣病を防ぐためには排水規制をしておけばよかった。排水規制をしたら全部の工場の操業を停止しなければならないという反論になった。全工場止めたらどれだけの人の生活被害がでるのかという議論にすり替えられた。本当は何も全工場を止める必要はなかった。特にネコ実験のあとでは、水銀工場の排水を止めればよかっただけの話ですから、全体に与える影響はそんなに大変な影響ではなかった。国やチッソにはやる気がなかったということに過ぎません。

汚悪水論のものの考え方というのは、被害を防ぐという観点から言えば非常に重要な視点です。「原因物質を特定して来い」という考え方は、被害拡大を生むものの考え方、つまり被害の発生を認めながら工場操業を許すものの考え方です。議論が極端だと私が思うのは、被害を防ぎたいという人の議論は予防原則となる。議論が飛び過ぎである。いまの議論は予防原則という言葉を使う必要はない。予防原則という網をかけないでも、原因を細かくしなくても、特に化学工場で有害な排水が出る。それを予防原則という言葉で説明しなくたってと私なんかは思いますね。工場排水が危険かどうか。漁民の生け簀の魚が海のなかに流された排水のなかで死ぬ。水俣湾内は公海ですから、チッソの工場の範囲をとっくに離れている。許されない事態であることは明らかでしょう。原因物質の特定がいるというのは詭弁に決まっていますよね。

因果関係

次に因果関係の話になるわけですけれど、別に原因物質の特定はいらない。これはじん肺の裁判で弁論したんですが、国や企業は粉じんにも良い粉じんと悪い粉じんがあると主張した。粉じんのなかでも特定の大きさ、特定の性質をもった粉じんだけがじん肺を起こすと。石炭を掘っていたら坑内の粉じんがじん肺を起こすに決まっているとわれわれが主張すると「いや、良い粉じんと悪い粉じんがあります。粉じんのなかのどの粉じんが原因なのかと特定せよ」と言ってくる。「粉じんではダメだ」と。いま、PM2・5も酷い議論だと思います。特に被害が重いよというのならわかりますよ。他の粉じんが良いかのごとく言われるとそれはない。

昔の人は偉かったとよく言います。法律の勉強をするときに最初に信玄公旗掛松事件という話が出てくる。信玄公が茶店で休んだとき、旗指物を掛けた松が残っていた。茶店の看板になっていた。それを売り物に茶店が流行っていた。その横に鉄道を敷いた。蒸気機関車が排煙を猛烈にはく。松が枯れてしまった。茶店のおやじさんは鉄道会社に損害賠償を請求した。当然のことながら文句なしに勝ちますよ。昔の人はみんな偉かった。汽車が吐き出す煤煙だけでね、そのなかの物質を特定して来いなんていう議論は誰もしていない。みんな法律の勉強の最初のときに習ったろうが。汽車の煤煙だけで認定したのはおかしいなんていう議論は誰もしないでしょう。バカな議論をいつから始めたのですか。汽車の煤煙で十分だとみんな思っていた。決して私が特別なことを言っているわけではない。屁理屈に決まっている。細かい議論というのは為にする議論なんですよね。

因果関係は発生機序まできちんと立証しなければならない。それで新潟水俣病が話題になるわけです。イタイイタイ病はカドミウムで起きるというのは誰も争わない。子どもを産んだ経産婦しかならないでしょうという妙な議論が入ってきて因果関係が争われた。カドミウムが原因とは必ずしも言えないという変な議論になったわけです。水俣病の場合、工場内でどういう過程で有機水銀ができて、しかもそれが魚に溜まって、食べた人間が発病するのか。そんなものわかるわけないじゃないですか。反論の方が極めて明快ですよね。それはわからんよねと。私どもに協力してくださる専門家の先生から言えば「バカバカしい。蓄積濃縮するということを考えたことがないのか。そうでなければ人間の体はできませんよ。食べ物のなかの微量なカドミウムが溜まって骨になったわけであって、蓄積濃縮したに決まっているじゃないですか。カタツムリの殻がどうやってできたのかを考えてみたら、蓄積濃縮というのは自然界で日常的に起きている問題なんですよ。それを水俣病で初めて知りましたという専門家って何ですかね」という議論になる。

そんなに大げさに議論しないといけないことなんですかね。因果関係って大げさに言うからわけがわからんようになるんだけれど、なぜ水俣病になりましたか。水俣湾の魚を食べたからです。これで十分なんでしょう。水俣湾の魚を食べたからなりました。くどいようですけれど、魚のなかの何が問題かなんていらん議論でしょう。法律上の因果関係は、要するに加害者が誰かを特定するという作業ですからね。まず被害を明らかにしないといけない。現地で何が起きているのかをちゃんと調べようね。その被害がわかったら、それを生み出している原因は何かというのが因果関係です。水俣湾の魚です。水俣の魚だけでは因果関係はわからないから、加害者チッソまで結びつけるためには排水です。因果関係はそれで十分じゃないですか。汚悪水論の立場に立つことによって因果関係もいらん議論がすっ飛ぶわけですよ。

排水路変更

排水が原因だということを特定する方法としてチッソは人体実験をおこなった。それが排水路変更です。排水路を百間湾に流していたのを変更したわけですね。不知火海側、水俣川河口に流すように変えたわけです。水俣チッソ付属病院の病院長の細川先生の証言が色々あるけれど、私が強調するのは、排水路変更に反対したところが重要なんです。ある意味ではこれが一番重要なのかもしれません。ネコ実験よりもね。「そっちに患者が発生したら大変なことになる」「チッソが原因だということは争う余地がなくなる」。細川先生はそこまで言って反対された。あっという間に発生したわけですよ。

それが法律論的にも正しいということをわが検察がやったわけです。社長と工場長を刑事事件で起訴しました。刑事事件での予見可能性と因果関係は排水路変更です。排水路変更によって患者が発生した。排水路変更したらこっちに患者が出るという予見可能性があった。現に発生した。だから因果関係としても立証十分、これが刑事事件の認定です。われわれは汚悪水論を民事訴訟で強力に言いましたが、それを正面から文句なしに認めているのが刑事事件の判決なんですね。

だから因果関係は排水路変更でもいいわけですよ。もちろんネコ実験も因果関係の証明です。さらに言いますと、チッソは過失犯か故意犯かという議論は、汚悪水論に立てば一〇〇％故意犯に決まっています。確定的行為がある。チッソの犯罪の悪質さをはっきりさせる意味でもやっぱり汚悪水論です。有機水銀説の議論をしていると東京地裁の判決のようにチッソが有機水銀に辿りつくまでの原因物質を否定してきたのは正しいというバカな議論になってしまうわけですね。汚悪水論の立場に立てば、それがいかにバカな議論であるのか、つまり排水のなかの他の物質を探しているだけですから、排水が原因ということは動いたことにならない、だから反論になっていない。反論になっていないことがわかりきっているのにそれを反論になっているという東京地裁の裁判官のおかしさですね。逆に言うと、原因物質を特定せよという議論の犯罪性です。いかに犯罪的な議論か。それに悪乗りする裁判官がいる。私は本当に非常に悪質な議論だと思いますよ。

ということで因果関係も決して難しい議論はいらなかった。それをいかに難しい議論がいると組み立てて惑わせるのか。しかもそれに裁判官が簡単に悪乗りする。悪乗りだという言葉は正しいと思いますけれど。われわれはそれを打ち破ってきたつもりでいたんだけれど、結局打ち破られていない。いまでもまだその議論を平然とおこなうわけですよね。このごろの判決をみていると裁判所でも疑問を持つ人が少なくなっているのではないかと思いますよね。

判決の順番

四大公害裁判は、順番からいうと、新潟水俣病、イタイイタイ病、四日市、最後がわれわれの順に提訴した。ところが判決はイタイイタイ病、新潟水俣病、四日市、われわれです。イタイイタイ病は、鉱業法ですから無過失責任です。だからいまの原発の損害賠償の訴訟と同じです。イタイイタイ病は、企業の責任である、賠償義務を負っているというのは争いがない。争われたのは因果関係です。因果関係さえ認められれば賠償責任を負うというので一番勝ちやすい。まずイタイイタイ病が最初に判決をとる。次に新潟水俣病で企業の責任、そして四日市で共同不法行為、複数原因企業の共同責任の問題、そして最後にわれわれの水俣病です。新潟水俣病よりも責任の問題が難しかったのは、新潟水俣病は第二の水俣病ですから、第一の水俣病があったので予見の問題は回避できる。われわれは損害です。それで宮本憲一先生がこの順番で判決をとったのは神の摂理であると評価した。

実は私たち内部の議論で文字通り順番を決めた。坂東克彦先生が「自分が最初に判決をとる」と言ったから、みんなでいかんと止めた。イタイイタイ病が最初に判決をとるべきだという議論です。

これも私たち自由法曹団公害弁連の基本的なものの考え方ですけれど、裁判が結審する、すなわち判決をとるというのはどういうときなんですかという問いかけがある。訴訟法的にはそんな問いかけナンセンスで、審理が熟したとき、双方が主張立証を尽くしたときです。

われわれの議論はそうではない。確実に勝つと社会的に明らかになって、はっきり言うとマスコミも勝つと言っている、かつ運動が最も充実したときです。だから判決では勝てると思っても、運動が充実していなければ結審して判決をとってはならない。上に行ってひっくり返る。もっと言うと運動的に最も充実して勝つに決まっているのであれば、上にいかせない。われわれの結審するときの状況です。

その前提として「訴訟指揮は私がする」というのがある。訴訟指揮を裁判官がするのであればいまのような議論は何の意味もない。いま訴訟指揮は裁判所がするというまた原点に戻っている。われわれはそれを打ち破って訴訟指揮をしているつもりでいたんだけれど、裁判所からそんな議論聞く必要ありませんと簡単に言われて結審されているという問題がいま起きている。

われわれが結審するのは必ず勝てる、運動的にも一番盛り上がっているときです。つまり相手を押し込むことができる。新潟はまだ運動的には十分ではないという議論を自由法曹団がした。自由法曹団で議論してだいぶ坂東先生が抵抗した。それは富山の方が確実に勝つというのが一つの理由です。神岡鉱山というのは岐阜県ですから、富山県ではありません。だから富山県はみんな被害者を支援しているわけですよ。結果的には判決の順番は非常に良かったわけですね。それでもイタイイタイ病だけは控訴された。一番運動が進んでいて、一番強いと思われていたのに。

損害論

イタイイタイ病の一審判決は驚くべきことに認定被害金額が五〇〇万です。当時の交通事故の死亡者の強制保険の自賠責の補償金が五〇〇万にあがろうかというとき、まだ五〇〇万になっていなかった。だからいまの二五〇〇万円ですね。そのあとの新潟水俣病が一〇〇万から一〇〇〇万円というランクをつけた。新潟は水俣に比べれば軽いと言われていたけれど、いくら軽くても一〇〇万という金額はないだろう。われわれは衝撃を受けたわけです。なにがなんでも高額の損害額をとるぞと。われわれの請求は二〇〇〇万です。しかもあんまり評価されていませんが、家族の慰謝料は別です。家族はそれぞれ請求した。ご両親とか子どもさんとかみんなそれぞれ請求したんですよ。二〇〇〇万のほかに家族の慰謝料請求がついている。家族が認められた例はいっぱいあります。ご両親だったら二六〇〇万円になる。私の方は損害論を最後にやったわけですけれど、当時の金額からいうと画期的金額です。当時昭和三一（一九五六）年から三五（一九六〇）年にかけての患者さんたちです。三池炭鉱の爆発事故で死亡された方は五〇〇万です。この当時の事故と比べて、二〇〇〇万円という金額がいかに大きかったか。

損害立証についてはは新潟で衝撃を受けたのでずいぶん苦労しました。その一つが全員に詳細な診断書をつける。この診断書はものの考え方が根本から違うわけです。普通、診断書というのは因果関係を明らかにする。この症状があります、これは水俣病ですという診断書なんですね。第一次訴訟は全員認定患者ですから、これが水俣病の症状ですと言う必要がなかった。症状をずっと羅列するのが普通の診断書なんですけれど、それをしませんでした。こういう障害があります、こういうことができません、それは水俣病の症状があるからですという診断書ですね。これは珍しいと思います。労災でもなかなかこういう丁寧な診断書を出されていないと思います。持っている症状、医学的な呼び名ではなくて、その結果、生活に何が起きているかという診断書です。これを全員につけた。県民会議医師団の診断書はそのあともずっと高く評価されて、否定されてこなかった。水俣病第三次訴訟第一陣判決は県民会議医師団の一人一人についてその経歴と水俣病の診断の経歴をきちんと認定して、この医師の書いた診断書は正しさが担保されていると認定しています。極めて正しい評価だと思います。私は県民会議医師団の診断書は絶対に否定されないと思います。現にいままで否定されなかった。患者をちゃんと診た上で、しかも症状の羅列ではなく、こういう問題が起きていますという診断書ですから、それは否定されるわけがない。

フィクションとノンフィクション

われわれ弁護士の方は何をしていたのか。実際に起きていることを具体的なエピソードとして積み重ねた。例えば、これは水俣病の話ではないですけれど、原田正純先生が三池の炭じん爆発の患者さんをずい分診ておられている。先生が話して下さった話のなかで一番衝撃を受けたのは、それこそ五〇代のいい大人が見たところ何の問題もない身体でしっかりしてものすごく元気なんですけれど、行って話を聞いていたら子どもとテレビのチャンネル争いをした。子どもが見たいというのを、何を言うか、ボカっと子どもを殴りつけてチャンネルを渡さなかった。衝撃的ですよね。子ども同士の喧嘩ですよね。大の大人が子どもと本気になってチャンネル争いをする。見た目全く問題もないわけですから、CO中毒の被害がいかに大変かということを私は痛感しましたね。見た目の問題ではない。判断能力が落ちているということ、まともな判断ができない。まさに子どもの状態なんです。それは見た目では絶対にわからない。少々話をしてもわからない。

そういうエピソードを積み重ねないとわからない。「判断能力が落ちています。脳の後遺障害だからです」と診断書を書きますよね。判断能力が落ちていることが具体的に生活の場でどう現れるのか。本気で子どもを殴りつけてでも自分が見たい番組を死守するというのは衝撃を受けました。そういうエピソードをいかにきちんと積み重ねるのか。われわれは被害者の陳述書で書いたわけですね。その陳述集が『愛《かな》しかる生命《いのち》いだきて』というタイトルで出版されている。タイトルは気に入りませんけれど、なかの話はそういうエピソードがきちんと入っている。

石牟礼道子さんの『苦海浄土』が水俣病の紹介本として高い評価を受けている。私もその評価に対して異論はありません。ただ書いてあることが事実なのかというと違いますよ。あそこに書いてあることが、現に水俣に行ったら見れることができると思ったら大間違いです。患者さんの生活はそんなことではありません。あれは石牟礼道子さんが書いたあくまでもフィクションである。ノンフィクション大賞に選ばれたのですが、受賞を辞退されました。描いてある中身が真実というか、真理であることはその通りです。まさに文学作品としてみたらすばらしい。水俣病患者の心の実態とか、生活の実態が鮮やかに描きだされているという点はそうだと思います。だから、皆さん、本当に水俣に行けばあの生活があったと思われていますけれど、しかしそれは間違いです。そこは違うということがわかった上で正しく評価しないといけないと私なんかは思う。われわれは本当にあることを書こうね、本当に起きている話を書こうねと言って書いたつもりです。実際の生活をエピソードを積み上げることによって明らかにした。

ユージン・スミスの写真、とりわけ智子ちゃんのお母さんが抱いて入浴している写真は話題を呼びますけれど、胎児性の患者さんを撮った写真は、患者さんたちと弁護団が相談した結果、ユージン・スミスに撮影を依頼した。もちろん撮った写真は裁判所に出しますよ。裁判所に出すための写真を撮ってほしいと弁護団と患者さんが正式に依頼した。普通だったらはっきり言って入浴シーンなんて撮れるわけがない。あとで智子ちゃんのその写真を集会のポスターに使ったんですね。そしたら智子ちゃんのお父さんから使わないでほしいという抗議がでた。そのあと、ユージン・スミスの一連の写真は、ポスターなどには使わないようになった。

胎児性水俣病患者さんの写真はそれぞれの家族の証拠資料として全部提出されました。当然のことながら、智子ちゃんの入浴の写真も裁判所に記録として出ています。私は裁判所の判断に相当影響を与えていると思います。それぞれの胎児性の患者の生活をしている写真がある。そのうえで各家庭を裁判官が一軒一軒全部回ってもらった。だから原告の話は家で聞いたわけですよ。これも多分前例がない。そのあと、われわれがそれをやったからいくつか裁判例が出ましたけれど、いまは流行りませんね。何よりも裁判所が乗らない。せいぜい福島原発でも被害地を回って、原告の何人かの方の話を聞くというのはありましたけれどね。

裁判所が現場に行って直接被害者の話を聞くことの重要性を改めて強調する必要があると思います。

診断能力

私が『法学セミナー』に書いた裁判の報告を渡辺洋三先生が『法とは何か』という岩波新書に引用して下さっていますけれど、高齢の患者さんの入浴する場面を再現しようとしたわけですね。おじいちゃんが患者さんなんですけれど、おばあちゃんも体が悪いんですよ。ベッドのところから風呂場まで行って入浴するというのがいかに大変なことなのか。それを裁判官に見てもらおうとやろうとしたんだけれどおじいちゃんがベッドから滑り落ちて体勢を立て直すことができない。悪戦苦闘しているときにチッソの代理人が「もうやめましょう。こんな残酷なことは」と言ったわけです。それでおばあちゃんがカンカンに怒って「じいちゃん、最後までやらないかん、最後まで」と言って懸命に努力したけれど結局できなかった。二人はベッドにすがって「くやしかね」と泣き崩れたその場面を書いていたのを渡辺洋三先生が引用してくれた。「こんな残酷なこと」とチッソ代理人は言ったけれど、私は「これが毎日毎日繰り返されているのですよ」と書いた。

色んなことを考えつく限りやってみた。患者の実際の診断もお医者さんに全部付いてもらって各家で実際にやってもらった。国側の専門家と称する人たちはおかしい。指先の知覚障害がありますと針で突くわけですよ。患者がウソを言って痛いのを痛くないと言えば判断がつかないと国側の認定審査会の医者が言うわけです。これは恥だと私は思います。自分に専門家としての能力がないと言っているわけですね。患者さんがウソを言ったら、本当の判断ができないと言っている。自分たちは騙されると。私は専門の医師なら騙されない方法を考えなさいよと思います。

感覚障害でどのような被害がありますかというエピソードです。風呂に入って自分は適温だと思って入っている。赤ちゃんを入れてくれと娘さんが言うものだから、赤ちゃんを抱いて入れようとしたら、赤ちゃんが泣き叫ぶので娘さんがすっ飛んで来て「おじいちゃんなんてことをするのか」。熱湯に赤ちゃんを入れて自分は全然どうもないというエピソードはざらにある。

藤野先生と弁護団の面白いやり取りがある。何度ぐらいまでなら実際に触ってみていいのか。「たんぱく質が固まる、要するに火傷する温度は七〇度から七二度ぐらいだよね。冗談、冗談、まあ四五度ぐらいあれば十分じゃない」と言うので、お湯の温度四五度で温度計を立てて、湯呑を「裁判官持って下さい」と持たせる。持てませんよ。触れただけで熱い。持ち上げることすらできない。患者さんにどうぞと渡すと平気で持っている。裁判官はニセ患者で金欲しさにやれることではない温度であることを自分で触ってわかっています。「置いていいですよ。早く置いて下さい」と裁判官が催促する。絶対疑いようがない。ニセ患者というのは診察が悪いんですよ。専門家が専門家としての診察をしていません。

われわれが感銘を受けたのは、藤野先生の先生の立津政順先生ですけれど、精神神経科の教授ですね。立津先生が現地水俣で水俣病患者の診察をずっとしてきた。藤野先生たちがくっついてお供をしていた。例えば運動失調の患者さんが指先で細かい作業ができるかどうか。まず患者さんが診察室に入ってきたときに何を診ているか。一つは真直ぐ歩けるかどうか。これは誰が考えてもわかる。

怖いエピソードがある。水俣の魚屋さんの組合で集団検診を受けようとわれわれは提案をした。そしたら若手が猛反発して「冗談じゃない。俺たちが水俣病なわけないいじゃないか。そんなことをしたら商売あがったりだ」と。組合長は「逆にはっきりさせようや。そっちの方が商売になる。水俣の魚を売らないとはっきりさせればいい」という意見ね。「そんなものする必要ない。水俣病のわけがない。やってみせようか」と若い組合員が畳の縁を歩くわけですね。これが一番簡単な検査なんです。縁どおりにまっすぐ歩けなかったわけですよ。みんなが息を飲むわけです。みんなで直ちにその場で検査を受けることを決議されたという有名な話がある。

患者さんが診察室に入ってきて歩いているのを診ている。さらにもっと違うところを診ています。何だかわかりますか。指先が器用かどうか。ちゃんと動くかどうかを診ています。服装です。ボタンが付いていない服を着ている。ボタンが付いてるシャツを最初から着ていない。逆に言うとボタンを付いている服を着ていたら「あ、違うな」と推定が働いているわけです。もちろんボタンが付いていたらそれを外すときどれぐらい器用に外せるのかをしっかり診ている。これぞプロの診察です。やっぱり患者をどれくらい診てきたのかが問われる。

針で突いて、「痛いか、これでも痛くないのか」と血が出るまで突いたという有名な話があるけれども、ナンセンスな議論なんですよ。痛くないと言われたら判断がつきませんなんて、いかに診察技術が拙劣かということを白状している。それが専門家として恥ずかしい発言だということがわからないぐらい水俣病を知らないというのが私の評価です。国側の認定審査会の医者の発言というのは恥ずかしい発言がとっても多いです。ニセ患者発言なんていうのはある意味正直な話ですが、そうではなく専門家として診察技術が問われるような発言を平気でしている。自分の診察能力を素人同然だと白状していることがわからないぐらいの能力と酷評します。私は立津先生から何を診るのかという話をずいぶん聞きました。そういうエピソードだと思いますよ。

いろんな陳述書を書きますけれど、いかにエピソードをきちんと聞けるか、患者さんたちからそのようなエピソードを聞けるかが一番ポイントだと思っています。

山野炭鉱の爆発事故のときにも亡くなった遺族の方から当然陳述書を作るわけですけれど、話を聞くとき五感を働かせる。遺体が鉱内からあがってきたとき、CO中毒ですから頬がピンク色で遺体が全く損傷なくものすごく綺麗なんですよね。本当に亡くなっているのかと思うわけですね。私は三池の炭じん爆発で坑内に入っていますす。坑内に入ると一番びっくりするのは匂いなんですよね。当然燃えているわけだから、遺体は綺麗なんですけれど匂いが付いている。まず匂いのエピソードを聞けと。それから遺体があがってきたときの音。当然騒音なんですけれどね。遺体がちょうど坑内から出て来た瞬間の音。自分の家族を発見したとき騒音が聞こえなくなっているはずだと。陳述書を書くというのは五感をいかにきちんと聞き出すかだと思いますね。

水俣病でもいろいろなケースがある。おばあちゃんの患者さんが古い乳母車を押して歩いている。当時は荷物を入れる押し車はありませんでした。ギコギコ音がするわけですよ。私は「油でも差しましょうか」と軽く声をかけたわけです。「そんなことダメです」。わざと油を差していない。油を差したらすうっと行って自分がついていけないで転んでしまう。すうっと行ってはいけない。私は軽率なことを言ったなと反省しました。いかに理解できないかですよね。見た目だけでは理解できない。身体を預けて一歩一歩、ある程度抵抗してもらわないといけない。その感覚がわからないんですね。聞いたらなるほどねって。ギコギコ音のでる乳母車を押しているという描写をいかにきちんとするか。これは石牟礼道子さんの世界ではないと思っています。彼女の本をずいぶん読みましたけれど石牟礼道子さんはそういう捉え方はしないと思いますよ。私はフィクションとノンフィクションの差をそこでつけたい。

工場労働者の証言

現役の工場労働者が作業実態について証言した例はそんなにないと思いますよ。引退現役合わせて二五人です。特に現役の労働者が証言をした。これはやっぱり水俣の組合の運動の歴史ですよね。水俣の組合は昭和三七（一九六二）年に安定賃金闘争をするわけです。組合が真っ二つに分れる。久留米で労働運動をやっていた人から安賃闘争のとき水俣行ったんですよという話を聞きました。

安賃闘争とは何かというと、給料を高い水準に保てるようにそれだけのものはいま協定で約束します、代わりに労働争議をしないという約束をしろということです。要するにストライキを打たせない約束です。第三組合までありましてね。第一組合は昔からの総評で、当時の政党でいうと社会党支持です。第二組合は分裂した会社側の労働組合です。第三組合というのがあって、一九七〇年の第二次安保闘争の世代、いまの言葉でいうと新左翼のグループです。

結局組合はわれわれが裁判を起こしたときに「恥の宣言」というのをする。「労働組合としてのきちんとした精神を自分たちは貫いていなかった」。私の表現で正しいかどうかわかりませんが、私の理解では「自分の経済的利益のことしか思わなかった。だから水俣病の患者と一緒にたたかう共通の問題なんだという理解をしていなかった。いまからは一緒になってたたかいます」という宣言です。労働組合としてはなかなかできなかったことだと思います。だから証人として現役労働者が協力して出て来るわけですね。

ただ最初私たちは証人が一人もいなくて立ち往生していた。裁判自体がぶっ潰れそうだった。チッソからは切り崩しを受けて、降りる原告が出てきた。私が水俣に行くきっかけの一つです。そのときはすぐには証人に立ってくれなかった。私たちが頼みに行ったら「あなたは現役労働者が証言に立つことの困難さをわかっていない。簡単に立つことなんてできるわけない」「恥の宣言があったんじゃないですかね。無条件で協力してくれるじゃないですか」。そういう感覚的なズレがあった。簡単に証人に出るなと思うなとお叱りを受けるわけです。「証人に出てほしいのであればそれなりのことをして来い」「弁護団は当てにならない」「弁護士の首を切ろうか」という運動をしていた中心的な人たちです。「しょうがない、崖っぷちでほかに方法がないので禁じ手なんだけれどな」と言って、工場長の尋問に入ったわけです。工場長の尋問を一年間やりました。その間に実績をつくった。やっぱりそれなりの評価はしてもらえたんだと思います。じゃあ、協力するかという話になって、工場労働者を証人に立てようと。

ここでも何を証言するのか、証言の中身をめぐって意見が対立するわけですよ。組合の中心的な考え方は技術論です。チッソの精製過程で有機水銀とか、そういう技術論を証言したいわけです。われわれは「いや、そういう証言は結構です。そうではなくて、いかに危ないかというエピソードがほしい」「そんなの意味がないでしょう」というやり取りになる。労働者を大事にしない会社ですということでもいいじゃないですか。「牛馬と思え」という有名な社長の言葉があるわけですからというあたりで妥協点が証言となる。

例えば、塩化ビニールの工場で働いている。工場のすぐ横の丸島という集落に住んでいる。仕事が終わって夜自宅に帰って晩酌をしていたら煙が流れてくる。丸島というところでは粉じんがすごい。下に粉じんが溜まるから瓦が浮き上がっている。煙がきたら直ちに工場に電話をかけて抗議する。「いま、何やっているだ。こんなに煙が来ているぞ。おちおち飯も食べられんぞ」と。排水路のすぐそばで庭に木を植えていて、その木が途中まで順調に育つけれど何年か経ったらすぐ枯れる。なんで枯れるのか、掘ってみたら排水が浸み込んで来る高さまで根が伸びてきたら根が枯れてしまう。排水路から水が浸み込んで来ていた。また植え直しても同じこと。排水路の近くは何年植え替えても枯れてしまうという被害ですね。

「人間のホームラン」

私たちはそういう証言に徹して、そういう証言を積み重ねた。肝心の原因物質のアセトアルデヒドの工場労働者は、最初に工場を造ったときに入って最後に工場を閉めたときに定年退職した、最初から最後までの労働をしてきた。さすが組合ですよ。組合としては製造技術の話をしてほしい。しかし私は中学を出たあとの入社試験から尋ねた。

チッソに就職できるのは大変なエリートです。しかも中学を出て入ってボーイといって下働きをさせられる。正社員になる。あとで幹部まで出世できるコースです。優秀な子どもなんですね。社宅は全部どこに住んでいるかで階級がわかる。労働者の社宅と高級幹部の社宅は違う。最高幹部のところにボーイはお手伝いに行かされる。「これをもって小学校に届けてくれ」とそこの奥さんから言われる。何かわからないけれど持って行った。あとで聞いたら検便の中身を持って行かされた。「子どもに自分で持って行かせればいいのに。自分はそのときに情けない思いをした」という証言です。

入社すると工場のなかの下働きです。アセトアルデヒド排水が詰まる。詰まると鉄棒で掻き混ぜる。ものすごい悪臭だそうです。定期的に詰まるものだから、詰まったものを掻き混ぜてそのまま海に流しますよという話がくるわけです。その作業をずっと続けさせられたものだから完全に呼吸器を痛めて血を吐いた。天草の小島から来ていた。会社の方の病院の医者は「これは呼吸器疾患だから帰って静養した方がいい。家に戻れ」と。入社試験のとき、西田工場長が聞いたのは「この工場は危険で爆発するぞ。いつ死んでもおかしくないけれど、それで構わないか」「自分はチッソに入りたい一心で、いつ死んでも結構です」と答えた。それだけで採用された。学校の成績がもちろん優秀だった。試験はそれだけだった。自分は命を懸けて出てきた。いまさら帰るわけにはいかない。その労働者がその時泣いたんですよ。みんな静まりかえった。命を懸けて来ているのに帰ることなどできない。帰らずに静養して結局一生アセトアルデヒドの製造工場を勤めあげた。

工場はしょっちゅう爆発した。爆発したときに当然大きな音が響くもんだから「何が起きたのか」と正門前にわあっとおかみさんたちが集まって来て「どこが爆発したのか」と。アセトアルデヒド工場に決まっている。労働者の証言というのはもっぱらそういう話を積み重ねた。これも大きかったと思いますよ。しょっちゅう爆発して、技術的に危ないに決まっている。しかも労働者はみんな命を懸けていた。アセトアルデヒドの工程のなかでドラム自体が回転するわけですよ。温度計が付いている。温度が高温になると爆発する。温度計を見張っていないといけない。温度計自体も回っている。「うっかりそれを見落としたら、爆発して人間のホームランですもんな。人間のホームランにならないように一生懸命見とかんといけない。動体視力がよくなりました」。「人間のホームラン」という言葉がすっと出てくる。日常的にそういう表現を使っていた。チッソの責任は七一五条ではありません。七〇九条ですという話になるわけですね。誰かがエラーをした話ではありません。会社としての責任です。

第4章　水俣病の責任の考え方

電気会社から肥料会社へ

チッソという会社がどういう会社だったのか。もともとは発電会社で、曽木の滝（鹿児島県）を利用して発電を開始した。曽木の滝は地元のキャッチフレーズでは東洋のナイアガラと言われた。鹿児島県大口市の近くは金の鉱山があり、電気を使おうとしたが、そんなに掘れなくて電気が余る。電気という商品は生産した量をその時すぐに使わないと、消費しないと一瞬にして消える商品です。だから生産した量をいかに効率的に使うかというのが勝負で、生産した量が使えないと貯めておくことができない。だから電気を大量に使う先を探したのがそもその出発点です。

大口市から電気を引いていく候補地に挙がったのが鹿児島県の出水と熊本県の水俣だった。水俣は何もない漁村だったけれど、海岸線で塩づくりを始めたわけです。ところが塩は国が自分でつくるということになって全部中止させられた。それで困った。空いた土地がある。これという産業がない。だから産業誘致をしようかという話になる。出水も同じような事情で工場をつくって電気を持って来たい。さあ、どっちにもって来るかということで誘致合戦になった。水俣の方は丸島港を専用港として提供する。工場用地をすぐ横につくれる。距離が水俣の方が出水よりも遠かったが、その分送電線の費用は水俣が持つよということで、それで水俣が勝ったという話があります。だからチッソは創られた段階から優遇措置の提供を受けてできた会社です。

ドイツのシーメンスという有名な会社の発電機をチッソは使っていた。代金を払わなかったといってシーメンス社から訴えられたという話がある。チッソは出発点からトラブルを抱えた会社だった。電気を何に使うか。石灰石を焼いてカーバイドにします。八代市から水俣に向けて海岸線を走るとすぐ右手にいくつか島が見えます。その島が削られているのがわかります。石灰石の島です。そこからすぐ運んでくるので石灰石はいくらでもあった。それを焼くのに電気釜がいる。大量の電気を必要とした。焼いた生石灰を肥料に使う。だから最初は肥料株式会社です。電気会社からその電気を利用した肥料会社になる。

ドイツのカイザーの話になりますけれど、空気中の窒素を固定して取り出せる技術を開発した。窒素は火薬の原料つまり硝酸になる。チッソは火薬をつくりたかったわけではなく硝酸肥料をつくりたかった。なぜ窒素が必要かというとアンモニアから肥料になる。だから空気中の窒素を固定しておいてアンモニアをつくる。

チッソの社長野口さんは新進の技術者で新しもの好きだった。ドイツの製法についてチッソは立ち遅れたので別の製法を研究しているイタリアに行く。まだ研究室レベルです。とても工業化するような段階ではなかった。野口社長の回顧録によると、研究室に行ってクンクンと鼻を鳴らしたら間違いないアンモニアの匂いがしたと言ってその場で買い入れたという話がある。アンモニアの合成を始める。そして肥料にするわけです。良く言えば新進気鋭、悪く言えば山師。チッソという会社はもともとそういう体質だった。一発を当てる。当時は財閥ががっちり握っていますから、新進の技術者は新しい技術に勝負をかけるほか生き残る道がない。いまのＩＴ産業みたいなものです。若手の人が急に大金持ちになります。そういう時代です。

チッソの技術

科学技術の歴史をきちんと勉強すると面白いと思いますけれど、何かモノをつくる場合、その製法を開発し獲得したからといってそれでつくれるわけではない。アンモニアの合成には高圧が要求されている。高圧の作業に耐える材料がないといけない。それだけの強力な鉄鋼がないとつくれないわけです。一定のモノをつくるためには技術水準全体が底上げされないといけない。これも余談ですけれど、昔、日本の技術が世界のトップをいったのは、下町の技術、一番下請の技術が支えていた。その技術は一次産業の技術です。鉄鋼だったら鉱山の技術です。鉱石を掘り出すための必要な技術の積み重ねが支えていた。だから一次産業が衰退していくと技術が失われるのはある意味当然のことなんですね。日本がコンピューターのトップをいっていた時代は下町のネジ一個の技術が世界最高だった。それがいま失われている。全体が崩壊しつつある。もちろん基礎研究にも金を出さない。総合能力の問題というのが技術論の一つのポイントと理解しています。

チッソが時代に先駆けてやろうとしたが、工場では爆発に次ぐ爆発というのは日本全体の底辺の技術が伴っていないからです。「チッソの技術、技術のチッソ」というのがスローガンです。チッソは技術が売り物、だから東大の応用化学のトップ、恩賜の銀時計組が来る。西田工場長がその典型と言われています。支えた技術は大変なものだった。ただし、ある意味では非常に乱暴で、実験室段階を飛び抜かしていきなり製品化する。ある意味で賭けだというのは人命軽視に直結するわけです。人の命を大事にしない、より金儲けができる製品をつくることが至上目的になる会社だったというのがチッソの歴史の総括だと思います。

カーバイドから次々と製品をつくっていく。次々と製品をつくっていくときの技術はその時点ではまだ安全性が十分に検討された技術ではなかった。ひとよりも一日でも早く採用して、製品化してそれで儲けをあげる。創業者利潤と言いますけれど、ひとがやらないことを先にやってのける。ひとが追い付いたときにはすでに一儲けしていることを目指して繰り返してきた会社です。当然のことながら、裏返しには安全性は軽視された。

国策会社

チッソ工場のエネルギーの中心は電気です。だから大電力を必要とするわけです。電気がつくれるところに進出する。朝鮮興南工場です。朝鮮半島の西側に流れていた赴戦江を逆に東海岸に流れるように変える。流れを逆行させて落とした。なぜかというと高度差が使えた。断崖絶壁を落とすことができた。川の流れまで変えたという会社です。大発電能力を身に付ける。マッカーサーが朝鮮戦争を終わらせるために朝鮮興南工場とそのダムを原爆で潰せと言って大統領から解任される。それぐらい朝鮮の主力工場になる。

そのための進出のやり方が特徴的で植民地政策です。軍と一緒に進出していく。チッソの技術の基本は海軍の技術です。アンモニアで硝酸をつくる工程は火薬工場です。火薬工場ということは軍需工場ということです。酢酸から酢酸繊維、それから塩化ビニール、酢酸ビニールをつくっていく。この技術が軍需工場の技術、例えば海軍の飛行機のフードとか人工石油とかです。チッソは肥料工場だったが主力が有機合成工場で軍需産業に切り替わるということになる。

戦前のチッソの歴史は、海外へ進出していく歴史です。水俣工場が大正七（一九一八）年、朝鮮進出したのが大正一五（一九二六）年、朝鮮水電株式会社をつくった。昭和二（一九二七）年に朝鮮窒素肥料株式会社、興南工場の建設という歴史です。朝鮮に進出したときそれを支えたお金が日本興業銀行です。国策会社です。朝鮮では当然ながら朝鮮銀行、要するに国家のカネと結び付いた企業であった。チッソによる被害が発生したのは国の責任が一番大きいと思いますけれど、それは国策会社そのものだからです。私たちは準備書面で国の政策と結び付いてチッソが大きくなっていく状況を克明に描いている。原発の裁判の歴史ではそれがみえない。原子力ムラがどうやって形成されたのか、どのような歴史的な経過を辿ったのか、準備書面で十分に書いていないという気がします。私たちはチッソの歴史、国家政策との結びつきを詳細に書いている。

朝鮮に進出したあと、肥料はどちらかというと朝鮮興南工場、水俣工場は新しいアセチレン系の有機合成化学工場としての役割を果たした。その技術は海軍と結び付いた技術だった。つまり戦争のための技術だった。民間商品だったと言われるけれど、平和利用と軍事利用は両面です。平和利用でしかできない技術ではなく軍事に使うために開発された技術だった。酢酸繊維素、酢酸ビニールは航空機、塩化ビニールは軍需用の塗料、電線被覆、乾電池など、ポリエチレンも海軍の技術そのものです。水俣工場は戦時下では名実ともに軍需工場として機能した。だから憲兵が常駐する会社ということになります。確認されている最初の水俣病患者が昭和一六（一九四一）年戦時下において出ているということです。特に興南工場は植民地政策そのものですから、国策と結びついた国の力を利用した工場建設と操業だった。

傾斜生産方式

それから戦後になる。戦後の経済復興の政策がいわゆる傾斜生産方式です。一つは食糧問題、肥料の面です。肥料会社に対する資金の投入と工場の建築資材の確保が大きかった。農林中金、産業設備営団が金を出した。軍需中心だったチッソは化学肥料工場に再転換する。化学工業界は、戦後、政府との密接不可分な関係が始まったと言われている。資材と一言で言いますけれど、例えば水銀は日本の国内ではほとんど生産されませんから外国から買ってくるほかない。海外のモノを買うなんて私企業は勝手にはできない。政府が為替管理で外資を全部握っている。外国から何かモノを買うという場合、政府の許可を受けないと買えない。限定された外貨をどう運用するのかは国の政策の問題で、一民間企業が扱える問題ではない。国が管理する外貨をどの産業にどれぐらい割り当てるか。化学産業のなかで水銀の購入費をどれぐらいにするか。水銀の輸入量と消費量、買い付けた量と使った量そして回収量がある。水銀は貴重でかつ高価だから、そのまま流して捨てるわけはない。チッソが買い付けた量、使った量、回収した量、失った量を国は全部わかっているわけです。

ここが味噌です。いくら使うかを国が決めている。有機合成化学の集まりで日本化学工業協会がありまして、同業一一社でチッソが座長さんです。そこで水銀の輸入量を決めます。各会社の割り当て量を決めます。その会議のときに通産省の担当課長が同席している。まず挨拶は課長がします。そして会議全体の終わりの挨拶まで課長がする。会議で決めたと言うけれど、根回しで勝負はついている。私たちは会議の議事録まで法廷に出している。公開資料ですけれど、私たちには探す能力はなかったが、科学技術史が専門の加藤邦興先生のお力があった。銀行が出した資料がある。チッソの主力銀行、興銀、長銀（日本長期信用銀行）です。産業ごとに資料を出している。一会社だけではなく、その産業全体の構造を把握している。その産業の見通しと行く末までちゃんと書いている。一番すごいのが石油化学です。通産省が自分で本を出していますけれど、誕生から成長まで通産省が母親の役目を果たしたと言っています。

有機合成化学工場

石油化学は通産省がつくった。例えば「石油化学工業、カーバイド工業並びにタール工業の育成対策について」という講演をやった人が通産省商工業局軽工業課長です。私の持論ですが、官僚の世界では担当課長が一番偉い、場合によっては局長よりも偉い。現場を全部握っているのが担当課長です。こういう政策を打ち出すのも課長が学会の集会で講演して業界雑誌にちゃんと書くわけです。ある意味で国の施政方針演説です。

傾斜生産方式のなかで化学肥料が優先された。農林中央金庫、日本開発銀行が融資した。昭和二〇（一九四五）年から昭和二八（一九五三）年までの間に投資された総額は、第一位が昭和電工、チッソは第二位です。第三位は三井東圧です。だから三井東圧は患者がいると思った方がいいという私の説明になる。昭和電工がチッソよりも上ですけれど、いわゆる昭和電工疑獄、汚職事件が発生します。

チッソは塩化ビニールそれからオクタノールを主力製品として有機合成化学工場として進出した。オクタノールを独占したのが非常に大きかったと言われている。オクタノールというのは塩化ビニールの可塑剤、柔らかくする原料です。塩化ビニールをつくる以上はこれを使わざるをえない。それを独占していたからチッソが大儲けすることになり、業界トップの地位を占めることになる。

政府は水銀の消費量、使用量、回収量、流失した量もわかっていた。本来、理屈から言えば流出するわけはない。同じ話はカネミ油症事件でも出て来る。カネミ油症事件でも加熱材、熱を加えるためにＰＣＢを加熱しておいてできあがった油のなかを蛇管にＰＣＢを通す。そして加熱する。火だと製品が悪くなるので、熱したＰＣＢによって油を加熱して脱臭するという工程を経ている。その蛇管が破れてＰＣＢがカネミ油にこぼれた。本当ならばＰＣＢの量が減るわけはない。減ったらどこかで漏れたに決まっている。投入した量と回収量と当然記録しているに決まっている。失われていたことがその量までわかっているに決まっている。わかっていないとおかしい。

一番基本的な点をきちんと押さえさえすれば、責任問題というのは簡単な話だと思います。私に言わせれば、水銀がこんなに失われていいのかというだけの話です。それを訳がわからないように細かい技術的な議論をして結局結論が訳がわからないようにするところが企業と国の味噌です。企業は口をそろえて無機水銀がなくなったからといって有機水銀になって出てくるのはおかしいと言う。無機水銀だったらいいのか。実験で水銀を使う人は、顔を水銀の上に持っていってはならないというのが基本ルールだと習いました。つまり水銀の蒸気を吸ってはならないという意味です。それぐらい現場の化学者は危険性を厳重に管理している。

釜のなかに硫酸の母液、混合液があって、そこにカーバイドから発生したアセチレンガスを吹き込んでアセトアルデヒドができるが、そのときに触媒として無機水銀を放り込む。水銀を焼いて粉になっている酸化水銀をバケツに入れて、製造の釜の上からボーンとひっくり返して放り込む。当然のことながら、酸化水銀はもうもうと巻き上がって労働者はそのまま吸い込む、髪の毛や作業着に付着するという状況になる。これは工場労働者の描写です。危ないに決まっている。それが有機水銀になるから危ないのか。無機水銀のままでも危ないに決まっているというのが私の意見です。それを有機水銀になるかならないか、有機水銀になったことがどうしてわかるのかという議論に持ち込むのは誤魔化しのテクニックです。

国の代理人

いま諫早でもその議論になっている。漁獲量が増えたと国は言う。本当に増えているのか。私たちの確定判決は魚類が減ったと認めている。それでは国によれば何が増えたのか、統計資料を出せと二回にわたって言っているけれど、国が裏付ける直接の資料を出して来ないので、私どもの弁護団の紫藤拓也弁護士が徹底して分析をした。

まず国は確定判決が検討した一六魚種のうちの六種だけに限定して議論しているのはまだ可愛い誤魔化しですけれど、六種の他に確定判決が検討していないエビ類、カニ類、イカ、タコの四種類を勝手に付け加えた。その漁獲量を合計してみると増えているというけれど、実はエビのなかのシバエビだけが増えている。それを従来よりたくさん捕るものだから全体の量を押し上げている。他は全部きれいに減っています。国の主張は詭弁です。集会では私は国の主張の分析で「『詭弁のやり方』という本が一冊出せますよ」と言ったけれど新聞はそこまで書いてくれなかった。そういう主張のやり方というのはおかしいですよね。同じように別の訴訟で諫早湾内の漁師に限定した裁判をしているわけですけれど、湾内の閉め切りの影響で湾内の潮流が遅くなった、変化が起きたと私たちが主張する。国はいやいや必ずしもそうではない資料があると言って、有明海の他の部分の資料を持ってくる。私たちを負けさせる裁判所はそうだそうだと言って国の議論に飛び乗るわけです。そういう誤魔化しの議論をずっとしてくる。

一番許せないのは、水俣病の裁判でもそうですし、諫早の裁判でもそうですけれど、詭弁の言い訳をするのは、お役人もけしからんのはもちろんですが、裁判所で主張したのは国の代理人です。国の代理人は裁判官です。訟務検事として法務省に出向して来ている。その国の代理人として詭弁の主張をした人がある日見たら裁判長席に座っている。その人が国相手の裁判で私たちを負けさせる判決を書くわけです。このようなやり方には到底納得できない。国の代理人をした人が裁判長の席に座ったらいけないとは言いません。詭弁の主張を平然とした人が裁判長の席に座る。詭弁が判決で勝つわけです。諫早湾内の議論をしているときに有明海の他の地点の資料を採用して私たちを負けさせるとんでもない判決を平気で書く裁判官が出て来るわけです。そのようなやり方がいけないわけで同じ傾向はずっとあります。

石炭から石油への転換

チッソは国の産業政策そのものによって育成された。「昭和二五年三月に合成繊維工場育成のための行政計画を樹立して、法人税を免除し、保護関税の適用、開発銀行融資、輸入機械免税等の優遇措置を採用した」（水俣病訴訟弁護団「水俣病第三次訴訟最終準備書面（第二分冊の二）」一一頁）。徹底した優遇措置をとる。チッソは、肥料で優遇措置を受け、それから有機合成化学、塩化ビニールと酢酸ビニールと繊維工業の保護を受けることができた。塩化ビニールと酢酸ビニールの合成樹脂を強力に国は援助した。例えば「合理化資金の確保や税制上の優遇措置をとること、新技術導入の援助、製品の用途拡充をはかること」（前掲書、一四頁）。この「製品の用途拡充」というのが面白い。特に注意すべきです。これは石油化政策と並んで議論しないといけない。

国は昭和二七（一九五二）年、二八（一九五三）年石油化学に転換するという方針を打ち出します。なぜ石油化学へ転換するのかというと国際競争力を付けるためです。アセチレン、カーバイド、タール、石炭化学の生産量は限界でたかが知れている。ところが、石油化学になると生産量の桁がたぶん二桁違ってくる。その結果つくる値段原価が競争にならないほど安くなる。石油化学が勝つに決まっている。長銀が国家政策としての解説をしている。日本長期信用銀行調査部が昭和三五（一九六〇）年に『カーバイド工業』というのを出します。何を言っているのか。現状の説明があって、すぐに原料が石油に変わるという話です。客観的解説としては業界史が一番面白い（渡辺徳二編『戦後日本化学工業史』化学工業日報社、一九七三年）。

どうやって石油化学へ転換していくのか。くどいようですけれど、なぜ転換するのかというと国際競争力を身に付けるためです。製品の値段と量が問題になる。安くするために大量生産する。石油化学だとそれができる。問題は桁が二桁違う。製造方法に石油化学を導入したらその生産量が容易にできる。石油を輸入して全量を石油化学に使うわけではない。当然のことながら自動車の燃料にも使わないといけない。エネルギー全般として石油を使う。電気をつくるにしても火力発電所で石炭から石油に転換するわけです。電力の話で言えば、なぜ石炭から石油に転換するかというと石油の方が扱いやすい。石炭はなかなか難しい。化石燃料でも石炭は廃ガスなど余計なものが出て来る。特に電力は生産量イコール消費量でないといけないから、必要量を必要な時点でぱっとつくらないといけない。その調節が石油の方がはるかに効く。石炭の火力発電所から石油へ転換する。

要するに産業全体の総合戦略です。どっかの産業が勝手にやるわけにはいかない。だから国が全部采配を振う。石油化学の生産の部分、それに対応したガソリンができる。そのガソリンを使うだけの自動車の量です。自動車の量をつくるだけの鉄鋼、そしてつくった自動車は走らないといけないから道路網の整備、道路網を整備するためには当然ながらコンクリートというように石油化学へ転換するといったのは単に化学産業が転換するわけではなく日本中すべての産業が動くわけです。すべてが動かないとうまくいかないわけです。すべての産業の一大転換を意味する。石炭から石油へという流れで石炭産業がぶっ潰れる。軟着陸させるためにスクラップアンドビルドでスクラップする鉱山とビルドする鉱山を上手に使い分けて生産量を確保していかないといけない。当時の通産官僚はすごいものです。日本全体の見取り図をつくり、全産業に割り当てる。石油化学産業も生産量をとりあえず一〇倍にする。各企業が勝手につくればいいわけですけれど、売れないと話にならない。消費量も十倍にならないといけない。

問題は消費量をどうやって増やすのか。「新技術の導入の援助と同時に製品の用途拡充をはかる」という方針が出て来る。それまでは日本のおばあちゃんの知恵というはモノを大事にとって包装紙も畳んで再利用する。それが美徳です。それがある日突然消費が美徳になります。どんどん使って捨てろ、使い捨てが文化だというのがテレビで一斉に言われるようになります。そうは言っても新しい商品が出て来ないと使い捨てにはならないから、塩化ビニールを使う商品、これが三種の神器です。昭和三〇年代に流行った。新規需要を生み出したわけです。しかも使い捨てにぴったりです。まずダッコちゃん、そしてフラフープ、極めつけが風呂敷です。塩化ビニールの風呂敷が当たった。塩化ビニールの風呂敷の変形がレジ袋です。需要を高めるためのその時の新製品です。一斉にダッコちゃんとフラフープと風呂敷が出てきた。あれはつくられた需要です。

石油化学へ転換するということは石油を大量にアメリカから輸入する。別に中東の石油を輸入する話ではない。正確に言うと中東の石油を輸入する場合もアメリカ資本の石油です。それに反逆したのが「海賊と呼ばれた男」です。出光さんです。アメリカ資本ではないイランの石油を直接買い付けた。海賊と言われるわけです。その法律上の根拠が実はあって、それが安保条約です。六〇年安保の第二条に日米経済協力という条項が入っている。軍事協力だけではなく経済協力も入っています。だから日米従属条約になるわけです。軍事上だけでなく経済上もアメリカの支配に入るという条約です。その一番が石油になる。

歴史というのは皮肉だと思うのは、石油化するというのは自動車も道路網も鉄鋼も全部に波及する。自動車産業が当時は日本は二流でなく三流だったのではないでしょうか。世界一周トヨタの自動車が走った。五万キロです。当時自慢になっていた。一時期言われていたのは、日本商品は壊れるから買うな。いまアメリカの商品がそう言われている。アメリカの自動車は製造日が月曜日だったら買ってはならない。日曜日遊びほうけているからです。日本の自動車産業が世界一になるというのは皮肉としか言いようがない。ハリウッドの映画にでてくる車、外車といえばアメリカはでかい自動車だった。いまは社長はドイツ車、部長クラスは日本車と言われているようです。

予見可能性と防止義務

水俣病について国の責任を言うときに、水俣病患者の発生の予見可能性がどうで、有機水銀がいつの時点でわかってという議論は、私はナンセンスという意見です。違うでしょう。

まずチッソが何をやったのか。もちろんチッソがやったんだけれど、言ってしまえば、使い走りであって、国の産業政策が基本にあって、その産業政策通りにチッソが走り回っただけで、その結果として水俣病患者が出たのはこれは否定のしようがない。昭和電工も一緒に水俣病を発病させました。チッソや昭和電工側から言えば、国の産業政策を有効に利用して金儲けをした。逆に国側から言えばもっとも忠実に産業政策通り履行した。昭和電工は勢い余って汚職までやりました。それこそが国の責任なんです。アセトアルデヒドの技術だけではない。チッソが持っているありとあらゆる技術は国と結んで開発した技術です。あるいはチッソがこの技術が欲しいと言ったら国が認めて、海外から輸入するのに協力して、手に入れてやった技術です。チッソは独自に海外の技術を導入できません。だから「新技術導入の援助」がちゃんと産業政策に入っている。水銀の輸入量まで国が決めている。輸入量を決める以上、流出量がわかっていないと決められません。

私たちは昭和二九（一九五四）年の国が持っている統計資料を準備書面として提出しました（水俣病訴訟弁護団、前掲書、一九頁）。昭和二九（一九五四）年だけで五トン流出している。ちゃんと統計資料が出ている。だけどこれが国の責任と言うわけではない。全体の産業政策のうちの一環、一つにすぎない。国の責任はその全体を大きく捕まえる。それが必ずしも原発ではうまくいっていない。そもそもその発想がたりないのではないかという気がします。私たちは水俣病でこれを徹底してやった。私たち弁護団が思いついたわけではなく、加藤邦興先生の指導が素晴らしかった。国の責任の本質です。国際競争力をつけて金儲けをするためには生産量をしゃにむに増やす必要があり、そのためには消費量を増やさないといけないという理屈です。

法律上のものの考え方は、企業であれば、まず因果関係がある。被害が起こることは予見できた。回避することができた。そうすると企業に責任があることになる。割と単純な理屈でいける。国はそうはいかない。第一の水俣病があったわけだから同じ製造工程の新潟でも起きると思うべきだろう。新潟で第二の水俣病が発生することはわかっていたと一生懸命主張するけれど国はそれだけではダメです。さらに、それを防止する義務が国にあったかどうか。国に防止する義務があったとして、他の問題よりも優先して防止する義務を発動しないといけないと思うほどの事実があったか。だから予見可能性は国の防止義務の発動の要件ではあるのですが、さらに発動しないといけないと思うぐらいの予見可能性があったかどうか。企業の場合は予見可能性というのは起きることがわかったかどうかです。国の場合は、わかっても別に国がやらなくてもよい、あるいは国がそこまで踏み込まないといけないと思わせる事情だったかという要件の意味が違う。水俣病の新潟弁護団も最初はそこをよく理解していなかったのではないかと思っています。単純に被害発生がわかればいいのではなく、わかった上で国が止めないといけないというところまで、国は止める義務が選択の余地がないまでに課されているというところまでやらないと勝てない。国の責任論の一番大きなテーマはそこです。

だから私たちは最初に国に勝とうとしたときに義務付け訴訟の要件を満たせばいいと主張した。そもそも国側の論理として出て来たのが行政裁量論です。国がやらないといけないことはたくさんある。やらないといけないことのなかに特にこれをやるべきだった、と。しかし他にも課題がいっぱいあるなかでこれをやらないといけないのはなぜですかというのが国側の論理の立て方です。私たちから言えば詭弁です。私たちは全部やれという議論です。裁量判断の妥当性まで議論しろというのが私たちの議論です。裁量があったらどれをとろうと勝手だというのが国の自由裁量論です。私たちは自由裁量論で全部負けています。義務付け訴訟なら文字通り裁量を許さない。義務付け訴訟の要件で勝負しよう。義務付け訴訟の五要件という。その主張立証によって私たちが勝ちだした。それに対して最高裁が国の責任の判断用件は、義務付け訴訟の五要件ではない、著しく不合理だったかどうかという判断基準を持ち出して来た。著しく不合理とはそれだけではわけがわからない。最高裁はわざと曖昧な要件にして国を救ったのだと思っています。

権利侵害即差し止め

義務付け訴訟でもそうですけれど、国が被害防止の権限を行使すべき義務があったと言うとき、その義務はどこから出て来るのか。国は私たちに対して散々お説教をしました。「法律なくして行政なし。行政が何かをするときには法律がないとできません。これを防げというためにはこれを防げという法律がないといけない」「水俣病を防げという法律がないと国の責任は認められないのですか」というのが水俣病の議論です。水俣病を防げという法律に違反しているかどうか。国は根拠規定がないとダメだと言う。

私たちの主張は国の義務は法律から発生するのではない。国は船でいうと軍艦です。軍艦が漁船にぶつかった。漁師がアップアップして溺れている。助けろという法律はない。軍艦のデッキの上から拱手傍観《きょうしゅぼうかん》、何もせずに腕組みして見ている状況と同じだと攻撃したわけです。

本来公務員は国民の生活を守るというのが使命です。それにいちいち法律が要るのかという議論になる。根拠規定のことを法源と言います。憲法、民法、慣習があって条理です。条理も法源だと私たちは習いました。法の規定がない場合には慣習に従う。慣習がない場合には条理だと。憲法概念からでてくる条理です。人格権と私たちは言っている。法律のものの考え方から言えば権利侵害即差し止めです。権利侵害があれば即防止義務があるというのは当たり前の考え方です。

資本主義社会では、相対立する商品所有者である法的主体がいて、それぞれの法的主体が法則に従って自由な意思決定ができ、商品を自由に所有でき、自由に処分できる商品を持っていて、そして対等平等な法的主体が自由意思の合致によって商品を交換する。すべてそれで行われる。近代市民社会の基本構造です。近代市民社会の法的主体は自由平等対等です。対等ではない法的主体では商品取引ができるわけがない。対等でない法的主体の商品取引というのは、一番わかりやすいのが奴隷制、中世の封建領主と農奴、明らかに一方的にとられているだけです。それを打ち破って自由な意思の合致に基づいて対等に等価交換法則に従って商品を交換するというのが近代市民法の大原則です。

法的主体を害してはならない。刑法の罪とは、国家を潰してはならないというのは措いておいて、まず財産を侵害してはいけない。つまり等価交換法則を破った罪がいわゆる財産罪、すなわち強盗、窃盗、詐欺、横領、背任です。ついでに盗んだ商品の贓物故買《ぞうぶつこばい》、これが等価交換法則を破った罪です。等価交換法則を守るため、法的主体を失われたら話にならないので法的主体を守る。殺人罪とか傷害罪とかです。社会的秩序を守らないと商品交換が円滑にできない。社会的秩序を守る制度がいる。例えば裁判、警察の制度、社会的な罪というのがある。偽証罪というのはそこに入るわけです。そのように刑法ができている。法的主体を守らないと話にならない。権利侵害が起きたら即止める。これがルールに決まっている。いまさら法律がないとやれないなんてバカなことを言ってはいけない。人権侵害があれば防止すべき義務が当然に無条件に発動する。これが近代市民法の最も基本となる原則です。

保護法益

次に止めようと思ったときその具体的方法についてはじめて「法律なければ行政なし」という行政の言い分が出て来る。近代市民社会では権力行使が厳重に規制されている。根拠条文がないと権力行使ができない。それはその通り原則としても正しい。そこで法律があるかどうかが問題になる。前提となる義務はもう発生している。その手段としてどの法律を使いますか、権力行使ができますか、権力行使を可能とする法律があるかないかという議論になる。そのときに国側はその法律の保護法益は何ですかと言う。権力行使をするためにはその保護法益に適合した使い方しかできないと国は言う。

水俣病では、例えば水産資源保護法を使えると私たちが言う。水産資源保護法は魚を保護している法律だと国は言う。人を保護している法律ではない、人を守るためにこの法律を使うことは保護法益違反と言う。これこそ国の詭弁です。なぜ水産資源を保護しているのか。国民の健康を守るため、食生活・安全を守るためではないのか。水産資源の保護で魚を保護しているのであれば、水俣湾では魚が復活している。あれは水産資源の保護で成功しているのか。水俣湾内の魚を食べていいのか、いけないだろう。それは人体に悪影響があるからです。国の議論だと、人間が食べることができない、水産資源として有効活用できないものでも増えればいいとなる。法的主体としての人間の安全を保護するための法律、保護法益はそれに決まっている。最高裁も結論としてそうだと言って水産資源保護法を適用した。魚の安全を保護する法律だとはさすがに言わなかった。

ただそれでも保護法益がないといけないという考え方は譲らない。保護法益は何でもいい、生命身体を保護していない法律でもそれを使うことが保護法益違反でない状況があれば、その権限を行使していいと言える状況なら使っても構わないわけで、水俣病を防ぐためにはその行使が義務となるというのが私たちの議論です。熊本地裁は私たちが主張した法律を全部認めた。最高裁は必ずしもそうは言いませんね。やっぱり保護法益が要るという考え方を譲らないんでしょうね。

この点について第二陣判決が面白い言い方をしている。「差し迫った危険が有効適切な手段がない場合には法益が違ってもその法律を使うこと自体は違法ではないと評価することは可能である。しかし、このような場合、行政庁は本来規制権限を行使する権限をもたないから、このことは行政庁が作為義務を負うということを意味するものではない」と持って回った表現をしている。使って違法とは言わない。だけど義務だとは必ずしも言えないということです。

しかし出発点に戻って水俣病を防がないといけないという義務がそもそも前提として当然にあると考えるのが当たり前なんで、使って違法でない、しかも効果があるのなら使うのが当たり前ではないですか。敢えて使わないという決断をするのであれば敢えて使わないという適法の判断があったと評価することになる。この二陣の判決の論理は明らかに矛盾しておかしい。

皆さんが食品衛生法を適用しないのはおかしいと非難される。本当におかしい。悪意があるとしかいいようがない。確信犯だというのが正しいと思います。食品衛生法を使わせたくない。その極め付けが水俣病の最高裁判決になるわけです。排水停止は水質二法、魚の漁獲禁止と販売禁止の方は水産資源保護法、結局、判決当時には存在しない法律によって勝たせた。しかし当時の行政に最も実効性を与えるものは食品衛生法です。明らかにこの法律を使いたくなかった。そのために、漁師がとった魚が商品ではないというバカげた議論をしないといけない。

義務が発生するのは根拠条文によってである、根拠条文がなければ義務は発生しないというのが国、最高裁の考え方です。私たちは、権利侵害があれば義務は当然に無条件に発生する、問題は権利侵害があるかどうか、権利侵害の可能性があるかどうかだという議論です。この双方の主張のせめぎ合いです。さらに国の議論によれば義務は法律によって発生するから、論理的帰結として法律上の行政法規の規定に従っておけば違法性がない、逆に違法性があるというのを被害者側が言って来いというのが従来通りの議論です。原発訴訟がそうです。私たちは四大公害訴訟でそれを完璧に打ち破っていたと思っていた。行政法規を守っていれば義務は満たしている、違法性がない。そんなバカな。

責任の根拠

『判例時報』に水俣病第三次訴訟の第一陣の熊本地裁判決の解説に重要な指摘がさりげなくなされている。

「なお、本判決は、国、県の責任を昭和三二年九月頃から遅くとも昭和三四年一一月頃に発生したものとしているが、認定によれば、原告患者のなかには昭和三〇年に発症した者五名（内一人は昭和三〇年から四七年まで水俣湾周辺を離れて居住）を含み昭和三四年以前に発症した者二一名があり、これらの原告患者らの関係でも国、県の責任が認められている」（『判例時報』一二三五号、一九八七年、五頁）。

わざわざ解説文のなかでこのように指摘しています。この説明は私たちもやっている。一番わかりやすい説明は、前に発症していても責任が認められてから酷くなっている。汚染が続いているわけだから別に発症時期の責任に限定しなくてもいいというのが一番わかりやすい説明です。もともと他の病気があって同じ症状の病気を持っていた人に汚染がかかってよけい酷くなった。酷くなった時期から責任が発生する。その前の責任は別に問わなくてもいい。そのあとは国に責任があるのが当たり前でしょうというのがこの判決です。

一つのポイントは、国と県に責任があると裁判所が思ったとした場合、法律上の議論はさておき、水俣病に関する責任根拠はどこにあるのか。国は徹底して水俣病の原因究明を妨害します。水俣病の防止対策を取ることを徹底して拒否し続けたという歴史的事実があります。原因究明の妨害の一番わかりやすい例が、熊本大学の水俣病研究班が昭和三四（一九五九）年に有機水銀まで辿り着いて、有機水銀が原因だという答申をします。厚生大臣はそれを受け取って直ちに解散を命じます。熊大の鰐淵健之学長が委員長だったけれど、怒り狂って「いまから対策をやろうという時に解散させるとはけしからん」と怒りの声明を発表します。その水俣病の研究班を解散しておいて、新しく御手盛の学者を集めます。御手盛の委員会をつくって、この委員会で真っ先に決めたことが自分の研究を勝手に発表してはいけないという規定です。俗称田宮委員会と言います。結局この委員会は何も研究を発表しないことに使命があったと言われてもしょうがない。原因究明を徹底して妨害する。

対策の妨害も有名な話ですけれど、水俣湾内の魚を捕獲禁止しよう、販売禁止にしようと食品衛生法に基づいて熊本県が厚生省に問い合わせる。厚生省の有名な答えは「湾内のすべての魚が有毒化した証拠がないとダメだ」。結局、この回答によって捕獲禁止措置が取れなかった。これが取れていればもう昭和三二（一九五七）年の話ですから水俣病の拡大は簡単に防止できた。全ての魚が有毒化しているということを証明できるわけがない。証明できないことを言って、捕獲禁止、販売禁止を認めなかった。水俣病の一番わかりやすい例です。

それからチッソの同業者が一一社あるけれど、その一番の親玉、日化協（日本化学工業協会）が乗り込んで来まして、原因が別にあると主張し、水俣湾内に爆薬が捨てられている、魚の腐敗したタンパク質が原因だと、色々と何の根拠もない説を撒き散らすわけです。

国がまさに犯人そのものだった

いまの話のポイントは、それはチッソ一社を守るためだったのかという話です。違うだろう。チッソ一社を守る必要がどこにあったのか。日化協が出て来たことが一番わかりやすい。つまり国は何もチッソを守りたかったわけではない。同業一一社を守りたかったわけでもない。そうではなくて、その時の石油化政策、国の産業政策の一番根幹を守りたかった。もしチッソが犯人だということになって、チッソが操業停止になったら、もうその時の高度経済成長政策、国の産業政策が潰れたということです。国は自分の政策を必死で守った。石油化の転換が失敗したら高度経済成長政策が潰れる。一番のポイントは国際競争力をつけるためというのが石油化政策の最大のスローガンでした。

水俣病患者というのは国の産業政策を遂行するための生贄というのが私の定義です。だから国に責任があるに決まっている。どの法律のどの条文に違反して何をやったから悪いという議論は、私に言わせると瑣末な議論です。チッソの技術でどこがどう悪かったから水俣病患者がこんなに出たという話ではない。国が石油化政策を推し進めめちゃくちゃな操業をやらせた。どこの技術が悪かったなんていう問題をはるかに大きく超えている。国がまさに犯人そのものだった。

これはくどいようですけれど産業政策の是非を問うているのではありません。高度経済成長政策が正しかったのかどうか、石油化政策が正しかったのかどうかを問題にしているのではない。産業政策の是非そのものを問うことはできないと言われたらその通りです。裁判でその是非を問うているわけではない。その政策を遂行するがために何が何でも無謀な操業をやらせて、その結果患者が出ているのがわかっていても止めない。わかっていても止めないで産業政策を守り抜いた。責任があるに決まっている。産業政策の良し悪しではありません。その遂行によって被害を生み出した。しかもそれを防ごうともしなかった。自らの産業政策の遂行の方が必要だと優先させた。その責任ですね。

なぜ防止対策をとらなかったのか。あるいはなぜ国は原因究明を妨害したのか。それは補償金が払いたくなかったからなんてそんな矮小化された議論ではない。逆に言えば一定の補償金を払ってでも政策は守りたかったということになります。そしてこれもまたくどいくらい言いますが、どの法律の何条に違反しているから国の責任が認められる、被害を防止する義務が発生するなどという議論ではないことは明らかでしょう。

それはいま原発でまた繰り返されています。何が何でも原発は続けなければならない。さらに外国へ輸出しようとした。安倍内閣の主要なテーマでしたよね。結局全部潰れました。潰れなきゃ全部輸出された。少なくとも安倍内閣は輸出するつもりだったわけです。その責任は単にその政策の是非の問題ではない。被害を出しても構わない。儲け方が国全体の儲け話ではない。特定の業者の儲けの方が大事だという話です。それが国の責任の本質です。

チッソの操業を止めるとチッソが参加する予定だった丸善コンビナート全体が止まるのは間違いない。そうすると全体の計画にガタが来るのは間違いない。しかもそれは最小限の話です。同業他社も被害を出しているという話に当然なる。チッソが犯人だと認めると全国的に他社の被害が出ていないかを調査せよという話になる。だから認めるわけにはいけなかった。その事実を逆に裏から証明しているのが、昭和四三（一九六八）年の五月にアセトアルデヒドの製造工程のすべてが日本国内からなくなるけれど、そのすぐあとに水俣病の原因はチッソ、昭和電工のアセトアルデヒド排水でしたと認める。いわゆる公害認定がその年に行われる。日本中から一社もなくなったあとに公害認定が行われるわけです。私の話の逆の証明です。もう操業を止める心配がなくなったら原因を認めていいわけです。補償金を値切ろうというケチな考えはもちろんあります。だけどそれが主要な理由ではない。もっと日本の根幹を揺るがす問題だったということです。

昭和三七年の安賃闘争

コンビナートの操業を止めるということがいかに大変なことか。一番よくわかっていた化学産業ではチッソで昭和三七（一九六二）年に安賃闘争がたたかわれることになるわけです。これは化学産業全部、一斉に安定賃金、当時の水準としては高めの給料設定をする、一定のベースアップも見込んだ協定を結ぶ。金は少し多く出してやるからその見返りとしてストライキをしないという約束です。つまりストライキなどをして工場操業を止めることはしません。だからあの安定賃金闘争の時に組合は毒饅頭と言った。見かけは美味しそうな饅頭が出てきたけれどこれを喰ったら労働者の死命が制せられる。つまり工場を止められるというのは化学産業、コンビナートにとっては大変なことだったというのが昭和三七（一九六二）年の安賃闘争だった。この時労働者は日本全国どこでも完敗します。

昭和三五（一九六〇）年の三池闘争、これは石炭から石油への転換のなかで潰される石炭労働者側の抵抗運動です。そのときのスローガンが総資本対総労働です。地方の一つの三池炭鉱の争議がなぜ総資本対総労働なのか。国の産業政策、石油化政策、高度経済成長政策の死命を制するからです。だから総資本対総労働なんです。それを潰される石炭側の抵抗がそこで終わる。今度はつくる側の石油化学側の労働者側の牙をあらかじめ抜いておく。たたかえない組織にしてしまおうというのが安賃闘争です。化学産業労働者がストライキを打てない。コンビナート側で争議が起きることがない。現に起きません。患者はその狭間で抹殺される。

それこそが国の責任の本質ということを徹底して追及しました。その追及が第三次訴訟の第一陣判決、国の責任について私たちの全面勝訴になるわけです。水俣病を防ぐ義務が国にあるか。あるに決まっていますという判決です。条文がなくても国の義務として国民の生命身体健康と安全を守るべき措置を取らないといけない場面がありうる。行政指導が義務の根拠となるか、一番矮小化された問題提起ですけれどわかりやすい。条文がなにもないのに行政指導で止める、その義務が国にあるかという問いかけです。これはくどいようですけれど最高裁を含めあるという答えが出ていると思います。第一陣判決では文句なしにあると、無条件で認めました。最高裁は非常に厳しい要件のもとで非常に例外的ではあるがあると認めています。そうであれば法律なければ行政なしという、義務規定の発生根拠に法律が要るというのはおかしい。やっぱり国民の生命健康身体というのは法の規定の上位概念という発想がないと法律がなくても行政指導で止めろということにはなりません。第三次訴訟は私たちがその問いかけをして裁判所がその問いかけに正面から答えた判決を出した。

要件事実教育

話が少し脱線していきますけれど、国の産業政策が国の責任の根拠というのは、例えば古くは満蒙開拓団の満州派遣と、その結果としての残留孤児、残留婦人の国の責任問題そのものです。いまでは原発で言うといわゆる原子力ムラの構造です。そもそも原発がどうやってできたのか、その誕生からです。それから原子力ムラと言われるものの構造、国家予算がどれだけつぎ込まれているのかという利権構造、ここに切り込まないと国の責任の本質は見えてこないというのが私の意見です。いままでの裁判は技術論に終始して原子力ムラの利権構造に切り込もうとしていない。だから本質的な国の責任を問えないし、裁判にも勝てないというのが私の根本的な問題提起です。

しかしいまのような問題提起が裁判所で通用するかというとかなりきつい状況が出ています。本質論の話を始めようとするとそれは関係ない問題だと制止されるわけです。そのものの考え方の根拠がどこにあるかと言うと、私の見解は要件事実教育です。裁判というのは要件事実を審議する場所なんだ、と。私たちは司法研修所で要件事実教育が行われはじめてから二期目になります。要件事実というのは裁判所の審理が要件事実だけに限定してやることに対する批判が「鶏ガラの裸踊り」と言います。要件事実というのは鶏のガラなんです。骨格だけでどういう形をしているかその全体はわからない。ちゃんと肉をつけて毛を整えてやらないとどういう鶏かわからない。私たちはそちらの方が大事だという意見です。もちろん骨格がないと話にならないというのは誰も否定しません。要件事実は必要ないと言っているわけではない。要件事実は必要です。要件事実だけやればいい、それ以外は必要ないと言うのが決定的に間違いで、いまは「要件事実以外は議論してはならない」というところまできているというのが私の意見です。だから実態はちっとも見えない審理が行われている。実態を見せないように審理が組まれている。実態を見せると私たちが勝つからです。私たちはそこに益々切り込まないといけないと考えています。

もう少し別の方から言い直しますと、原発訴訟でまず生業訴訟仙台高裁判決で国の責任で勝ちます。そのあと東京高裁で群馬訴訟が国の責任で敗れる。そして千葉の訴訟が東京高裁で勝って現在（二〇二一年三月）二対一になっている。おかしいのは、ほぼ同じ準備書面で主張し同じ証拠を出しているのに生業訴訟は完勝、群馬は完敗です。つまり理屈で裁判が勝つのであればこんなことが起きるわけはない。なぜこんなことが起こるのか。裁判官の質の問題だというと簡単だけれどそれなら弁護士の仕事というのは無意味になるわけですから、そんなことを認めるわけにはいかない。

私は判決を裁判官の質の問題にするのは間違いだという立場です。私たちに共感できない、もっと言うと国に絶対に勝たせてやると確信している裁判官を相手にしているという認識に立って裁判をしている。国を絶対勝たせるという確信を持って臨んでいる裁判官に対してそういう判決は書けないようにいかにして取り組むのか。それが私たちの課題です。昔からの課題だったわけでそれなりに努力して論理を構成し取り組んできた。一番大事な私たちのスローガンは、たたかいの主戦場は法廷の外にありです。法廷の外でたたかいの取り組みをどう強化するのか。

　損害賠償の裁判の判決が二対一ですけれど、差し止めの裁判は、大阪で取消訴訟で勝った。同じ弁護団が同じ主張で佐賀地裁で完敗する。同じ弁護団が同じ主張で同じ立証をし大阪では勝ち、佐賀で完敗したというのがいま起きている現象です。どこが問題なのか。水俣病では私たちは国の責任について熊本地裁第三次訴訟第一陣、第二陣と一審で二回国に勝っている。東京で敗れ、大阪で敗れ、新潟で敗れた。そして京都で勝った。三対三になったというのが水俣病の国の責任の裁判です。ちょうど原発が全く同じ形で展開をしているというのがよくわかりますよね。

裁判官会同

　最高裁主導のもとに裁判官会同というのが行われる。最高裁が大型事件、例えば水俣病関係裁判、諫早についても行われたことがわかっています。原発も行われています。現実の問題が一般化、抽象化した問題として示される。各地の取り組む裁判官が考えをそれぞれ言ったあと、最後に最高裁の民事局あるいは行政局から模範解答が示されるわけです。水俣病患者かどうかの認定の仕方について最高裁民事局が示した模範解答が割合的認定という考え方です。つまり自分の責任と考えられる体質、持病、年齢など、そういう自分が持っている原因と汚染負荷の部分と割合的に認定するという考え方が示されている。

　この考え方はちゃんちゃらおかしい。人間の体はもちろんそれに決まっている。例えば加齢の部分を企業の責任を免れさせるというバカな議論があるのか。同じ汚染負荷があった人は、持病があった人も同じだけ負荷がかかる。それが普通の考え方です。しかし持病を持っている分だけ汚染による被害を割り引くことになる。最高裁エリートが考えそうないかにも理路整然とした非常識です。その認定に従った裁判官がいた。大阪地裁の一審判決です。東京地裁も実は従おうとした。当然のことながら国の責任については文句なしに患者が負けています。

余談ですけれど、諫早の確定判決を持っている漁民とは異なる原告が内容は同じ裁判をしてきた。その時に確定判決に反した判決ができるのか。裁判官会同の模範解答は、当然原告が違う、状況が違う、別の結論が出てもおかしいわけではない。それが民事訴訟です。ただし、国民は納得しない人が出て来るだろうから、なぜ結論が分かれたのか、前の結論と違う結論が出たのかというのは丁寧に説明する必要があるでしょう。これが模範解答です。長崎地裁が私たちの確定判決を差し止める仮処分を出します。丁寧に書いています。なぜ確定判決と結論が違ったのか。それは主張と証拠が違ったからです。私たちの勝訴理由となる主張と証拠が国からは出ませんでした。そうすると違う結論がでるのは当たり前ですと丁寧に書いてあります。

要件事実に限定して考える。このやり方は長崎県の石木ダムでも同じです。必要性があるかどうかの判断は行政がするわけで、行政が裁量権を持っているからその裁量権の範囲内かどうかの審理をすればいい。必要性があるかどうかの議論をするわけではない。裁量があるのは私たちも否定しませんけれど、その前提となる資料は科学的に客観的に正しい資料でないといけない。その資料自体が誤った資料であれば、判断が正しい判断ではないというのが私たちの意見です。

裁判所の答えは恐るべきものです。「正しい資料というのもどういう資料を持って来るかも行政の裁量です」。この判断をされれば話にならないとしか言いようがない。高裁で資料の判断を争おうとしたら「お話はもう結構です。お聞きする必要はないと考えます」。二回で結審です。要件事実教育の本当に鶏ガラの骨格だけを調べてそれ以外は議論する必要を認めない、肉付けをして全体がどういう形をしているか見ましょうよという議論が全くできない状況になっている。水俣病では突破できた。四大公害裁判では突破できた。私たちは裁判所全体を突破できたと思っていたけれどそれは幻想だった。私たちが取り組んでいる一部の分野で突破したようにみえたけれど、必ずしも全体として突破できたかどうか危ういもので、いままた巻き返されている。裁判官は質的に大丈夫なのかという疑問が出ている。理路整然とした非常識が公然と行われる。しかもそれおかしいでしょうと私たちが言うのに対して裁判所や若い弁護士はあんまりおかしいとは思わない。

事実認定

法科大学院で授業をしながらいまの若者が少しおかしいと思ったことがある。例えば日本語の問題です。事実とは何かという問題です。文章の一番基本だと思うけれど「この花は白い」「この花は美しい」という主張の文章と「この白い花は美しい」と主張している文章で意味は同じか違うか。同じではない。何が違うか。主張事実が違う。最初の文章は二つの事実を主張している。文章上指摘している内容に違いがある。要件事実教育をきちんとやるのであれば、両方言わないといけないということをきちんと理解できるようにすべきです。それが正しい要件事実教育です。逆に判決文では「この白い花は美しい」と書く判決書になってしまっている。白いを言っているのか美しいことを言っているのかという議論にならない。「総合判断によって」という認定の仕方の一番悪い使い方ですが、これが通常になっている。論理のきちんとした組み立てができないまま、表面的な「形式論理」を考えてしまっているのだと思います。

その結果何が起きるのか。「ジョニーへの伝言」という歌謡曲がある。画像がくっきりと浮かぶことで有名な曲です。阿久悠が作詞した。ジョニーが来るのを二時間待っていた。結局、来なかった。もう私はこの町から出ていくわ。もとの踊り子でまた生きていくことはできる。元気に出て行ったとあなたもジョニーの友達ならうまく伝えてね。そういう歌詞です。

法科大学院の実務入門講座で「さあ、どういう情景なのか説明をして下さい」と院生に尋ねました。ジョニーが何者で、この主人公の私は何者か。二人の関係は何か。なぜ二時間も待っていたのか。全体の情景がどれだけ説明できますか。事実認定の問題として法科大学院の学生に書かせる。どういう情景かが全く理解できない。二時間待っていたのは二人でこの町から一緒に出ていく、つまり駆け落ちしようとしていた。二時間待っても来ないからしょうがない、じゃあ私だけ出ていくわ。ジョニーともと踊り子の関係は何だろうか。またもとの踊り子で生きていけるはという歌詞がありますから、いまはもう踊り子をしていない。別に仕事があるわけではないから生活費をもらっているんだなと思いますよね。ジョニーというのは金持ちなんだな。一緒に住んでいないから自分の家庭はあるよね。一緒に住んでいたら待ち合わせすることはない。もちろん確定した事実としては認定はできませんけれど、もちろん事実上の推認としてはできます。違うなら反証を挙げて下さい。

ところが学生はこの情景が全く理解できない。司法試験に通る能力を持っている人が理解できない。推理小説を読む人なら知っている。イギリスで有名な推理小説作家ルース・レンデルの小説のなかに、シェイクスピア劇の女優さんが楽屋で女優同士で「今日はあなたのジョニーは来るの?」「来るんじゃないの。さっき楽屋に花が届いたから」という会話が行われる。イギリスではジョニーは俳優のパトロンの隠語という説明が付いている。

事実認定をするとき裁判官の質によって幅が出てくる。どこまで背景事情を推認できるかどうか。それを一般教養という言葉で呼ぶかどうかは別として、法科大学院はそういう広い知識と教養を勉強しようと言っていたはずだと私は思う。最高裁判例で要件事実がどう処理されているかを勉強するためにわざわざ三年間法科大学院で潰すことはない。要件事実教育に鍛えられて最高裁判例を言葉だけ知っている人たちがありふれた普通の歌謡曲の情景を理解できない。

阿久悠は多分イギリスでシェイクスピア劇の俳優のパトロンをジョニーというのを知った上で使っていると思います。日本語で踊り子というのは何をする職業か。『伊豆の踊子』でもいい。ストリッパーです。日本舞踊を踊る人やバレリーナを日本語では決して踊り子とは言わない。元の踊り子で稼げるというのはストリッパーと推認される。そこの一般常識の欠如です。時代や世代の違いの問題ではないと私は思います。『伊豆の踊子』を読んでいたらよい。イギリスの推理小説を読んでいたらわかってくるはずです。

「『この味がいいね』と君が言ったから七月六日はサラダ記念日」。俵万智の有名な『サラダ記念日』です。さて、なぜ七月六日なのか。この歌は七月六日でなければならない。ほかの日ではいけないと思います。七夕が七月七日でしょう。七夕というのは織姫様と牽牛が年に一回の逢瀬をする日です。古川柳がありまして、江戸の町は市内騒然七月六日は普通の日ならず。なぜ江戸の町が騒然としているのか。嬌声が飛び交っている。七月七日は天上で牽牛と織姫が年一回の逢瀬、江戸時代の庶民の下世話ですから、激しいセックスがあるに違いない。七月七日は私たち庶民はちょっと遠慮して天上にお任せして、前夜祭で七月六日に頑張っておこうか。それで町中が騒然としている。この句を踏まえていると思わないと七月六日という意味がない。そのように読む方が面白いに決まっていると私は思います。本歌取りしたね。初恋同士がサラダを食べあってじゃれている情景か。そんな馴れ初めの間ではないでしょう。もっと深い関係、その次にステーキが出て来るに違いない。しっかり肉を食ってがんばろうねという読み方もできる。

事実認定というのはそういう要素が大きい部分があります。そもそものような常識を最初から持っていないのでその常識を説明してあげようとしたら要件事実に関係ありませんと拒否する裁判官にはどうしたらいいのか。その必要性を頭から認めない裁判官といま私たちは対面していると思っています。例えば水俣病の産業政策で、傾斜生産方式と言ったらわからない。農地改革と言ってもわからない。日本史を全く知らない人が裁判官になるのはある意味で犯罪だと思います。日本語の常識がまともに通じない。傾斜生産方式はどうだったかなど、有機水銀の予見を議論をしているときに全く何の関係もないという話になっている。

いまの裁判官は劣化してきていると私が言っているだけではなく、樋口英明元裁判官がそう言っている。公害闘争で築き上げてきた伝統の延長線上で原発差し止めの判決を書いたのが樋口裁判官です。人格権に基づいて経済的利益を秤にかけて優先させてはいけません。人の命を大事にします。これは私たちが確立した原則です。極めてオーソドックスな判決です。ところが、原発の裁判では異端の判決です。福岡で講演したときに、最高裁に上告した方がいいですかという質問が出ました。樋口さんは「してはいけません。裁判官の質が劣化している」

と講演で明言されている。

力のある正義

判決が出れば水戸黄門の葵の御紋と皆さん思っていらっしゃる。だから原発でもそうです。裁判に勝てば、悪代官と悪商人は恐れ入って屈服すると日本国民の圧倒的多数は思っている。しかし絶対にそうはならない。水俣病をご覧なさいよと私は言います。国は絶対に認定基準を変えない。国らしい言い訳があった。認定基準というのは主文ではない。国が最高裁で負けたのは、原告である水俣病患者の認定を否定したことが間違っているという主文なのでその原告を認定したことによって主文には従っている。主文には拘束される。だけど判断理由には拘束されません。理由の認定基準の細かい議論は判決ではありません。

しかし、このような言い訳を言う国も、諫早の確定判決では開門を命じる判決主文に従わなかった。主文に従わなかったのは諫早が初めてです。私たちが間接強制をかけて罰金まで払わせた。それで国が打った手が馴れ合い訴訟です。一部の人々に国を相手に確定判決の実行の差し止めを求める裁判を起こさせて、国は抵抗らしい抵抗をせずに負けた。普通国が一審で負けて控訴をしないなんてありえないです。一審で判決に服した例はハンセン病違憲国賠訴訟しか知らない。私たちが補助参加人として参加して、私たちが控訴したのを取り下げました。つまり積極的に開門をやらないという意思を表明している。それに裁判所も協力しているというのが恐るべき点です。そういう問題も含めて私たちは裁判の仕方と法論理を考えて取り組んでいる。そういう観点からの法論理を組み上げる必要がある。水俣病第三次訴訟第一陣判決は私たちの取り組みの結晶です。

社会通念という言葉がいま議論になっている。国、県、行政に責任がある、単なる一企業チッソに責任があるわけではないというのが社会通念、別の言葉で言い直すと世論です。世論になっているというところまでいかないと国には勝てない。熊本の第三次訴訟の第二陣判決が国に責任があるのは社会通念だと言ったわけです。象徴的だと思います。裁判所が安心してそう言える。それは板井優弁護士の表現では「正義は我にありだけでは勝てない」。勝って最高裁判決を取ったところで国は従わない。そうすると従わせる力はどこにあるか。力のある正義、力を持った正義でなければならないというのが板井先生の教えるところです。力を持った正義とは世論に支持された正義です。理屈だけ正しいのではだめです。私たち流の表現で言い直すと「主戦場は法廷の外にあり」という表現になる。法論理の組み方も、水俣病がそうですけれど、私たち流の言葉で言うと「人民の戦いの歴史に学べ」となる。こう言うと一般の方々からは嫌な顔をされる。教条主義的左翼が言いそうな言葉です。じん肺を一緒にやっている別の弁護団長さんが私がそう言うたびに嫌な顔をされて、「もっと普通に理解できる言い方があるでしょう」と言われる。「みんなでこれまでの取り組みの歴史に学ぼうね」と言い直せばいいんでしょうね。

汚悪水論

汚悪水とは、漁業被害をめぐって漁民のたたかいでチッソとの間に結ばれた補償協定で使われている言葉です。魚に被害をもたらしているのはただのチッソの排水ではない、チッソが排出する汚悪水と書いてある。チッソが自分で認めた表現です。だから被害を出している原因は汚悪水なんです。水俣病は汚悪水の被害、漁民の被害も汚悪水の被害です。水路の近くで木が枯れるのも汚悪水です。つまり汚悪水論はチッソが引き起こした被害を統一的に捉えられる。原因物質にこだわると、魚が有機水銀で死んでいるのかという話になる。被害が全て統一的に理解できます。汚悪水論の優れたところです。そしてそれが国の責任論でも言える。

国は被害対策を敢えてとらなかった。防止対策を敢えてとらなかった。この敢えての議論のとき、原因究明の妨害をした、防止対策をわかっていて取らなかったと言いましたけれど、その防止対策をとらなかったですよと言うときには有機水銀だとややこしい。少なくとも昭和三二（一九五七）年という議論にはなりません。三四

（一九五九）年の一一月でやっと有機水銀がどうかという話にしかならない。

ところが汚悪水、チッソの排水による被害だということになれば、最初から誰も疑っていなかったわけです。チッソが排水対策をとらないといけないのは、有機水銀がわかったからではない。排水が危ないと操業の最初からわかっていた。その排水のなかの原因が何か、物質が何かはそのあと究明したかもしれませんけれど、最初に汚悪水だとわかっていた。これはチッソだけの責任ではなく、国の責任の本質です。責任逃れをするためには原因物質を細かく議論する必要があるわけです。セレン、タリウム、マンガン、そしてようやく有機水銀に届く、国の責任がどんどん遠のいていく。原因究明の妨害もチッソ汚悪水によるものということに対してはできなかった。だから個別の原因究明の妨害をした。最初から故意犯です。少なくとも最初の段階では未必の故意から始まる。排水路変更してからあとはそちらから患者が発生したわけですから確定的故意です。チッソの社長、工場長の刑事責任は汚悪水論によって認められていますが、本当は過失犯としてではなく、故意犯として処罰されるべきだと思います。

食品衛生法

最高裁の判決は大阪の裁判ですから私たちと違う。私たちというのは公害弁護団連絡会議、全国連は全部同じ考え方です。熊本、東京、新潟、京都は同じ考え方で裁判をやっている。最高裁判決は大阪高裁判決の上告が来ている。一審で大阪は原告側が負けて、高裁で逆転勝訴して、その大阪高裁判決が問題です。それが特徴的に出るのが漁業法と食品衛生法です。特に食品衛生法です。食品ですから食品衛生法が適用されるに決まっているというのが私たちの意見です。ところが大阪高裁は適用できないと言ったわけです。ましていわんや漁業法は適用されない。

なぜ食品衛生法が適用されないのか。いまは商品交換の社会ですよと居直っている。「商品でないといけない。

食品衛生法というのは商品としての食品を取り締まっている。商品というのは流通に置かれているものを言う。漁師が自分で捕った魚を自分で食べた。商品として流通には置かれていない。残念でしたね。食品衛生法は適用できません」。これが大阪高裁の判決です。社会を知らない裁判官、これは漁師に対する最大の侮辱だというのが私の意見です。

漁師が何のために魚を捕ったのか、漁師が捕った魚は何なのか。一般の釣り人が日曜日に釣りに行って釣った魚と漁師が捕った魚が同じ魚だと大阪高裁は言っているわけでしょう。プロの職人に対する最大の侮辱です。アマチュアの日曜釣り師が釣った魚とプロの漁師が捕った魚は根本から違う。プロの漁師が捕った魚は商品として捕った。捕った瞬間から商品になっているに決まっている。工場の食品製造業者が工場で造ったものを自分で食べても商品でしょう。商品をたまたま自分が食べただけです。当たり前ですよ。判決を書いた裁判官は資本主義社会、いまの近代市民社会の構造を根底から理解していないというのが私の批判です。漁師が捕った魚は商品に決まっている。たまたまその商品のなかのものを自家消費した。商品にならなかったというのは例外中の例外です。だけどそれは最初から商品ではなかったことにはならないということが理解できない裁判官たちです。

各論に入るわけですが、水俣病は食中毒事件です。何もわからない状況で水俣病患者が出ました。原因を究明してみると水俣湾の魚に辿り着く。食中毒事件ですから魚はやっぱりいけない。では水俣湾の魚を捕るのを止めさせる、それから販売するのを止めさせるという措置が考えられます。法律の条文に関係なしにそこまでは考えます。さあ、実行しようというときに魚を捕るのを止める、売るのを止めるために強制力、権力を発動する必要がありますから、そこで初めて「法律なければ行政なし」というスローガンが意味を持ってくるわけです。つまり「法律なければ行政なし」というのは、止めないといけないというところまでは法律関係なしに担当者は自らの義務として思わないといけない。魚を捕るのを止めさせる、売るのを止めさせようと思った時に権力行使を許す法律があるのか。法律がないと強制力を発動できないことになりますが、しかしそれでも最悪の時は行政指導でいい。

水俣病第三次訴訟第一陣の判決も私たちの主張に従ってその通りに判断しています。魚を捕ること、販売することを禁止できるか。食中毒事件です。食中毒事件の典型例は駅弁論争です。チッソの責任だけでなく国の責任でもある。駅弁で患者が出た。どの駅弁か、その駅弁のどのおかずでなったかまではすぐにはわかりません。ただ久留米駅の売店の駅弁を食べたらなった。あるいはどっかの学校が集団で弁当を仕入れたらなった。その集団の弁当を作ったところ、駅弁を売ったところの営業を停止する。これは日常的に無条件でやっている。条文はなんですかという前の話です。日頃やっていることをやりなさい、日頃やっている通りにやればいい。

その適用条文は何か。条文をさてさてと眺める。食品衛生法で「販売の用に供するために採捕するのもいけない」とある。普通は、魚ではなく野菜や果物を考えていると思います。食品衛生法でもやれます。大阪高裁は販売の用に供するものではない、自分で捕って自分で食べた、だから商品ではありませんから、食品衛生法の適用はありませんとやった。非常識極まりない。

近代市民社会の構造

いまの近代市民社会、資本主義社会の構造というのを全くわかっておられない。近代市民社会という方がまだ法律論として馴染みがいいけれど、近代市民社会とそれ以前と何が本質的に違うのか。

日本史の大学入試問題で室町時代に農作物の一大変化が起きましたが、その変化を説明しなさいという問題が出た。室町時代に商品作物が誕生した。従来作っていた大根と商品作物として作った大根との本質的な違いはどこにあるか。自分が食べるために作っていました。たまたま余った物を売ったかもしれません。その意味では売ったでしょう。たまたま売ったんであって本来作っていた目的は自分が食べるためです。商品作物は逆です。売るために作る。たまたま残ったものを自分が食べたかもしれません。ただ目的は自分が食べるためではありません。

商品として売るために作りました。それが室町時代に積極的に始まった。それが一大変化です。織田信長の功績を一つ挙げなさいと言われたら何をあげるか。楽市楽座です。商品作物が自由に行き来できるようにした。商品の流通が一般化できるようにした。それを一般化したところに楽市楽座の意味がある。信長の一番の功績です。近代市民社会以前は商品作物が作られ始めるけれどそれでも自分のために作る自給自足が原則だった。商品を作るのはあくまで例外です。近代市民革命以後は商品製造が原則です。自分のために作るのは余暇かアマチュアか例外です。

近代市民社会で何か物を作るといったとき、原則は商品作物に決まっている。自分が食べるために捕っているので商品ではありませんというのは漁師に対する侮辱以外の何物でもない。つまり漁師という社会構造を理解していません、いまの社会構造を理解していませんという自白です。いまの社会構造はどういうものか。売る目的で捕っているのが漁師です。単純なことがおわかりになってない。判決で堂々と自分で食べたから商品ではありませんと。冗談でしょう。商品として捕ったものをたまたま自分が食べた。海老の触角が取れて格好悪いので商品にならないから自分で食べておこうかという話です。売れ残りが出たからしょうがないので自分で食べたのであって、あくまでも売る目的で捕っている。食品衛生法を適用するのは当たり前なのに四の五の言って適用しないのは、明らかに不勉強というか、それとも他意があるのか。もっと言うと悪意がある。

漁業法

漁業法だってそうです。「海のなかで泳いでいる魚は商品ではありません。漁業法は、海のなかで泳いでいる魚を捕る、商品以前の議論なんです」と言う。違うでしょう。漁業法も漁師さんの規制をしている、プロの規制をやっている、商品の規制をしている。そこの理屈がわからない。漁業権があるから水俣湾内の魚を捕っているわけだから、漁業権を取り消せばいいじゃないか、国はこの魚は危険だから漁獲禁止にして、漁業権を停止するか、漁業権をなくすか、それをやれば良かった。私たちがそう主張したら国からお説教を受けた。「漁業権をなくしたらその結果、何が起きるかわかっていますか。漁業権がなければ誰でも自由に捕ってもよいということです。誰でも自由に捕っていいから、漁獲禁止にはなりませんよ。あなたたちはそれを理解していない」。なるほど、だれでも魚を捕れるようになることはわかった。だけどもまずは漁師さんが捕ってはいけないことにしないと話にならない。まず漁業権を取り消しておいて、漁獲禁止の方法は別途方法を講じるべきで、警職法で警官が見回っておいて釣りをしていたら制止したら良いということになる。普通の市民が捕るのは別の方法で禁止しようよと、熊本地方裁判所もその通り認めました。

私たちは国の代理人と妙な議論をした。「魚が死に絶える」と私が言うもんだから、「水俣湾内には魚がうじゃうじゃいる。水産資源としてはちっとも害されていない」と国の代理人が言い返したわけです。「私が死に絶えると言ったことは悪かった。そこは訂正する。少なくとも水産資源がうじゃうじゃしているというのは間違いだろう。食べれないわけだから。人間が捕って食べられない魚がどれだけ繁殖しようが水産資源が保護されているとは言わない。食べてはいけないものがどんどん繁殖している。有害物質が繁殖していることはいけないことに決まっている」というやり取りになる。国側は、水産資源保護法は魚を保護する法律で、人間を保護する法律ではありませんという理屈になってくる。しかし、その法律は人間が食べられる魚を保護する。結局は人間の安全を保護する法律でしょう。国の主張は保護法益に人体は入らないという議論です。さすがに裁判所も国の主張にそれはないと言いました。

次に行政指導では効果がないだろうという議論です。例えば立て看板を立てて捕らないようにしろとか、言ってみても効果がないという反論が来る。しかし社会的事実としていまの行政処分のなかで最も効果があるのが行政指導です。法的根拠のない行政指導でも普通は文句なしに従います。従わない企業があったらお目にかかりたい。あった場合官僚がどうするのか。他の強制措置がある部分でたぶん酷い目に遭わせると、少なくともみんなそうされると思います。今度のコロナの問題でもよくわかります。強制力を持たない「自粛の要請」だけでみんな店を閉めて従います。従っていない人は嫌がらせを受けます。もっとも効果があるのが行政指導です。裁判所もそうだと言っている。

裁量収縮論

一定の行政行為をするかしないかの裁量論の一番の決め手が当時流行った議論で裁量収縮論です。裁量権が無限の範囲であるわけではない。裁量の幅があるはずだ。最小の幅が収縮していってゼロになる場合がある。「法律なくして行政なし」と言うけれど給付行為はやっている。つまり利益を与える行為は法律的根拠がなくてもやって非難されることはない。問題は不利益処分をするときに法律が要るという議論です。不利益を与える、例えば営業停止するとか、漁業権を取り消すとか、明らかに不利益処分です。そのために法律上の根拠が要ります。法的根拠があったとしてそれをするかどうかは行政の裁量です。その裁量がゼロになるとき、その不利益処分をせよという義務付け訴訟ができますから、義務付け訴訟ができる要件を満たせば、自由裁量ではない。そこで裁量収縮の五要件という議論をするわけです。自由な裁量を封じ込める。私たちはこの裁量収縮の五要件で勝ち続けたわけです。誰が最初に言い出したのか知らないが、私たちは飛び乗った。

五要件論というのは、まず、国民の生命身体健康に対する重大な具体的危険性の切迫、二番目は、行政庁がその具体的危険性をわかっている、あるいは容易に知りうる。三番目は、その規制権限の行使をしなければ結果発生を防止できない。四番目が、国民がその規制権限の行使を期待している。五番目が規制権限を行使すれば、結果発生の防止ができる。

この議論は危険が切迫している、結果が発生していないと難しいという議論になる。結果が発生しておけば行政が知っているに決まっていています。同じようにそれを行使しないと防止できない。防止できなかったからいま発生しているわけです。現在、結果が発生している問題については、五要件は自動的に満たす。発生する前に行政にやれと言われるとかなり難しい。と言いながら、水俣病では昭和三二（一九五七）年から三四（一九五九）年までにこの義務が発生したと判決は認定しながら、昭和三〇（一九五五）年の患者で勝っているという指摘が重要な意味を持ってくるわけです。三〇（一九五五）年から四七（一九七二）年まで水俣に住んでいなかった患者も勝っている。国が悪いに決まっていると判決文が言っている実質的な意味だと思います。

裁量収縮論の五要件論がいま裁判所の判決で流行らないのは、現在発生している被害にはみんな該当することになってしまうからです。そのため私たちが勝ち続けるので、最高裁は五要件の議論を捨てるわけです。裁量権の範囲の判断を総合判断と置き換えるわけです。総合的に判断して、行使しなかったことが著しく不相当な場合という形容詞に代えたわけです。規制権限行使をすべきかどうかを五要件ではなく、総合判断にします。総合判断した上で、規制権限を行使しなかったことが著しく不合理でなければよろしい。

私たちは、総合判断するその事実の中身は何ですか、結局五要件になりませんかと反論しました。そうすると国側は「五要件論は阻却事由が入っていない」と言うわけです。行使しないことを正当化する理由が入っていない。だから逆に裁量収縮を阻却する事由を敢えて検討すべきだということです。

例えばカネミ油症でもそうですけれど、保健所で取り締まれと言ったら、人がいません、金がありません、要するに実行ができませんでした、他にやるべき課題がありましたという言い訳です。最高裁判例のあとの総合判断の中身は実質的には五要件です。やっぱり規制措置を発動すべきだ。いやいやこういう課題がありました。食品衛生法を適用すると具体的に現場に行く人の問題になる。予算がありません。カネミ油症でもっぱらその議論になった。結局、私たちはＰＣＢを使用禁止にしておけばよかったと主張を変えました。食品衛生法の現場の話になるとそういう議論になる。

同じ議論はどこでも起きる。予防接種の場合でも禁忌の人に打ってはならないというルールを確立する。そうすると現場で禁忌者であるかどうかの判断をどうするのかという議論になる。お医者さんたちが怒る。何百人からの児童がいる小学校の現場で限られた時間で禁忌者をどうやって見つけるのか。厚生省のお偉い方が来てやってみてくれという議論になる。できるわけないというのが現場の意見です。確かにしょうがないよねという判決になりかねない。被害が出ているのにそれはおかしい。そこのせめぎ合いです。予防接種では、最高裁は被害が出たら禁忌者に打ったという事実上の推認をしますと言って解決をした。行政側が禁忌者でなかった、他の原因があったことを証明しないといけない。私は誤魔化しの議論ではあるけれども予防接種の事件ではそれでいいと思います。

コロナのワクチン接種でも禁忌者にショック症状の心配があるかないか。問診で一五分かかる、やっていられないという議論になるでしょう。予防接種というのはそういうことです。日本はワクチン後進国です、裁判する人がいてその裁判で負けるから、予防接種行政は後退して、ワクチン研究も一緒に後退しているという話になるけれどこれは国、行政のウソに決まっている。私たち弁護団は打ってはいけないとは言っていない。丁寧にやれと言っている。丁寧にやるといわれると現場ではやっていられないという話に行政側はなる。イギリスでは流れ作業でバンバンやっている。副作用は絶対出ている。日本で一五分、場合によっては三〇分待っておけば本当にいいのか。責任逃れの議論ですけれど、ショックが起きるというのも特別な人でして、ほとんどの副作用はその場で起きない。場合によっては一〇年以上あとになってわかることもある。その場で起きる人は、その場で助けてもらえるから逆に運がいいとも言える。その場で起きないことが他にあるから問題なんです。いま検査のなかで一定の危険があるのが造影剤のCT検査なんです。アナフィラキシー・ショックを起こすという定評がある。まず抗生物質で起こす。普通の検査で起こすのは造影剤の結果です。もちろん、終わったあと様子をみますけれど、注意書きは少なくとも二四時間は用心して下さいと書いてあります。二四時間以内に異常があればすぐに連絡せよ。ワクチン接種でいま起きている副作用の一つは脳血栓を起こすのもある。一五分待って安全でもあとに起こる後遺症についてはしょうがない。

包括一律請求

損害額の話があって、労災は当然給料もあるから損害額の計算というのはそんなに議論がいらない。文字通り一定の計算方法がある。問題は公害のように定収入があると決まっていない人です。原発でも考え方が大きく分かれました。私たちは公害裁判のなかで包括一律請求、損害を一つ一つ個別に数え上げないで損害全体を包括して一律して金額を請求する。新潟水俣病裁判は一括一律請求と言った。一括一律請求と包括一律請求はその哲学が違う。一括一律請求は、算定できる実損額と計算できない部分と慰謝料に分かれている。慰謝料部分と実損額の部分を一括して足し合わせて分けないで請求する。これが一括一律請求です。金額は一律の金額を全員請求する。私たちとは哲学が違う。私たちはそもそも損害は分けて個別に考えられない。損害は互いに関連しあって起きるものである。

例えば、水俣病独特の手足の感覚障害の損害額をどうやって計算するのか。交通事故、労災はそれによって労働能力がどれだけ喪失したのか。つまり人間を働く機械と考えて、その機械の部品の欠損代がいくらかという発想の計算です。人間は働く機械ではない。あくまで働くというのは全生活のなかの一つの部分です。働いている以外の部分がたくさんある。例えば家庭の主婦が仕事として家庭の調理をしています。これは仕事で同じ仕事をしている人の賃金で代わるべき金額はいくらかという労災の考え方で計算は出来るように見えるかもしれない。感覚障害でお風呂の温度設定が分かりません。赤ちゃんをお風呂に入れることができない。洗濯物をうまく絞れない。おじいちゃんが孫をお風呂に入れると熱いので泣き叫ぶ。娘さんが怒って家庭不和の原因になる。奥さんが味覚障害になり、まともな料理がつくれないから、ご主人と喧嘩になって離婚する。どこまでどうやってその額を計算するのか。その実態を反映した額はいくらかと言われると、実際問題として計算できない。

被害自体が互いに関連しあって拡大した被害になっている。それを私たちは包括損害という。計算できる部分と計算できない部分を足し合わせるという発想ではありません。被害自体が包括的に総合して起きる。カネミ油症でも具体的にやってみました。具体的な金額を計算できる部分で計算してみましょうか。細かく計算するともっと多くなる。最低限これぐらいになる。足し合わせると少なくともこの金額になる。全部の具体的計算はできません。一括請求というのは最低限これだけを請求しようねと被害者があくまで合意した金額である。法律的な請求で言うと内金請求です。包括損害の一律請求というのは、被害者が合意した全損害のなかの内金の請求です。当然、全員本当のあるべき損害額は上回ります。内金請求であれば超えた分の請求はあとでできます。というのが私たちの包括一律請求です。

いまの被害者救済制度の一番おかしな点は、加害者が被害者であるかどうかを決めて、しかも被害額までも決める。これが本質的なおかしさです。国は加害者ですよ。交通事故を起こした加害者が車から降りてきて、お前が被害者かどうか俺が決める、どの程度の被害かも俺が決める、損害額も俺が決める。それをいま水俣病でも責任者であり加害者である国が堂々とやっている。被害者かどうか、その被害がどの程度か、損害額がいくらか本来被害者が決めるべき問題です。被害者が一方的に決めることが国が嫌であればそれはしょうがないので被害者側が要求を出し、加害者側が要求を出し、妥協点を見つけましょう、合意点を見つけましょう。どうしても合意がつかないならば裁判所が調停するというのが妥当な考え方でしょう。とにかく国といえども加害者が一方的に勝手に決めるのは本質的に間違いです。

私たちは加害者である国と、被害者が協同して裁判所が調停する制度を司法救済システムと呼んだわけです。自分が被害者だというのを被害者が決める。国との議論の一番の問題は、国側の認定審査会の医者が診察した資料だけによって判断する、つまり加害者が決める。これはおかしい。県民会議医師団が出した診断書がある。両方の資料を突き合わして折り合いをつける。診断書の取り方から診断の内容まで議論してあらかじめ決めておこうねというのが和解協議の内容です。私たちと県とチッソの間では合意が成立した。だいたいこれで九五％は意見が一致する。どうしても一致しない五％は裁判所に決めてもらおう。

ところが国は絶対に乗らない。なぜその議論に乗らないのか。ものごとを決めるのは国である、国が被害者を決める、そうでないといけない、それが「国の根幹なのだ」と国は頑張る。それで水俣病の問題は解決がつかなかったわけです。県とチッソと私たちの間では合意が成立した。金額の決め方まで私たちの間では合意が成立した。国だけが横車を押して乗らなかった。だからいまも裁判が続いている。いまのままだと原発もそうなりつつあると思います。

判決後のたたかいを踏まえた法論理

原発で完全賠償、損害額を最大限の一円まで計算して最大額を請求するという立場を採ったグループがある。個人ごとの金額を算定して提訴しました。包括一律請求を採ったグループと完全賠償を請求しているグループの判決が高裁で出ている。いま最高裁に四件いっている。国を被告にした、国の責任が争われている判決です。国を被告にしていない損害額だけが争われた裁判も最高裁に上告した。責任問題で最高裁で決着がつくと同時に損害額についても最高裁で一定の結論が出てくる。

完全賠償を請求しているグループと包括一律請求をしているグループの判決後のたたかい方がどう違うのかが重要な意味を持つ。完全賠償の請求は全額請求している。判決が出たらそれで終わりじゃないですかと国は主張します。水俣病でもそうでした。包括一律請求は判決額が出ても終わりではない。内金請求ですから、それ以外の損害の請求も続けられる。現に水俣病は続けたわけです。

水俣病ではどういう決着になったかというと、判決金額は純然たる慰謝料です。判決でもらったお金の他に今後かかる医療費一切と生活費です。過去の分の請求しかしていないから将来分の請求はないわけです。年金はランク付けで金額はそれぞれ違うことになります。医療費のなかに鍼灸、温泉療養費、通院の交通費まで加えました。生活費は年金の他に子どもたちの教育費、離島で学校に通うためには本土で下宿しないといけないから特別経費として認める。判決後の責任のとらせ方のたたかいが包括一律請求は組める。法的な理屈として根拠が成り立つ。

完全賠償で請求していたら判決が認めた以上のものを請求するのは理屈上おかしい。敢えてきつい言い方をすると、完全賠償請求をしている弁護士は後のたたかいは考えないのか、あとの理屈は何と言ってたたかうのか、私たちは判決で終わりだとは思わない。判決後のたたかいとは汚染の完全回復まで考えています。生業訴訟で言うと汚染の除去までが請求に入っている。判決後のたたかいが予定されている。完全賠償を求めたら、判決で認められた金額は主文ですから払ってくれる。最初からあとのたたかいを想定する必要がない。何のための裁判をするのか。判決後のたたかいをどう取り組むのか、法論理と密接に結びついている。あとのたたかいに役に立つ法論理でないと意味がないと思います。私たちがつくってきた法論理というのはあとのたたかいを踏まえた法論理だということです。そのためには包括一律請求が優れた法論理だと思っています。

もう少し実務的なことを言いますと、法論理であとのたたかいを考えると原告は多い方がいいに決まっている。大勢の原告が裁判すると一律請求じゃないとやっていられない。一人一人の損害額の計算はやっていられない。完全賠償請求をしている人たちは弁護士が何人必要となるのか、原告が何人まで取り組めると思っているのかという問いかけになる。一人の弁護士が損害額の計算をしてどれだけ頑張っても五〇人やれたらびっくりする。一律請求なら弁護士二〇人で五〇〇〇人です。現に生業訴訟は原告五〇〇〇人です。実働は三〇人、四〇人でしょうか。一人ごとの損害額の計算をしなくてもすむ。

実務家の立場から言っても包括一律請求は優れている。完全賠償請求の裁判をするというのはほんの限られた原告の裁判しかそもそも頭にない。終わったあとのたたかいは全く頭にないとしか評価できない。私たちの仲間だから少し厳しい言い方になりましたけれどね。提訴前に乗り込んで議論した。包括一律請求をなぜ私たちが主張したのか。被害を捉える上からもそれが正しい考え方だし、判決後のたたかい方としてもそれが正しい、実務上も一番スムーズにやれる。だから四〇年前に水俣病で言った包括一律請求がいまだに生きているわけです。実務上、提訴する側からいかに有効な法論理かということの証明だと思います。この包括一律請求に対する判決の認定は色々対応があって裁判官の皆さん苦労している。一番簡単なのは純粋な慰謝料とそれ以外の分を加えた額だと考える。

包括損害の損害論を私たちが言っている通りに認定したのが、大阪空港訴訟の高裁判決です。被害というのは複雑に絡み合って次第に関連して大きくなるものだという認定をしています。包括損害になるという私たちの主張通りの認定をしています。だから大阪空港訴訟の大阪高裁判決はある意味で私たちの一番の到達点です。差し止めも八時以降認めました。結局最高裁で否定されたのは残念ですけれども。損害論でも私たちの到達点です。

第5章　なぜ、よみがえれ！有明訴訟なのか

裁判所への提訴

諫早湾干拓問題の一番のポイントは、造る理由が五〇年以上否定され否定されそれでも諦めないということです。一九五二年の長崎大干拓構想というのはコメ増産です。コメを作ると打ち上げたけれど一九七〇年の減反政策でもう全く意味をなさない。そこで水資源確保、長崎南部地域総合開発事業、いわゆる南総として再出発させるけれど、一九八二年に打ち切る。そしていまの災害防止を全面に押し出すというのがだいたいの話です。

南総に対する反対運動は山下弘文さんが有名です。諫早の自然を守る会の事務局長を務めた。これが一九七三年です。私たちが取り組むようになったのが二〇〇二年です。二〇〇〇年一二月から翌年一月にかけて赤潮が大発生した。長崎、佐賀、福岡、熊本の四県漁民が海上デモをかけている。われわれのところにも相談があった。

福岡県大牟田市にはノリの漁協がいくつかあって、そこの相談を私は弁護士一年生のときから聞いていた。それと筑後大堰で漁民が原告になっていたので、その人たちがぜひ裁判をしてほしいと。筑後大堰の裁判をしたときに彼らは「有明海はこれでダメになります」と言い続けた。その意見はいまも変わっていない。基本的に筑後大堰が悪いという柳川の漁民は多いです。筑後大堰で徐々に衰弱していって、そして諫早がとどめの一撃になった。

佐賀県の河西龍太郎弁護士がノリ漁民を中心に結集して裁判すると打ち上げた。私は大牟田、柳川の漁民から裁判をしてくれと言われていたけれど「いや、裁判してもダメだよ」と言って逃げ回っていた。諫早湾内の小長

井の反対運動をしていた漁協の組合長が国賠訴訟を一人で起こす。農水省が時のアセスの第三者委員会を開いたのに合わせて漁民、市民、研究者、弁護士が有明海漁民市民ネットワークを結成した。これが一番力を持った勢力です。東京の支援が中心です。この漁民市民ネットがいままで運動を支えてきている。河西弁護士が佐賀の漁民、私が柳川、漁民市民ネットは堀良一弁護士に連絡があった。堀弁護士は博多湾の埋め立て、和白干潟の訴訟で東京の自然保護グループと繋がりがあった。河西、私、堀と三人がそろったので「三人そろえばやるか」というのがそもそもの出発点です。

一番早く裁判をやったのが山下さんたちです。いわゆるムツゴロウ裁判を起こします。小長井の漁協の組合長が最後まで反対していたが、結局印鑑をつく。国から騙された、資料を誤魔化しているといって国賠訴訟を起こす。われわれは漁民と市民とで一〇〇〇人、漁民は一〇〇人ちょっとです。それで裁判を起こす。これが二〇〇二年の一一月です。

裁判が三つあっているということになります。前の二つはいずれも長崎地裁、われわれが佐賀地裁です。さらにもう一つ、福岡県の有明海漁連が差し止めの仮処分の裁判を福岡地裁に起こす。裁判は結局四つ起こされた。

奇跡の海

錦織淳先生たちがやった国賠訴訟は責任追及の裁判としてはわかりやすい。環境権を主張する人たちのムツゴロウを守れという裁判は私の感覚には合わない。いったいわれわれは何を求めて裁判をするのか。私のものの考え方の一番基本ですけれど、抜本的解決を目指したい。いま起きていることは何か。ムツゴロウを守れはもちろんスローガンですから、自然環境、特に宝の海有明海を守れというのは極めてわかりやすい。ただ、有明海を取り戻すと言ったときに諫早干拓だけが問題なのか。もちろん問題ですけれど、私にとって主力となっている柳川の漁民たちは筑後大堰だと言っている。私は極めて正しいと思っている。

なぜ有明海が宝の海なのか。まず極めて珍しい閉鎖された水域である。しかも筑後川をはじめとする大きな河川が流れている。さらに浅い。流れ込んで来る水は都市用水として利用されているから富栄養化している水です。普通であれば閉鎖水域で浅いので富栄養化して赤潮でどうにもならなくなる。まず東京湾、それから瀬戸内海がダメになったというのが全国の流れです。ところが一番富栄養化してダメになるはずの有明海がならない。富栄養化せずに生産力を誇っている。奇跡の海とわれわれは呼んでいる。

その奇跡がどっからきているのか。答えは簡単で六メートルを超える干満差がある。干満差があるというのは海を掻き混ぜるので富栄養化しにくくなる。もちろん干潟に生物がいっぱいいる。ベントスと言いますけれど泥の底生生物がせっせと分解してくれているわけです。しかもそれを食べる魚介類、さらにそれを食べる水鳥がいる。もちろん、漁師さんもそうです。つまり、富栄養化をもたらす物質を食べてくれるものがいてもそれが閉鎖水域のなかでそのまま死んで溜まると赤潮になる。持ち出さないといけない。その持ち出すシステムが完備している。域外に持ち出してくれる水鳥などの存在が大きい。もちろん漁師さんたちの役割も大きい。だから富栄養化しないようにできている。干満の差が大きいので干潟ができると浄化される。奇跡のシステムが成立していた。だから富栄養化が起きない。死の海にならなかった。

その状況を変えたのが筑後大堰です。筑後大堰はまず有明海へ流れる水量を落とした。筑後川の平均流量は一年間で毎秒六〇トンから七〇トンです。水の量を言うときに毎秒何トン、正確には立方メートルと言う。正確には重量ではなく体積です。河況係数という言葉がありますが、最大流量と最小流量の比です。筑後川の河況係数は三〇〇と言われています。少ないときには二〇トン、多い時に六〇〇〇トン流れたら三〇〇になる。本当はもっと大きいと思います。河況係数が大きいほど暴れ川と言われる。

水害防止対策をしようというのが筑後大堰の裁判の一番のポイントです。結論として筑後大堰を造って毎秒四〇トンを下流に流すことになった。裁判をして「それじゃいかん。海に被害が出る」と言ったのだけれど敗れた。そのときの理屈がむちゃくちゃ面白い。九州大学の先生がきちんとノリの被害の研究をした。毎秒六〇トンより下になると色落ち し始める、毎秒四〇トン以下になると収量が落ちるというのが研究結果です。いまの流量は瀬ノ下地点が基準です。水の神様で全国の総本社である水天宮の下が筑後川の基準になっている。瀬ノ下地点までは域外にも持っていく。それからあとは海まで域外に持っていかない。瀬ノ下地点の流量が海まで届くという前提です。

だから筑後大堰で毎秒四〇トンの流量であれば、少なくとも品質が悪くなるというのは予想されたわけです。これは流れるべき栄養分が流れなくなる。堰を造ると土砂が流れない。土砂が流れないと海は細っていく。それこそ四大文明地帯は、洪水によって作物が豊富に取れる。とくにティグリス・ユーフラテス川、ナイル川もそうです。必ず氾濫を起こし、それによって栄養分が補給される。堰を造って水を流さないというのは、栄養分だけでなく土砂も流さない。筑後川が栄養分を供給していた一番大きな川ですから、流量が落ちるというのは非常に大きかった。伏線があったわけです。

有明海の異変

非常にわかりやすい説明がある。満潮のときに有明海に潮が入ってきてずっと有明海の奥まで上がっていくときに途中で諫早湾のなかに海水が入って行くわけです。その分流速が落ちるわけです。諫早湾とは反対側の柳川側に行った水の流速が強いから筑後川の栄養は反時計周りで、諫早の方にも来ていた。ところがこれが諫早湾を閉め切ることによって湾内への流入によって流速が落ちなくなったから、有明海の水は両岸を上がって下りて上がって下りての繰り返しになっている。そうすると栄養分が有明海内に回らないというのが根源的な理由です。諫早湾を封鎖してもたいしたものじゃないと言うけれど流速が落ちている。潮の流れが違うところを潮目と言う。漁民の皆さんが言うのは、昔は潮目が島原沖でくっきり出ていた。いまその潮目がない。

有明海の特徴は泥水です。掻き混ぜるから澄んでいない。有明海は海水が澄んだらとんでもないという話です。海が澄んだらいけない。このごろ澄んできている。干満の差六メートルで引っ掻き回すが、水流が遅くなったら引っ掻き回され方が少ない。国の代理人と漁民との間で面白いやり取りがある。漁師が「澄んでいる、下が見えるようになっている」と言うと、国の代理人が「閉め切り前は何センチまで見えていたのですか。いまは何センチまで見えるのですか」。そんな質問には答えられない。「濁っているかどうかは見ればわかる」と漁師は答える。もちろん円盤を沈めていって何センチまで見えたかという透明度を測る検査はある。国の代理人をあんまり非難してもいけないけれど、漁民が毎日透明度を調べるわけがない。

筑後大堰の裁判のときに問題にしたことだが、上流にダムが造られると全体の水が少なくなっていく。筑後川上流には下筌ダムと松原ダムが連続してある。下筌・松原ダムでそれぞれ五〇〇〇トンのダム、両方合わせて一万トンのダムがある。問題はこのダムの水は誰のものかという話です。

夜明ダムを見てみるといいですけれど、中心は筑後川の水ではありません。下筌ダムからの用水路の水が夜明ダムに入るわけです。夜明ダムというのは九電の発電ダムです。上流から下流に向かって右側を右岸、左側を左岸といいます。用水路が左岸側を走っています。夜明ダムの水は下筌・松原ダムの水です。極端に言えば下筌・松原ダムの水はその下流には一滴も流れない。水は全部九電の水ということになります。権利的には少雨の時は一滴も流さなくていい。

かつてはアユの名産地で天皇家に献上していた。アユの名産地に水が来ない。荒地になって、アユではなく野ネズミが走り回っている。もちろん川自体にも他の支川から水は来ている。それがないと鵜飼ができない。下筌・松原ダムで下流に流す水がなくなった。そこに最初に流れて来る水はし尿処理場の排水です。もちろん支流から水は入ってきます。日田市内には筑後川の水がありますけれど、下筌・松原ダムの上からの水は基本的にはない。

支川も含めて上流の水源地は廃棄物問題で力説したけれどかなりの部分がゴミの捨て場になっている。筑後川は上流でゴミが捨てられ、九電によって水が抜かれ、かろうじて残った水もし尿処理場の排水その他で汚染されて、都市用水でさんざんこき使われて、最後に残った汚れ水が有明海に辿り着くというのが私の表現です。これをほったらかしておいて諫早干拓対策だけで有明海が綺麗になるなんて思うのは大間違いです。私は筑後大堰も産廃もやっているから、ある意味では弁護士のなかでは状況がわかりやすい立場の弁護士だと思います。

総合戦略

水系一貫と言います。一番上流から一番下流まで統一した水政策ですね。佐賀大学の蔦川正義先生と面白い議論をした。筑後川流域の住民とは誰か。筑後川の水の流域の恩恵を受けている人です。筑後大堰から取水した水を福岡に持って行く。これは新しい流域ができているということです。新しい流域が広がっている。筑後大堰の裁判のときに国の代理人が「乏しきを憂えず、等しからざるを憂う」とお説教する。「ふざけるな」と私は怒った。なぜわれわれが福岡市民と等しく水を分けないといけないのか。流域の水を福岡に持って行って平等に分けろってどっからそのセリフが出てくるのか。国の代理人と怒鳴り合った。

福岡の上水道のために毎秒四トン持って行っている。久留米市が当時二三万人ぐらいだった。久留米市の上水道の使用水量が毎秒一トンです。だいたい人口二〇万の都市用水だと思って下さいと教えてもらった。確かに一時期生活用水が増えていた。風呂が普及して、洗濯を毎日するようになって増えた。都市化すれば水の使用量が増えるのは事実です。いま節水型の機器が増えた。水の使いっぱなしはいかんというのが新しい哲学です。

「森は海の恋人」というスローガンを掲げた団体があるが、これが一番わかりやすい。海を綺麗にしたければ上流に森をつくれ。二つの意味があって、水を貯えられる。定量を流すことができる。禿山だったらどっと降った水はいっぺんに流れてしまう。だから木を植える。ところが木を植えると言っても、杉林とかヒノキ林とか特定の木を増やしても森とは言いません。保水能力がほとんどない。日本の森というのは里山、雑木林でないといけません。

昔、水資源開発公団と言っていた。いまはさすがに水資源開発公団とは言わない。一時期公団の福岡の所長さんと仲が良かったから、「だいたい名前がおかしい。あなたたちが水資源を開発したわけではない。降った水を横取りしている」と言った。本当に水資源を開発したいんだったら森に木を植えないといけない。福岡県に森に木を植えようという課がある。筑後大堰の裁判をしているときに電話をした。「水資源開発公団がダムをバンバン造っているけれど意見を言わないのか。あれは水資源を開発しているとは言わない。破壊している。」「そういう問題を私たちに言わないで下さい。県知事に言って下さい。」「そうね。あんたたちに言ってもしょうがない」という話になった。

宝の海有明海を取り戻すと言ったとき海を見ていればいいのか。山から海まで地域全体を見ないといけない。しかもそれは総合戦です。公害反対闘争というのはいつも総合戦だとわれわれは思っています。山から海まで四県全体を見通した総合戦略が要求される。それは各知事ができるのか。できません。それをやるのは国でしょうというのが今度（二〇二一年四月二八日）の裁判所の和解勧告文です。和解勧告文はそれをやれと言っているわけです。これはわれわれの主張を裁判所が「その通りだ」と共感してくれたと思います。今度の和解勧告文はすばらしいです。

環境派のムツゴロウを守れという裁判には私は共感できない。口幅ったい言い方をすると、広い哲学がない。目先のレッドカードの希少生物を守らないといけないというだけでは不十分です。自然環境全体を守らないといけない。自然環境全体を守らないといけないということは地域全体を守るということで、地域全体を変えないといけない。弁護団のなかでは「よみがえれ！有明海訴訟」と書く人もいるが、「よみがえれ！有明訴訟」です。地域としての有明全体をよみがえさせる。全体の総合的な運動展開です。

はっきり言うと、諫早干拓を止めるかどうかが問題ではない。止めても解決にはならない。では止めなくていいのかというと、止めないと再出発もできない。これが普通の弁護士だったら、国営諫早湾干拓事業認可取消訴訟となるでしょう。われわれは違う。事業差止訴訟ではない。もちろん差し止めを求めます。だけど差し止めればいいというわけではない。それで終わりではない。出発点です。止めるだけでは何の解決にもならないというものの考え方です。これが「よみがえれ！有明訴訟」です。だから原告は漁民だけなればいいということにはならない。市民もそれも四県全部の人が原告になる。もちろん漁民が原告になってもらわないと話にならない。これは筑後大堰の裁判がそうです。漁民、農民、市民全部が原告です。それが普通の差止訴訟を考える弁護士たちと私たちのものの考え方の決定的な差だと思っている。

私が嫌味で言うのは、絶滅危惧種はムツゴロウよりも漁民です。職業としての漁民の方が絶滅危惧種です。有明海周辺の漁民の人数は裁判を始めたときの五分の一ぐらいになっているのではないか。諫早湾内には三つ漁協がある。瑞穂漁協は、長崎県の漁民も全員一致で開門反対だと言っていたのに反旗を翻して開門を要求すると決議をした漁協です。裁判を始めるとき組合員一〇〇人だった。いまはもう二〇人、三〇人ぎりぎりになり、湾内の漁協、小長井、国見、瑞穂と三つの組合があるけれど持ちこたえきれずに一つに合併しました。組合員が二〇人でないと解散命令が来る。瑞穂も維持できないところにきている。だから絶滅危惧種になっているというのは決して誇張ではないんです。

差止訴訟

四大公害裁判の熊本水俣病裁判の第一次訴訟の判決の『判例時報』の解説があります。

「この判決によって、裁判所に提訴していた熊本水俣病患者についての補償問題は一応の解決がつくことになるかも知れないが、それで熊本水俣病についてのすべての問題が解決するわけでなく、さきに述べた他派の患者の補償問題のみならず、その外に、潜在的患者に対する調査対策、患者に対する治療方法の研究、水俣湾に対する汚染除去による自然の回復など、今後に多くの重大な課題が残されており、確かに本判決の被害者救済に果たした役割は充分評価されうるというものの公害発生後の裁判による公害被害者の救済および公害防止の効果にはおのずからの限界のあることを痛感させられる。真の被害者の救済のためにはまず、公害を未然に防止しなければならないところからすると、公害防止のための強力な立法行政施策の必要なことは勿論のこと、裁判による救済についても、公害防止のための差止請求訴訟が認められることを要し、四大公害訴訟の終結を機に、今後はこれらの理論およびこれらの救済をより実効あらしめるための環境権理論の整備と進展が期待されるところである」（「熊本水俣病損害賠償請求事件第一審判決」『判例時報』六九六号、一九七三年、一六頁）。

これを書いたのは水俣病の判決を書いた裁判官斎藤次郎と言われています。これはわれわれ終始一貫して言い続けた。裁判をした原告に金を払えば済むという話ではない。それでは済まないとわれわれが言い続けた。そういう問題が起こってしまったらしょうがない。差止訴訟なんだよと強調している。水俣病のたたかいはそのあと、認定されていない被害者の掘り起こしと水俣湾の汚染除去の両方に向けられることになる。

公害訴訟というのは被害の補償、被害を補償させるためには被害を徹底して明らかにする。その被害を生み出した責任を徹底して明らかにするというのが四大公害訴訟の目標だった。それを受け継いだじん肺訴訟のスローガンが「あやまれ！つぐなえ！なくせ！じん肺」。謝れというのは、自らがどこを間違っていたかを認めろ。そしてそれを償う、正当な補償をする。その結果、じん肺をなくします。被害が発生した問題のスローガンになったわけです。それでも被害が発生してしまえば本当の救済はない。事前に差し止めないといけない。起こさせない。ということで差止訴訟にどっと雪崩をうっていくわけです。

アセスメントとは何か

熊本県の牛深し尿処理場の差し止めが問題提起になります。牛深のし尿処理場の差し止めというのは『公害・環境判例百選』（別冊ジュリスト、第一二六号、一九九四年、六四―六五頁）に載っている。ただ解説がよくない。この判決の意味がわかっていない。この差し止めはアセスメントをしていないという理由で勝つ。アセスメントの理解の仕方についての解説をした部分がこの判決の一番優れているところです。

何をアセスメントと言うのか。事前に調査して評価することなのか。何のためにアセスメントをしないといけないのか。実務的な回答は「建設の申請書類に添付が要求されている」からです。ブラック・ジョークの上手な人だなと思ったのですが、本人は大まじめです。実務的には極めて正しい。添付資料が付いていないとダメだよと言うからやった。「きちんと基準を満たしていますよ」という調査結果を出すけれど、実際には必要ない。タイトルが環境影響調査と題した書面があればいい。そこのなかに書いてあることが本当なのか、正しいかどうかは、許認可権を持っている県庁職員がよく調べることではない。窓口審査とは書類がそろっているかどうかを確認するだけですと担当職員は居直っている。正しいかどうかちゃんと確かめないといけないという私たちとの喧嘩になります。

アセスメントは何のためか。施設を造ろうという場合は当然住民がいる、権利者がいる、被害を受けると考えられる人がいる。だから原告適格とは何かという議論になります。われわれの答えは明確で被害を受けると思った人です。だから玄海原発訴訟は韓国の人たちが原告になっている。被害を受けるのなら原告になれるでしょう。原告になるのがおかしいと裁判所が言うのであれば、もうその人たちは被害者とは認めないという判決を書いているのかという議論になる。自分が被害を受けるという人は原告になれる。判決であなたのところまで被害はでないから原告になれないから却下すると書けばいい。最初に原告として提訴させないというのはおかしい。

それでもいまの要件事実教育に鍛えられている裁判官は、「要件事実からいうとそうはならない」と言うから、回避手段として損害賠償を付ける。損害賠償を付けたら被害を受けますという主張をしていることになる。本当に被害がでるかどうかの審査を裁判所はしないといけない。だから原発訴訟はみんな慰謝料を少し付けている。それは原告適格でつまらない議論をしたくないからです。認められれば原告適格があったに決まっている。それは裁判をせずに先に判断はできない。

有明訴訟でも四県住民という話にはなりません。例えば諫早のタイラギを楽しみに食べている、若者が出ていくから村祭りができない、自分は帰って来て村祭りを楽しみにしていた、村祭りを復活させろということです。よみがえれとはそういうことです。私は山笠を舁く人はみんな賛成すると思います。山が舁けなくなるのは大変ですから。コロナだから誰も文句言わないけれど、コロナ以外で中止ということが起きたら暴動が起こる。

合意形成

一つの地域を守っていきたい、自分の要求を持ってしかもそれは私にとっては権利ですと言った場合、その権利を侵害するということは許されない。公共的な利益があるから造らせて下さいと造る人が言う。他方で、被害を受けますという人がいる。

それらの対立を解決する方法とは何か。近代市民法の大原則は合意です。造らせて下さいという意思を建設者側が示す。それに対して被害を受けるという人がいる。合意を取り付けないといけない。合意を取り付けるためには、事業の内容とその結果、どのような影響が及ぶと考えられるのか。アセスメントとは被害を受けるという人に対する説得の資料なんです。手ぶらで資料なしで説得することはできない。だからアセスメントをやっていないのはけしからんという牛深し尿処理場の裁判所の判決になる。最初から合意を取り付けようと思っていない。それは近代市民法の大原則に反している。影響をきちんと説明して合意を取り付けないといけない。

影響が大きいか小さいかではない。極端に言うと大きくてもいい。納得して必要性は認める、被害が及ぶのはしょうがない、その代わりに補償してよという合意の成立は当然ある。被害が起きませんというアセスメント結果が求められているわけではない。事業の影響を正確にやれ、極端に言ったら被害が及んだっていい。その被害に納得してもらうための説得の資料です。

アセスメントの手続きというのは、事前の影響調査が主力ではなく、影響調査の結果を住民に説明して、合意を取り付けることです。合意を取り付けることがアセスメントです。牛深し尿処理場の判決はそう言っている。学者の先生はなぜか無視をする。『公害・環境百選』に取り上げているけれど肝心な部分を取り上げてくれない。

いまの近代市民法の原則は合意形成です。いくら行政といえども公益のためだからといって勝手にやっていいわけではない。強権力発動はいけません。もちろん事業の必要性が大きくて合意すべきだとみんなが思うときに横車を押して合意しない人がいる。この場合にはしょうがないので強制収用です。そのときにアセスメントが証拠になる。「普通だったら納得してもらえると思います。この人がどうしても納得してくれないのはこの人がいけませんよね」と裁判所に審査を仰ぐ。そのための資料です。事業ができなくなるというのはウソです。資料をそろえれば裁判所は認めます。反対する方が悪いとなる。これがあるべき姿です。

諫早干拓事業のアセスメントは「影響はほとんどありません。漁業被害はせいぜい二割でしょう」という内容です。これが全くの嘘っぱちだということが証明されている。何がいけないのか。アセスメントでウソの資料を作ったからいけないのか。もちろんそれはいけないに決まっているけれど、合意形成がまともになされていない。遅くないからいまからでも合意形成を改めてやり直そう。われわれが言っている和解というのはそういうことです。合意形成を最初に正しくやっていない。その責任は国だから、国がいま改めて責任をとるべきだ。その合意形成をもういっぺん国は真剣にやるべきだ。国は最初から事業に対する合意形成を全く考えない。企業はもちろんですけれどね。より本質的には国ですよ。国は国民の生活を積極的に守る必要がある。それがよみがえれ！有明訴訟です。

「関門海峡を渡ったら法律体系が変わる」

原告は広く集める。環境問題をやる弁護士は法律家であってはならないというのが私の意見です。つまり法律論を中心に取り組みを展開してはいけない。法律でこうなっているからこうすべきですという議論は絶対しない。原告は漁民に限定しない。四県に限定する必要はないという発想です。法律家であってはならないと言うけれど法律論がないと話にならない。われわれにふさわしい法律論は何か。要件事実風に言うと、行政訴訟か民事訴訟かという発想がまずある。われわれは行政訴訟はとりません。行政訴訟は法律に適合しているかどうかの判断となる。われわれはそのような考え方はしてはならない。行政法規がどうなっていようがいけないものはいけない。

いまの一番のポイントは原発訴訟です。原発訴訟は、法律がこうなっていますからそれに違反しますという議論になってしまっている。国の基準がどうなっていようが原発は危ないに決まっている。危ないに決まっているというのがどういう形で出て来るのか。そういう発想の議論をしないものだから法基準に適合しているかどうかという議論に終始しているから勝てない。

公害関係者では「関門海峡を渡ったら法律体系が変わる。九州では違う法律になっている」とよく言われている。これは私は名誉な誉め言葉だと思っています。関門海峡を越えると本州で適用されている法律が九州では違う法律になる。出来合いの法論理に従わない。やっぱり合意形成が基本です。普通の法律家であれば土地収用法の適用かどうかでしょうと考える。

土地収用法は最後の最後です。合意形成がどうしてもできない、行政側が明らかに正しい、同意をしないのがおかしいという場合、説得は十分尽くしたけれど相手の方が聞く耳を持たないからしょうがない、強制的にでもやりますと。最初から土地収用法で行くのとは全然違う。いまの石木ダムがその代表で悔しいですよね。裁判所が私たちの主張をせせら笑う。明らかに間違いです。私が言っているのが正しいに決まっていると確信しています。何をもって正しいかというと近代市民法はそういう構造になっている。その構造を根本から無視したらはっきり言って資本主義社会が成り立たない。いまの裁判所は結果として資本主義社会を壊すために一生懸命努力していることになっている。私の方が資本主義社会の根本を守ろうとしていることになる。

物権的請求権

法論理をどう組み立てるのか。何が悪いのか。ムツゴロウが死ぬから悪いのか。魚が死ぬから悪いのか。法律との関係で言うと漁業法を使いたいから、漁業環境が変化したのが悪い、悪化したのが悪いと組み立てたわけです。なぜ漁業法を使おうと思うのか。権利侵害があった場合、即差し止めという法律があります。物権法です。物権的請求権で物権が侵害されたら即差し止め、正確に言うと、①妨害予防、②妨害排除、③補償。物権が侵害された場合はこの三つができる。これを物権的請求権と言います。物権は守られないといけません。

もっとも強力な権利は、資本主義社会においては、正確には日本では所有権に決まっている。日本では土地所有権は最高だと思われている。実は資本家にとって土地所有権は必ずしもいらない。利用権さえしっかりしておけばいい。だから債権が物権に優越する。土地を持っていたら面倒でしょう。土地所有者は不必要な義務を背負ってしまう。資本論でも土地所有権を必ずしも重くはみていない。土地所有権が大事になるのは日本とドイツぐらいではないですか。後進国という意味だと理解しています。

物権的請求権がとりあえず最も強力な権利なので物権的請求権でいきたいなと思いますね。漁民は漁業権がある。市民は人格権でいきましょうね。完全な生活が侵害される。例えば、細菌で弱ったノリを食べないといけないのか、生き生きとした活力に満ちた魚を食べたい、貧酸素でアップアップしている魚をなぜ食べないといけないのか、これが一般市民の立場からの問題提起です。環境権論者は現時点では自然環境を強調し過ぎていると私は思います。環境は自然環境だけでなく社会環境がある。原発に対する批判です。水俣は城下町と言いますけれど原発とは比較にならない。議員にはまずなれない。原発反対と言って立候補することさえ難しい。政治的自由がない。言論の自由もないと思います。そこあたりの実態をきちんと議論をやればいい。

裁判官の顔をみる

どこの裁判所に訴えようか。長崎、佐賀、福岡、熊本の四県地裁のどこに訴えるべきかという議論です。二つ問題があって、地元が有利に決まっている。だから水俣の裁判は、熊本のわれわれの弁護団は一敗もしていない。連戦連勝です。東京は割と脆く負ける。東京の弁護団はもちろん優秀ですけれど、東京地裁ですからね。熊本は水俣病の被害者の声がしっかり届く。東京には被害者の声が裁判所には届かない。という意味でいうとどこになるか。

まずは推進派がいる長崎ではダメでしょう。福岡も裁判所がダメです。訟務検事、国の代理人が水俣病でわれわれと大喧嘩した。福岡地裁は保全の専門部を持っている。必ずその人のところに行く。行くところが決まっている。やっぱり裁判長の顔をみる。まず土地からいうと佐賀です。漁民の本拠地です。そういう意味では熊本も悪くない。水俣病で培った伝統もある。熊本か佐賀か。

福岡は絶対ダメだと。福岡県漁連が仮処分を福岡地裁に出したがあっと言う間に負けた。年末に出して年明け早々に負けた。私に言わせると負けさせると決めている裁判官です。だから絶対に福岡地裁にはいかない。水俣病の国側の代理人をした訟務検事です。あんまり酷いからわれわれが廊下で取り囲んで抗議をしたことがある。

さあ、熊本にするか佐賀にするかというので、佐賀地裁にしました。私のご自慢の事件で鹿屋の産廃の差し止めの裁判を鹿児島地裁に起こした。その仮処分を一発で認めた裁判長が佐賀地裁の裁判長で来ていた。

水俣病第三次訴訟の高裁で友納裁判長という立派な裁判長で和解を三一回した。その左陪席だった。われわれの見解を最もよく認めてくれた裁判所です。主任だったから、たぶん判決は彼が書いたと思います。結局その判決は下されないまま燃やしましたから幻の判決になりましたけれど。そういう因縁があった。この人なら信頼して大丈夫だと。

青協法は当時全裁判官の経歴を流していた（『全裁判官経歴総覧』）。任官してそのあと転勤して、経歴とそれぞれの裁判所で関与した判決です。『弁護士ドットコムタイムズ』という雑誌の特集で「こんな裁判官いやだ」というのがあって弁護士に対して「裁判官の調査をしますか」という質問をしている。「やるという人」「やらないという人」がいる。いまそれを調べるのは苦労している。調べたら著名事件は出て来る。

単独の裁判、田舎にいた裁判官はよくわかる。行政訴訟でいい判決が田舎で出る。合議で潰されない。田舎にいるからどうせ出世もしない。腹を決めていると良い判決がでる。いい判決がでる条件は二つあると俗に言われています。田舎周りで腹を決めている裁判官と定年退官間近の裁判官です。われわれの予防接種の福岡高裁の裁判長、訟務検事で国の代理人だった人が全国で四件あった訴訟のなかで特によい判決を書いた。判決を出して翌日退官したのだと思います。

座長大会

目的を達成するためにどのような条件を整備するのか。原発の裁判を始めるときも力説したけれど、手持ちの材料はこれだけでどういう裁判ができるのかと問題提起してはならない。夕飯つくろうというときに冷蔵庫を開けて材料みるとチャーハンしかできない。そんなことをしてはいけない。大きな目的を達成するためにはどれだけのことをしないといけないのか。そのなかで裁判で負うべき部分と裁判外で負うべき部分がある。われわれが習ってきたのは「主戦場は法廷の外にあり」。法廷のなかでは決まらない。法廷の外でどのような状況をつくっていくのかが取り組みの目的になる。そのためにはどういう裁判が必要なのか。そのためには何をしないといけないのか。普通は必ず手持ち材料は何かとなる。それでできることを考えようとする。原発訴訟でも最初その立場の議論をやろうとした。私は「あなたたちはチャーハンをつくるつもりか」と反対した。状況をつくっていくためには何が必要なのか。どれだけの条件がいるのか。それに辿り着くためには何をどうすることが必要なのか。順繰りにものごとを考えていく。

諫早では裁判は、ムツゴロウ裁判、小長井の組合長の国賠訴訟、われわれの裁判、福岡有明漁連の裁判と四つあるわけです。弁護団もそれぞれ違う。水俣病の無念の思いの教訓は患者団体や支持者も分裂につぐ分裂でバラバラになってまともな取り組みにはならない。有明の取り組みでは絶対にそれはしてはならない。統一した一つの取り組みにしないといけない。どうしたらいいだろうか。

私は旅役者の座長大会と言っている。九州には旅役者の座がたくさんある。嘉穂劇場に座長大会を見に行ったことはありますか。テレビで言えば梅沢富美男です。一座があってそれぞれ公演して回るけれど、一年に一回、飯塚にある有名な嘉穂劇場に各一座が集まって座長大会をやる。これが面白い。一本やるお芝居、例えば国定忠治とかをやる。踊りが上手な座長さんは踊りをする。みんなで一本通しの芝居をするというのが味噌です。それぞれ芸がある。それぞれ見せ場をつくりましょう。お芝居は一つです。そこで自分の芸を見せて下さい。炭鉱のおばちゃんたちは一万円札で首飾りをつくって、贔屓の役者の首にかける。それぞれの一座が自分の持ち味をちゃんと発揮しつつ統一した芝居をする。座長大会で行きましょう。それができる場をつくらないといけない。

それが因果関係の認定をしてくれる公害等調整委員会、いわゆる公調委です。われわれは、四つの裁判のそれぞれの原告と弁護団が申立人と代理人として申立て、一つのチームにした。ただ福岡県漁連だけは一つにするのは勘弁してくれと言われるので、単独で申立てをして審理を一緒の同一機会にした。三つの弁護団と三つの原告が統一の申立てをして、一つの運動になった。

東京で申立てる。支援の中心である漁民市民ネットワークの主力は東京にいる。お互い腹を割って、共同作業を行うことでわれわれが仲良くなれる。われわれの弁護団が一番数として戦力を持っている。だんだん意気投合していく。一方で一番多数派のネットワークの漁民たちがあとで追加提訴の主力メンバーになる。公調委では数を絞っていた。仮処分で佐賀で勝って、福岡高裁で敗れる。さらに公調委でも敗れる。漁民は怒ったぞと追加提訴する。その追加提訴の主力メンバーです。福岡高裁の仮処分で敗れて一〇〇〇人の追加提訴をして、公調委で敗れたあとさらに五〇〇人追加提訴した。最終的には漁民は一七〇〇人ぐらいになった。裁判では負けていても追加提訴で追い打ちをかけることは大きな力になった。基本はみんなで一緒にやろうねという統一運動の成功です。

差し止めの条件

水俣病の第一次訴訟判決で『判例時報』の解説を紹介したが、そのあとずっと差止訴訟に私どもの軸足が動いていく。全国的にも差止訴訟がたくさん提起されるが、勝った判決というのは非常に限定されてきた。ただ、そのなかでも大阪空港をめぐる大阪高裁の判決は、最高裁で敗れたとは言っても、到達点だと思います。そこで確立されたものの考え方は被害の考え方です。包括一律請求に対する優れた判断をしている。そのあと、例えば四三号線、それから大気汚染の裁判で差し止めを含めてそれなりの前進をしていると思うけれど、ただ一般論としては必ずしも勝ってきたわけではない。そのなかで特に勝訴した確率が高いのは廃棄物の裁判です。

私の持論ですが差し止めの仮処分で認められる要件は二つです。一つは、生命身体健康への侵害があることです。財産的損害だけではない。財産的損害に限定されない。二つ目が、事業が完成していないこと、建設が終わっていないことです。裁判所に止めてもらう前に、自分たちの実力で事業を止めていることです。裏返して言えば、現在操業しているものを止めるのはほぼ不可能に近い、操業しているものを止めるのはよっぽどのことがないといけない。止めるぐらいの被害が出ているということを立証しないといけない。それはまず不可能に近いという認識があります。

この二つの要件がないと勝てないと私は思っています。鹿児島の産廃も実力で止めていた。有明も生命身体健康は直接侵害されていないけれど、自殺者が出た。石木ダムは生命身体が侵害されるとはならない。判決は財産的損害に過ぎないとわざわざ言っています。だから文化的価値といくらいっても裁判官は屁とも思わない。実際に止めていることというのは、その要件は諫早は満たしていなかった。ただ、海上デモをかけたり、相当激しい抵抗運動をしていた。裁判所は止める意味があると理解した。原状回復のためには止めないと話にならないというのは説得力があって、裁判官もそうだよねと決定のなかで書いている。

法律家にはいまの二つの要件はなかなか同意してもらえない。だけど実際に勝った事例をみたら私が言うのが正しい。勝った事例は二つの要件を満たしている。牛深し尿処理もそうですし、鹿屋もそうです。名古屋新幹線の差止訴訟で負けている。大阪空港の騒音訴訟では勝っている。この差はどこででたのか。私の意見では、名古屋新幹線は大阪空港と違って実際に健康被害が出るというのを認めなかった。

さらに進んで差し止めで勝った事例もあるが、損害賠償の裁判も含めて、不法行為による救済というのは原状回復が大原則です。公害被害者が元の体にして返せという要求は極めて正しい要求です。それができない部分を損害賠償、金銭補償をするというのが本来の考え方です。完全な原状回復という考え方に立った場合、補償から差し止め、そして地域の再生へと流れが移っていった。文字通り、最初から地域の再生を正面に掲げて取り組んだのがまさによみがえれ！有明訴訟です。普通の取り組みだったら、一番ありそうな話は国営諫早湾干拓事業認定取消訴訟、すなわち行政訴訟です。これが一番ありそうな話です。国営諫早湾干拓事業差止訴訟は民事訴訟です。われわれはそれを言わなかった。よみがえれ！有明訴訟と言ったところが味噌です。実はそれが仮処分の最大争点になる。

差止仮処分決定

まず福岡県有明海漁連が前面堤防工事の差止訴訟を福岡地方裁判所に申し立てた。文句なしに負けます。続いてわれわれは佐賀地裁に諫早湾干拓工事全体の差止仮処分を求めた。これが認容されます。本訴と合わせて提起した。本訴はだいたい一般市民も入れて一〇〇〇名、そのうち漁民原告は一〇六名です。漁民だけが申立て人となって、国営土地改良事業の工事差し止めの仮処分を求め、そのうち四五名について認められた。「債務者すなわち国は本案の第一審判決を言い渡しに至るまで工事を続行してはならない」という仮処分です。これは画期的、歴史的決定だと評価されていると思っています。これで文字通り工事は全部止まった。

それに対して、国が仮処分に対する保全異議訴訟を同じ佐賀地裁に申立てる。佐賀地裁はこの国の異議申立てを認めずに、仮処分の効力を維持します。同じ裁判所だから当たり前と言えば当たり前です。そこで国は福岡高裁に保全抗告というのを申立てます。これを受けて、福岡高裁が仮処分決定を取り消すという決定を二〇〇五年五月一六日に出します。これで仮処分が効力を失ったわけです。われわれは許可抗告を最高裁に申立てる。最高裁は二〇〇五年九月三〇日に許可抗告を棄却するという決定をする。これで仮処分は最終的に私どもが負けたということで決着する。

それに合わせてわれわれが公調委に対して申立てをしていった。因果関係が存する旨の原因裁定を求めるという申立てです。われわれと有明海漁連の申立と同時進行で行われた。われわれの申立てを棄却するという原因裁定を行う。要するに因果関係はありませんよと。私どもが怒って二〇〇五年一〇月三一日、佐賀地裁に対して新しい仮処分を申立てます。このときに強調されるのが、本訴の漁民原告が一〇〇名ちょっとだったのを一〇〇〇名まで増やした。さらに原因裁定が出た時五〇〇名増やして、漁民が一六〇〇名の原告になった。

仮処分はこの人数でするのはバカらしいねということで、四県の一七名を代表にして仮処分を申立てる。新しい裁判でないと当然いけないので、請求の趣旨、仮処分を求めるものについて、排水門の常時開放を初めて申立てます。それから開門調査指針に基づく開門調査をせよ、それから調査結果が判明するまで事業の工事の中止を求める、以上の三点を請求した。いまの裁判の要求と同じになります。これが本訴と継続して進行する。裁判所はこの仮処分の結論を出さないまま、本訴の勝訴の判決が出た。

漁業行使権

最初の申立てについて法律的な問題点を考えてみると、まず、われわれの申し立ては当然当事者である漁民によるものです。漁民というのは持っている権利、被保全権利と言いますが、その権利がないといけない。その権利がそれぞれ漁協に属している組合員は、それぞれの漁協が有する共同漁業権のなかでその漁業権を行使する権利漁業行使権というものを持っている。それが被保全権利という申し立てですね。

本来、私どもの考え方によれば、共同漁業権というのは漁民一人一人が持っているに決まっているわけです。典型的な入会権です。自分が住んでいる地先でそれぞれの住民が漁業をしている。誰から言われているわけでもない。誰かから、例えば国や自治体からその権利をもらったわけでもない。住んでいる人が目の前の海で自分の意思で漁をやっているだけです。まさに入会で、しかもそれを地域のみんなでやっている。もちろん先祖からずっとです。それに参加して漁をしている個人個人が自分の権利として漁をする権利を持っているに決まっているというのがわれわれの基本的な考え方です。ただ国は法律をつくって、共同漁業権を漁業協同組合が持つというふうに法律的にしたもんだから、とりあえずしょうがない。では共同漁業権そのものは漁協が持つけれど、それを行使する権利は漁民個人個人が持っているという法律構成をすることになります。

その漁業行使権という漁業は、それぞれ範囲がある漁場において、漁をすることができないと話にならない。その漁場自体が破壊されたのでは漁ができない。この干拓事業によって、漁民らがそれぞれ漁をしてきた各漁場が従来の漁業環境を破壊され従来通りの漁業ができなくなった。有明海異変と言われる環境悪化、漁場環境が悪化したことが被害であるというのが私どもの理屈です。つまり、漁獲高がいくら落ちたとか、特定の個人の収入がいくら落ちたかという問題ではない。漁場環境が悪化したことが問題で、原状回復、元の海に返せという話になります。ただ、元の海に戻す前にまず悪化させているのを止めないと話にならないから事業の差し止めを求めるという理屈ですね。

漁業権あるいは漁業行使権に基づく差し止めというのは物権的請求権に基づく差止請求です。私たちの開門請求を認めず負けさせる裁判所の判決は、この点を理解しようとしません。漁場破壊の悪化が被害であり、権利侵害だという私たちの主張を認めると私たちを負けさせることができなくなってしまうからです。

利益衡量論

普通、物権的請求権には、妨害予防、妨害防止、妨害の回復の三種類があると言われている。三種類は混然一体で別に分けなくてもよいというのが私たちの考え方ですけれど、細かい議論が好きな法律学者は全部それぞれ違うと、予防なのか、排除なのか、うるさく言われる。国はそういう議論が大好きです。要するに混乱させ負けさせる議論だと私たちは思っています。

普通妨害差止訴訟をすると、不法行為に対する差し止めで必ずしも物権的請求権に基づく差し止めではない。やっている本人たちの頭のなかでもごちゃ混ぜになる。国は意図的にごちゃ混ぜにします。裁判所も意図的にごちゃ混ぜにする。われわれがスローガンに掲げている権利侵害即差し止めというのは、本来の議論から言うと、少なくとも物権的請求権に基づく差し止め、権利のなかの物権が侵害された場合、原理原則から言えば、侵害即差し止めが正しいに決まっているわけです。不法行為によって損害を受けている、被害を受けている、必ずしも物権的権利が侵害されたわけではない、損害賠償とは違うことになっています。物権的請求権に基づけば即差し止めです。これは法律を習った人はそうだとおっしゃる。

物権ではない例えば生命の安全が侵害されている。だからその侵害行為を止めようと、不法行為の差し止めの場合は、即差し止めではない、すなわち受忍限度というのを検討しようか、まず我慢しなさいという変な議論が行われている。物権的請求権に基づく侵害行為、即差し止めという原則が違ってくる。そのなかで物権的請求権に基づく差し止めも即差し止めではなく受忍限度論、利益衡量をとるということになってしまう。侵害行為が持つ利益と侵害される側の利益を比較衡量しようというものの考え方が原理原則として東大官僚法学者の頭のなかにある。それはくどいようですが、近代市民法の原理原則ではない。日本のなかで特につくられた国、大企業優先の原則である。これは私の先生、原島重義先生が強調されるところです。

利益衡量論は、不法行為のところでは比較的わかりやすかった。大企業の大工場で被害がちょっと出ました。それは差し止めにはならない。非常にわかりやすい。とりわけ侵害する側、被害を与える側の利益が公共性を持ったものである場合、秤は圧倒的にそっちに傾くことになります。問題は公共性を持ったものと言った場合、大企業が行う事業も公共性という評価をする。一番わかりやすいのが原発です。原発は東電あるいは九電といった電力会社が勝手にやっている金儲け事業だというと違うという反論がある。全産業のために電気がないと困る。だから公共事業、公益のための事業という理解になりがちです。大企業はみんなそうなりがちです。鉄道もしかりです。かつてのチッソ、肥料産業の場合、これも戦後の農業生産がガタガタのとき、これは公益事業、公共事業に決まっているという評価になる。侵害行為があったらすぐ止めないといけないという大原則に対して、それではみんなが困るという国、大企業側がつくり出した理屈が利益衡量論です。双方の両方を比較検討してみようと。そうなれば大きい方、すなわち国、大企業が勝つに決まっています。

民法一条

民法が制定されたとき「私権の享有は出生にはじまる」というのが一条でした。私権を行使する要件は生まれることだけです。他の条件は全くいりません。生まれさえすれば私権を享有できます。しかもその私権は絶対権です。特に物権は絶対権だと私たちは習いました。だから即差し止めです。侵害するものに差し止めをするのはある意味当たり前です。私権の享有は出生にはじまる、他の条件はいらないというのは近代市民法の大原則です。民法は近代市民法ですということを宣言している大切な条文だというのが私の理解です。普通の教科書ではそう理解されていない。近代市民法の宣言文書であるとは皆さん解説されない。私はそこを強調しないのは間違いだと思います。他の条件は全く要りません。

江戸時代を考えてみたらわかる話です。商人の子として生まれた場合、百姓の子として生まれた場合、侍の子として生まれた場合はと区別されている。生まれるだけでいいんですとは言えない。江戸時代にはこんな条文はありえない。明治維新のスローガン風に言えば四民平等、福沢諭吉が言う「天は人の上に人をつくらず、人の下に人をつくらず」ということの宣言文です。四民平等を法律の条文にすると私権の享有は出生にはじまるとなる。

この条文はいまは一条ではない。この条文は三条になっている。いまの一条は公共の福祉に従う。つまり、私権は絶対権でははない。私に言わせると利益衡量論の大原則が宣言されている。権利は最初から制限されている。濫用してはいけない、信義に従わないといけない、御説教の条文が並ぶわけです。権利の行為には制限がある、無条件なものではない、公共のために国や大企業の横暴による公害を防ぐという意味の宣言文ならいいですけれど、一庶民が自分の権利を主張して、大企業の行為あるいは行政のやる行為を止めてはいけないと解釈され運用されている。

現行民法の一条の意味は、大企業が勝手に自分の権利を振り回してはいけないと読むのであればいい。「大企業あるいは国行政は」という言葉がついてくるのであれば非常に結構なことです。「国や大企業はみんなの役に立つことをしないといけない」「大企業の権利を振り回してはいけません」というのであればいい。これは私に言わせると、近代市民法から現代法への移行であると。私権を制限するのではなく、大企業の横暴を制限するということは、近代市民法の大原則、対等平等が現実にはなくなっているので、力を持った方が上になっている、力を持たない人が下になっている、上を押さえて対等平等の原則を回復しようね、それが現代法の意味になると理解される。現行法の一条をそう読むのであれば賛成です。遺憾ながらみんなそうは読まない。逆に利益が大きい方、すなわち大きくて強い方が優先すると読むわけです。弱い方、小さい方はまず我慢しろと。

近代市民法と現代法の違いは何か。対等平等の関係ではなくなっている。力関係に差が出ているので対等平等の関係にしよう。これが例えば労働三法です。組合の団結権です。一人対企業では圧倒的な力の差がある。労働者が束になってかかればなんとか対等平等に近くできるだろうという考え方です。

もう一つは、束になってもかなわないから、権力が介入して力がある方を勝手にさせないようにしよう。一定の契約を結ぶときに行政がその契約内容に干渉しようというのが労働基準法です。例えば、交通の運賃も近代市民法の大原則で言えばそれぞれ鉄道会社と乗客が交渉して値段を決めるというのが本来の姿です。企業側が勝手に決める、それは困る。そう言うと気に食わないなら乗らなくてもよいという話になる。乗せてもらわないと困る。企業が勝手に決めてはいけない。では行政が介入して適正な値段を決める。これは対等平等な立場にできるだけ近づけようという基本原則です。つまり近代市民法の原則をできるだけ守ろうねというのがいまの規制のかけ方の本来あるべき基本的な考え方だと思います。

民法三条の二項は外国人の権利能力です。近代市民法の原則から言えば当たり前です。外国人が日本国民と違って特別扱いされることはない。三条の二項は本来であればいらない条文です。かつての民法が正しかった。外国人は区別しない。もちろん実際は区別していました。民法制定の時に外国人が同じ権利を持つとは頭から思っていなかったから逆にわざわざ言う必要はなかった。外国の法律、特にフランス法律を丸写しにしたらこうなる。娘がフランスで出産しましたけれど、子どもは自動的にフランス国籍を取得する。日本の国籍も取得するから孫は二重国籍です。日本法によって一定の年齢で選択を強要されます。フランスであれば外国人と区別しないから二重国籍で構わない。だから民法三条の二項はこのような条文が必要であることが非常に恥ずかしい条文だと思うべきです。これは私が言う差し止めの基本的なものの考え方が日本では逆立ちして逆になっているという例の一つの説明です。

さらに言えば民法の二条はこのような条文が必要であることが極めて恥ずかしい条文だ。わざわざそんなことを言われなくたってそれに決まっている。両性の本質的平等を敢えて言わないといけない現状がある。近代市民原則から言えば恥ずべき現状があることの自認、自白ですよね。個人の尊厳に基づいてなんて決まっている。わざわざ条文で言わないといけないのは恥ずかしい。

同じことは日本国憲法二四条にも言えます。アメリカのGHQの婦人の担当者がこれをいれることを強く主張し、成功した。こういう規定を持った憲法は従来なかったのですばらしい条文だと高く評価されるべきだという意見が圧倒的多数説ではないですか。私はこの条文を置く必要があることが極めて恥ずかしいと思う。近代市民法の革命の大原則はそれに決まっている。日本ではそれが当たり前ではないから、それに反することが当たり前だから、わざわざこの条文を置かないといけなかった。わざわざ置いたことが悪いと私は言っているわけではない。他が持っていないものを日本が世界中に先駆けてつくった条文だというのは決定的間違いです。他では言う必要もないことを敢えて言わないといけないぐらい恥じるべき状況に置かれたのが我が国だ。これは必要とされることが恥とすべき条文で一日も早くこれをなくす状況が実現できることが望ましい。憲法改正すべきとすればこの条文が必要でなくなるようにすべきです。それが当たり前になる実態をつくりあげないといけない。

民法自体が修正が加えられている。私が考える弱者が強者と対等平等になるように法律解釈をしよう。それに必要な法律条文をつくろう。そういう意味では憲法二四条もそうです。弱者を保護できるようにしよう。それが必要な状況が存するから立派な条文ではなく恥ずべき条文だという評価をしている。置いたこと自体は現状では非常に結構なことだけれど、実際問題として、民法一条は強者の立場に立った解釈が裁判所でも行われている。

居直り強盗の論理

海が汚されたから汚された海を元に返せ、原状回復です。まず汚している行為を排除する。将来も守る。予防と排除と原状回復と三位一体というのがわれわれの主張です。私どもの全体の主張に対して、国は反論してきました。

裁判所が整理した国の主張は三点です。第一点は、被保全権利があるかどうか。すなわち漁民の漁業権行使はそもそも認められるのかというそもそも論です。漁業権は組合にあるという国の主張です。漁民個人が持っている漁業行使権なんていうのは認められないという主張です。第二点は、漁業行使権を侵害する行為とこの事業に因果関係があるのか。三番目の論点が面白い。必要性があるのか、緊急性があるのか。「工事はもう九五％終わっている。海を汚した、漁場環境を破壊したと主張するが、それは海の工事でしょう。それはもう終わってしまっている。国がいまやっているのは埋め立てた陸上の工事だから海とは関係ない。海とは関係ない工事を止めても原告が言う被害を防ぐことにはならない。必要性も緊急性もない」と国は主張した。

私は法廷で「日本ではそれを居直り強盗の論理というのだ」と怒鳴った。やってしまったことはしょうがない。いまから止めたってしょうがない。そんな居直り強盗の論理は許さない。単なる事業の差止訴訟だったら国の主張は正しいとなると思います。われわれは「よみがえれ！」と言ったから、止めるのが目的ではない。普通に差止訴訟をやると止めるのが目的で止めたらいい。止めたあとのことは言わない。われわれは止めたあとのことを言っているわけです。よみがえさせる、元の海にして返せという主張をしている。

止めるのはなぜか。このまま事業が進行したら元に戻すのがより困難になる。いまの段階で止めておいてその検討をしよう。事業をこれまで以上に進めていくとより回復が困難になっていく。その意味で現状を凍結する。より有効な対策を検討するために事業をいったん止めろというのがわれわれの主張です。裁判所はその点を明確に認めました。

白木四原則

最初の論点である被保全権利、漁民が漁業権行使権を持っている、これは物権的請求権を行使できる権利だという点については、全裁判所、われわれが敗れた決定も含めて、誰も疑問を言いません。つまり正しい。それに決まっている。問題は因果関係です。因果関係があるかどうかはどうやって判断するのか。勝とうが負けようが、全判決がそう言いますけれど、因果関係を判断するときの最高裁判例はルンバール判決です。このこと自体は誰も争いません。われわれも争いません。

ルンバール判決というのは何か。完全な自然科学的証明ではなく、社会的なというか、普通に考えられる相当因果関係があるかないか。最高裁は諸事情を総合的に判断するということを強調します。普通というのは、自然科学的に一点の疑義もないような証明を要求しているのではない。自然科学的に一点の疑義がないような証明を要求したら因果関係の証明はまずありえない。社会的な総合判断である程度認められればいいというのがこのルンバール判決です。

そうは言っても具体的に何をどれだけ言えばいいのかもよくわからない。それを整理して、要件として確立しようと言って主張したのがいわゆる白木四原則です。われわれの従来の訴訟では疫学的四原則と言ってきた。疫学のものの考え方に「的」がつくのが味噌です。純然たる疫学そのものではない。疫学的なものの考え方です。白木博次先生という東大紛争があったときの医学部長です。脳の病理の専門家です。この先生が予防接種の裁判のときに予防接種と症状に因果関係があるかと判断するのに説明された原則です。非常にわかりやすい。

白木四原則というのは、まず時間的空間的密接性です。漁場環境が悪化したと言える事情、例えば赤潮が大量発生している、あるいは漁獲高が激減しているというような漁場環境の変化を示す本質的な変化を挙げて、その変化が事業と時間的に密接な関係にある。事業前に起こっていたらダメに決まっている。さらに空間的に密接していているという条件をいれます。時間的空間的に密接していることです。

場所的にどこまでを考えるのかは議論がある。最終的には湾内、湾の出口の近く近傍漁場、それから有明海全体の三つに区分して議論されるようになりました。公調委の専門家が書いた報告書の評価です。専門委員たちが出した意見書は、湾内に影響があるに決まっている、因果関係があると認められる。近傍漁場も影響があると強く考える、ただ確定的とは言えない、有明海全体では資料不足で何とも言えないという三種類の答申を出します。専門委がこう言っているのだから、湾内は勝つに決まっている。近傍漁場も勝つ。わからないところは勝つわけないからしょうがない。われわれは近傍漁場までは勝つと確信していた。ところが公調委は専門家の意見を否定した。自分が頼んだ専門家です。これが一番不当です。

グラフの折れ曲がり

白木四原則の二番目は、他原因が存在しないことです。国側は、他原因として、例えばエイが貝を食べていると主張する。筑後大堰とか、熊本の海の工事とか、国がやった事業の影響を言うのはけしからん。自然現象は昔からあったわけで、急に有明海全体に影響を及ぼすような原因になるわけがない。三番目が事業によって生じた工事内容の特定です。原因となるべき事象です。四番目は、原因と言われる行為によって被害が生じていることを、理論的に自然科学的に合理的な説明ができることです。証明ができることになると一〇〇%疑義がない証明が要求されるけれど、科学的に考えて常識的である、説明したらそうだよね、従来の知識に反しない、そういうことが起こるでよろしい。違うと言うのなら反証を挙げなさいということです。

公調委も最初から因果関係を否定するという国の主張はダメですよ、積極的に違うという別の理由を言いなさい、単に否認するのではダメです、国側のそれに対する見解を言いなさい、他原因があるのなら他原因を積極的に言いなさい、自然科学的に合理的でないと言うのならちゃんと言いなさいと厳しく求めていました。

量的質的変化と言いますけれど、国は「漁獲高が減少しているのは日本全国どこでもだよね。有明海だって減少していた」という主張です。全国的には漁獲高の曲線が滑らかに減少しているけれど、有明は曲線が事業時点で折れ曲がる。被害が質的量的に変化することを「折れ曲がり」と表現している。これは水俣病でも同じ議論です。従来病気を持っていた人がいる、加齢でだんだん悪くなるのはある意味当たり前です。滑らかな曲線で悪くなっているのであれば病気や加齢である。他の原因物質が来た時点で折れ曲がった、角度がついた。それは病気が原因に決まっている。われわれは「被害のグラフの折れ曲がり」と単純に言っている。国が他の原因だと言うのなら他原因を主張しなさい。それが激しく争われた。

私たちは、予防接種の事件では他原因は当然国が言うべきだと主張した。予防接種の福岡高裁の判決は「白木四原則は原告が立証すべきでしょう。ただ、他原因については、国が立証すべきだと原告が言うのはわからないわけではない。他の三つを原告側がどの程度主張立証したのか、その程度が強ければ強いほど、国側は反証責任を負う。国側が他原因を言えなかったら負けよ」と。他の三つの証明の程度と相関関係にありますという説明です。白木四原則を言葉の上でも裁判所が明確に認定した判決です。われわれは仮処分でも白木四原則のものの考え方を主張した。

極めて明快かつ公正な佐賀地裁の決定

民事保全手続き、要するに仮処分というのは一応確からしいという心証を裁判官に与えればいい。確信というところまではいかなくても一応確からしいという心証でいい。漁業被害の唯一の原因とまでは断じることはできないにしても、少なくとも漁業被害に一定程度寄与したということについて因果関係を認めることができる。国は断じることはできないと言うけれども、確かに現時点で自然科学的な因果関係の証明がなされているとは認めにくい。

そもそも原則は一点の疑義も許されない自然科学的証明ではない。それに加えて、債務者国と漁民の間には人的にも物的にも資料収集能力に格段の差がある。能力の差があることを無視して、漁民らのみに自然科学的な証明に近い高度な立証を求めるのは、民事保全手続きの制度から言っても到底承認できない。より高度の証明を国が求めるのはおかしい。国の方が能力を持っている。これが高裁決定と決定的に違うところです。高裁は自然科学的証明をちゃんとやれと言ったわけです。

さらに、ノリの不作の原因を調査するノリ第三者委員会を自分で国はつくった。そのノリ第三者委員会が中長期開門調査の実施を宣言した。しかし国は、この調査が事業による影響の検証に役立つと言って提唱しているにもかかわらず実施しない。だから国が中長期開門調査をしないということによって、高度な証明が困難となる不利益を漁民側に押し付けるのはおかしい、不公平だと地裁決定は言ったわけです。極めて明快かつ公平と私は評価している。これが全てを漁民側に求めた高裁の判断と決定的に違ってくるわけです。国はこの地裁決定に厳しく反論してくることになります。

次に必要性、緊急性があるのか。非常に明快な地裁の決定です。「本件事業による漁業者側の損害を避けるためにすでに完成した部分、現に工事進行中あるいは工事が今後予定される部分、事業全体をさまざまな点から精緻再検討し、その必要に応じた修正をすることが肝要となる」。つまり終わった部分も含めて全体の工事を再検討する。必要に応じた修正をすることが肝要だという言い方をしました。だからその再検討をするにあたっては二次被害の発生防止、あるいは防災効果の維持等の観点から考えたら当然一定の期間を要する。一定期間を要する間に予定された工事が着々と進行していったのなら、再検討自体をより困難にすることは容易に推認できる。だから必要なのは本件事業の一時的な現状維持、現状を固定することです。その観点から、内部堤防工事、陸上の工事であっても漁民らに生じる著しい損害または窮迫の危険を避けるため必要と言うべきだ。だから保全の必要があるという極めて明快な判断です。

われわれが「よみがえれ！有明訴訟」と言ったことに共感して、支持している判断だと思います。工事差止訴訟あるいは認可取消訴訟とか言って止めること自体を目的としていたら完璧に負けている。裁判所はわれわれの「よみがえれ！」という主張に共感した。

心と心が触れ合う瞬間

仮処分だけではなく裁判全体がそうですけれど、勝った裁判というのは、裁判官と訴えた原告の間に共感が生じることが必要です。そうでないと勝てないと思っています。裁判の全過程を通じてそうでしょうけれど、ある瞬間に心が通じた、共感したと思える場面がある。

それを一番痛感したのは、牛深し尿処理場の建設差し止めの仮処分です。仮処分に現場検証なんて手続上ありえないけれど、現場を見てほしいと言ったら裁判官が現場に来ました。裁判官が来たところでいろいろやってみせた。し尿処理水による漁民の漁業被害です。潮流がどれくらいあるのか。国の専門家が「潮流なんてありませんよ」と言う。この大先生に対して「現場を見ただけでわかるのですか」「時間的にはどれだけ見たのですか」と尋ねると「三〇分」と答える。「三〇分で船の上から潮流がどれくらいあるのかわかるのですか」。大先生は「わかる」と言わざるをえない。

われわれの方は鹿児島大学の水産の先生ですけれど、裁判官が来た時に船を出して、海に飛び込んで藻をとってみせる。「こんなに藻が茂っている場所なんですよ」。浮きを放り込んで流れを確認する。全然動かない。「ほら潮流なんかありませんよ」。ここは藻場で藻が茂っている場所です。法廷でも大きな水槽を用意して、間に仕切りを入れる。片一方にメダカを入れる。メダカを入れているところにし尿処理水の排液を一滴落とす。仕切りを外すと全メダカがどっといっぺんに反対側に移る。「裁判官、わかるでしょう。し尿処理場の排水ぐらいでは死にませんよ。だけど逃げます。卵を産む場所、稚魚が育つ場所である藻場で生活できないで逃げてしまったら、子どもが育つことはありえない。だから魚が排水で死ぬ必要はない。死ぬほどの毒でなくても逃げ出せば魚は生存できません。資源に大影響を与えるのです。」裁判官もそうだと言って牛深し尿処理場の建設を止めました。

諫早でも全く同じです。湾内というのは藻場で魚の生息場所です。そこで稚魚として育ったあと有明海全体に出ていく。子どもが育たなかったらダメなんです。という説明をいくらしたって裁判官はわかろうとしない。わかっていると思っています。国を勝たせたかったら、わからないふりをしないといけない。

牛深のときに裁判官が終わって現場から帰ろうとする。漁民のおかみさんたちが車を取り囲んだ。「裁判官、私たちの生活を守って下さい」と口々に言った。驚くべきことに裁判官が窓を下ろしてみんなに「うん」と言ったわけです。これは私が知るなかで一番決定的な場面です。裁判官が漁場を守ろうと確信したわけです。

有明の仮処分決定を出したときも同じ話があった。これは法廷で漁民が意見陳述をずっと繰り返していた。われわれは裁判官に提訴のときから資料を全部出しているから「仮処分の決定を出せ」「いやもうちょっと」というやり取りを裁判官と一年間していた。

法廷で意見陳述をする。法律の専門家なら仮処分で漁民が意見陳述をしているのはありえないと疑問を呈します。同時並行でやっている本訴での意見陳述です。漁民の誰それがいつこういう死に方をしました。ずっと自分の周りで自殺した人の名前と状況を並べて、「裁判長、あと何人死んだら止めてくれますか」。鬼気迫る法廷と報道されました。これが決定打です。一か月後に決定が出た。

われわれが勝った判決を思い返してみると裁判官と心と心が触れ合った瞬間がある。われわれ自由法曹団のなかで、勝つ裁判というのは「裁判官を飛躍させよ」と言う。だいたい自由法曹団というのは、私も含めてみんな思い上がった上から目線と思われるようなことを言いたがる弁護士ばかりです。裁判官に清水の舞台から飛び降りるだけの決意をさせる。それは何なのか。自由法曹団の会議で強調されるけれど、一般論として強調しても具体的に理解できなければしょうがない。具体的にどうしたら飛躍させることができるのか。抽象的に言えば、心が触れ合うことだ。どうやったらそのような場面を創り出すことができるのか。

まずとにかく現場に連れて行く。水俣病弁護団の伝統ですけれど、原爆の被害で患者と認定してほしいという裁判でもやります。いま現場検証と言っても現場で進行協議をしますということです。現場で進行協議するということと現場検証の手続き上の違いは何か。裁判所は検証をしたがらない。検証の場合には裁判所の認識した事実を記録しないといけない。裁判所の認識の記録です。現場の進行協議は、両方出した説明のための証拠資料を並べとけばいい。裁判所自身の責任ではない。われわれはそのために克明に説明文を作る。

とにかく現場に行く。原爆の訴訟で戦後五〇年近く経っていたのになぜわざわざ行くのか。例えばパネルを用意して当時の写真を掲げて「私はここで被爆しました」。当時の状況がわかる資料をできるだけ用意しておく。当時の状況を説明する。「ここで雨になった」。単に証拠資料を法廷で出すのとは決定的に違う。同じ水俣病の弁護団ですが、びっくり仰天したのが、新潟の弁護団です。強制連行の裁判で、中国の労働者を駆り集めてきて新潟港に上陸したことの検証を要求した。いま行っても本当に何もない。びっくり仰天するんですけれど裁判所が認めた。この検証は見事に成功した。これが一番徹底した例でしょうね。とにかく現場をみることが重要です。

裁判官と心を触れあう瞬間をいかにしてつくるのか。意見陳述もそうです。本人が法廷で話すことにいかなる意味があるのか。証言ではなく意見を述べる。反対する企業側の理屈は「勝手に言うから意味がない。意味があるとすれば反対尋問の機会を与えていないからけしからん」ということです。「単なる意見を言うのなら意味がない」。国や企業が意見陳述に反対する理由です。しつこく反対するのは効果があると国も企業も認めているからです。私がまだ若いときに自由法曹団の長老たちが会議のあとに世間話をしていて「意見陳述は力があり意味がある」と全員で賛成していました。へえって感心しました。全員一致で意味がある、効果があるという意見だった。自由法曹団だからなんでしょうね。

これは後日談があって、予防接種の裁判で裁判官の一人の方と話したことがある。「勝たせないといけないと思ったのは、悪いけれど皆さんの意見に耳を傾けたわけではない。原告本人の意見陳述を聞いて勝たせないといけないと思った」。やっぱりそういうものなんだと思いました。だから国や企業が意見陳述をさせないと言って反対するのはわからないわけではない。裁判官ももう聞きたくないと思う人もいる。その神経がいけない。裁判所は話を聞く場所、少なくとも原告だけの話を聞いてはいけないと思うのであれば、国や企業も意見陳述をすれば良いのです。反対するのではなく自分たちもやると言うべきです。

行政事件訴訟法四四条

権利の行使に対する裁判所の判断は高裁の抗告審でとってもよくわかる。新しい問題点として、地裁の争点三点にもう一つ争点が新しく付け加えられました。行政事件訴訟法四四条の問題です。「行政庁の処分その他公権力の行使に当たる行為については、民事保全法に規定する仮処分をすることができない」という条文です。仮処分できないと明文で書いてある。

われわれが仮処分で国に勝ったから、日弁連の行政法専門家グループの委員会があって、そこに呼ばれて私に報告しろと言われた。「私は法律家ではありませんから」と言って、いかにたたかったかという運動論と「よみがえれ！」の話を延々とした。日弁連の行政法の本当の専門家ですからそんな話は聞きたくない。「四四条は問題にならなかったのですか」と真っ先に質問が来た。それに対して「九州ではそんな条文は流行らんですものね」と私が答えた。みんなあきれてそのあとの質問はなかった。

専門家なら私が言った意味を本当はわからないといけない。公権力の行使について民事仮処分ができないという条文ですが、公権力の行使ではない。民間人が申請したら埋め立てできる。民間人ができるので公権力の行使ではない。模範六法には従来の裁判例が必ず載っている。当時の模範六法に行政事件訴訟法の四四条で最初に出てくるのは水俣湾埋立に対して患者団体のグループが水銀を除去すべきだと事業の差し止めを申立てた事例です。四四条で民事仮処分ができるということを認めた裁判例として最初に載っている。

九州では流行らないという意味は、事例に詳しい人ならこのことを理解してもらえると思って言った。要するに権力行為ではないという判断です。四四条は適用されません。わかりきっているから国も一審では全く言わなかった。高裁でそれも間際になって突然言いました。なぜか。負けた場合、上告受理申立の理由にできる。行政事件訴訟法四四条の解釈が間違っている。この理由では負けていい。とにかく最高裁に辿り着けばいい。最高裁に辿りつけば結論として勝たしてくれる。そのための足がかりがないといけないので、その足がかりとして言ったと私は思う。負ける腹はあったんだと思います。高裁では四四条については権力行為ではないということで国は軽く蹴られました。

福岡高裁抗告審決定

福岡高裁の決定は「まず物権的請求権の行使はできる」(『判例タイムズ』一一八三号、二〇〇五年、二二三頁)。これは問題ないと言っておいて付け加える。「しかし、漁業環境の悪化に対して、直ちにこの妨害排除及び妨害予防の物権的請求権が発生するというものではなく、漁業環境の悪化の内容や程度、漁業環境の悪化による損害の有無や程度、人為的事象の内容(公共性ないし公益上の必要性の内容と程度)や態様、人為的事象と漁場環境の悪化との関連性、ひいては損害との関連性の有無や程度等を考慮して、はじめてそれぞれの物権的請求権の成否及び内容が決せられることになるのはいうまでもない」(同二二三頁)といった。つまり、侵害即差し止めではないという宣言です。侵害即差し止めではなく、その侵害の程度と公共性を利益衡量しないといけないよ、利益衡量論の宣言です。

『判例タイムズ』が解説を載せた。「これは、漁業環境に悪化をもたらす人為的事象を広く漁業行使権に基づく物権的請求権の対象とする一方で、その排除を認めるに当たっては当該人為的事象との間の調整を要求したものと見られる。この点は、人格権に基づく健康被害や生活妨害等が問題とされた事案ではあるが、本件と同じく公共事業に対する差し止め請求に関して、被侵害利益と公共性ないし公益性とを総合的に考察して決するべきであるとした最高裁判決（最二小判平七・七・七民集四九巻七号二五九九頁、判タ八九二号一二四頁）と共通性を有するであろう」（同二一二頁）。

つまり、利益衡量を一般的にしないといけないという最高裁判決に従っていると。利益衡量論を物権的請求権の行使要件に持ち込んでいいのか。不法行為の差し止めの議論がまずあって、その議論を無条件に物権的請求権の行使要件に持ち込んでいいのかという基本原則に関する大問題が前提としてある。それを平然として「いうまでもない」とやられちゃったわけです。これはわれわれから言うととんでもない。違うものを混同して一緒にしてはいけない。

その上で決定は驚くべき因果関係の認定をした。これは仮処分なんで、要するにわれわれは「断行の仮処分」という言い方をします。結果を実現する仮処分です。その場合は被保全権利、保全の必要性について「一般の場合に比べて高い、いわゆる証明に近いものが要求されることになるのもやむを得ないことである」（同二一三頁）と認定した。漁民側が請求しているのは、妨害予防のみならず妨害排除も理由としている。だから「断行の仮処分」になるよと。一般の証明に近い証明が要求されることはいうまでもないと。私によるとこれで立証責任に異常なまでの厳格さを要求した、だから請求を認めないという結論になる。

侵害の有無を判断するのに専門家の研究内容については、「本件事業と有明海の漁業環境の変化、特に、赤潮や貧酸素水塊の発生、底質の泥化などという漁業環境の悪化との関連性は、これは否定できない。しかしながら、上記の各調査・研究報告の内容等をもってしても、本事業が有明海の漁業環境の悪化にどの程度の関連性を有するかについては、未だ不明といわなければならない。すなわち、現在のところ、本件事業と有明海の漁場環境の悪化との関連性については、これを否定できないという意味において定性的には一応認められるが、その割合ないしは程度という定量的関連性については、これを認めるに足りる資料が未だないといわざるを得ないのである」（同二二九頁）。漁民が主張しているような「漁業被害をもたらし得る種々の複合的な原因の一つとして、その可能性が考えられるというに止まるものと認めるのが相当である」（同二三〇頁）という結論です。残念でしたねと。

しかも、「本事業を所管する九州農政局は、ノリ不作等検討委員会の提言に係る中・長期の開門調査を含めた、有明海の漁業環境の悪化に対する調査、研究を今後とも実施すべき責務を、有明海の漁民らに対して一般的に負っているものといわなければならない。特に、ノリ養殖の共販金額に代表される有明海の漁業生産額と本件事業による計画農業粗生産額、すなわち、有明海のノリ養殖が大不作であり、過去最低であった平成一二年度の共販金額約二七一億円と平成一六年度の共販金額約四四七億円との差は実に一七六億円であるのに対し、本件事業による計画農業粗生産額は、約二四六〇億円もの巨費をかけながら、その二パーセントにも満たない年間四五億円というものである。費用対効果という面からこれを比べたとき、上記調査、研究を今後も実施すべき必要性が大きいことは明らかであろう」（同二三〇頁）。たいがいふざけた決定です。そういうのならなぜ勝たせないかと。一般的な政治的責任としてあるよ、法的責任ではないという言い方ですね。実にけしからん。責任逃れだと思います。

定性定量

私はこの決定に怒って、定性定量という理由で負かせた判決があるのかと公害弁連で聞いたら、みんな知らないと答えた。実は知らないというのが恥ずかしいということがわかりました。飛騨川バス転落事件の名古屋高裁の判決がある。定性でいい、定量はいらないという判決です。福岡高裁決定の一番けしからんところは、利益衡量論で国を勝たせるという結論があるから、定性定量という言葉でそれを説明したわけです。問題は利益衡量論に持ち込んだことです。

私の評価は「法的判断の衣をまとって国の事業、公共性が地域住民の権利よりも無条件で優先するという裁判官の裸の意思を表明している」というものです。なぜ無条件かというと公共性について具体的な検討を全くしないで認めているからです。国がやる公共性がある事業だという言葉だけで中身は全然検討していない。二四六〇億円の金をかけながら四五億円の生産しかできていない。実質的な公共性がないことを認めているのと同じことではないか。われわれはこの高裁判決が言った本件事業の公共性が全く幻想、幻にすぎないということを明らかにする。それが長崎県の公金支出差止訴訟という流れになる。

私たちは決定直前まで福岡高裁の裁判官には、「そのあとに公調委の因果関係の裁定の結論が出るよ」と言っていた。専門委員の意見書が出ていて、われわれは見ていた。三段階ある。湾内は文句なしに因果関係がある。近傍漁場は因果関係がある。ただ確定的ではない。全体はなんとも言えない。われわれは近傍漁場まで因果関係は認められると思っていたわけです。「もし福岡高裁が因果関係を否定してわれわれを負けさせた場合、公調委の結論が出たら大恥かくよ、われわれを勝たせた方がいいよ」と言っていた。そうしたら平然と負けさせた。しかも定性定量とやった。なるほど公調委の結論はそうなんだと思いました。一か月後に結論が出ますけれど案の定です。だから定性定量という言葉は公調委も使って因果関係を専門委員が認めていたところまで全部否定しました。だから裁判官は公調委の結論を事前に知っていたと確信しています。

公調委は公平中立なのか

私たちが公調委に申立てた理由は、すでに話しましたが、統一した運動をしたかった。そのためには全当事者が集まるのに公調委がふさわしいと考えた。しかし、公調委が信用できると思わないとそんなことはできない。なぜわれわれが信用できると思ったのか。専門委員がいてその顔触れが三人いて三人とも信用できる人たちだと思った。われわれは間違いないと思ったわけです。現に意見書は間違いなかった。しかし、それをまさか公調委が、自分が頼んだ専門家の意見を否定するなんて夢にも思わない。しかも定性定量という普通は認定には使わない言葉を使って否定した。結論が出てみたら、公調委を信用したことが最初から間違いだった。われわれの勘違いだったと思わざるを得ません。

問題点は二つあって、一つは公調委のメンバーは、実務の事務処理から担当は全部農水省出向者です。農水省出向者で固めたなかでわれわれはたたかったわけです。国の証人が出てきて、われわれ側の証人の発言を全部間違いですと証言します。公調委の専門委員の先生が国側の証人に「資料はあなたがご自分で取った資料ですか」「その資料はどこから来たのですか」と尋ねたら「農水省です」と答えた。学者の間では資料は自分でとらないといけないと言われています。農水省の資料をまるまる信用して、こちらの証人専門家の自分で取った資料を否定するのはおかしいと公調委の専門家がちゃんと指摘した。にもかかわらずわれわれが負けさせられたのは、事務方が全部農水省の職員だからです。判断をした公調委は札幌高裁の長官が引退したあとの天下りです。やっぱり行政の人間なんだというのがわれわれの評価です。

公調委のことを行政委員会と言います。私の司法試験のとき、行政法の二問のうち一問が行政委員会でした。「行政委員会というのは相対的独立性を保っている」とちゃんと答案に書く、そう信じていたけれど、結果として相対的独立性もない、行政機関そのものだった。

そのころ公調委は行政改革で潰される対象にされていた。人気がなくてみんながあんまり利用しないから、リストラ対象にされていた。公調委は必死になって因果関係の原因裁定を全国から集めた。例えば富山の湾内に黒部ダムが土砂を流す。それで富山湾の漁民が怒って裁判を起こす。裁判所が原因裁定を専門家でないからといって、専門委員をもっている公調委に回す。その専門委員の意見を否定されるとは思いもしませんでしたけれど。

これも後日談ですけれど、公調委は信用できないと言いながら実は私はそのあと二回利用しました。砂利採取の業者が山を掘ったあと、元に戻す工事の中身について行政からいろんな注文をつけられたけれどその中身が気に食わない。なんでそんな関係ないことまでしないといけないのか。私は業者側について公調委が見事にわれわれの請求を認めてくれた。

もう一つは福岡県の朝倉の話です。水前寺ノリの業者さんが二軒残っている。水前寺ノリは本場の水前寺では壊滅しています。久留米も国分で戦後しばらく作っていたがそこもダメになっている。日本中で水前寺ノリを作っているのは朝倉の二業者だけです。寺内ダムでその水源が悪くなって被害を受けると因果関係の原因裁定を公調委に申立てました。結論は認めてくれないけれど、なかなか頑張ってくれた。その間にわれわれが運動をしていたら、朝倉市長が乗り出して来て、「これは朝倉市の宝として守ります」ということになって、結局、資金援助して、いまでも持ちこたえています。それなりに利用しがいがある。だから問題は国策の場合です。国策を訴えてはいけないというのが教訓です。

公調委が出した原因裁定は抗告審が出した判断と全く同じ判断でした。だから結論は事前に漏れていると確信しています。それが国を通じてなのかそれとも裁判官のルートなのか、それはわからない。われわれは農水省を通じてだと思っている。裁判官から裁判官へとは思いたくない。農水省がお役人ですから、結論の部分をこっそり国の代理人を通して裁判長に届けたんだとしか思えません。ただ証拠はありません。結果として結論が同じ中身であることは間違いない。事前に知っていたに違いない。そうでないと公調委が結論を出す一か月前に仮処分決定を堂々と出すのは危ない。われわれは公調委で勝つよと意見書までちゃんと出している。専門委員の意見書をみたら専門委員が認めている部分は勝つと普通思います。この意見書では勝たないという判断ができるのはいい度胸としか言えないと思います。実際に私たちが勝訴した本裁判の佐賀地裁判決は、この公調委の専門委員の意見書にほぼ従った認定でした。普通に裁判官が判決したらそうなることは当然だと思います。

原則と例外の逆転

物権的請求権の判断基準、さらに因果関係の証明の程度の判断の基準まで利益衡量論を持ち込んだ。原島重義先生にとって利益衡量論はもう天敵だと思います。「わが国における権利論の推移」(『法の科学』一九七六年、第四号)という論文のなかで「わが国では早くから、権利論は、一種の利益衡量論によってその貫徹を阻止され、ねじまげられた」(同五五頁)とおっしゃっています。権利としての物権的請求権の行使は、本来は利益衡量論が考慮される余地は存しないということを論証しています。日本においては差し止めにおける原則と例外が逆転している。

不法行為による差し止め論と物権的請求権の行使による差し止め論を混同させることによって、利益衡量論を直接的に公共性概念に持ち込むという論理的トリックです。このテクニックによって公共事業を差し止めるためには極めて高度な違法性を必要とするという誤った原則論が振り撒かれることになっている。しかも福岡高裁の決定は、その利益衡量論が因果関係の証明の程度の判断まで持ち込まれた。だからより高度な証明までも要求される。その結果、漁民が敗訴する根拠として使用された点が極めて特徴的で、その影響も弊害も極めて大きい。このとき勝っていたらいまごろ諫早の問題はとっくに終わっています。有明は再生の道についています。この仮処分決定を負けさせた判断の責任は大きい。法的にもかなり乱暴な拡大解釈の論理を使った。定性定量というのはそのあと流行りません。そのあとほとんどないと思います。

比較されるべき公共性

福岡高裁の論理に従って批判すると、公共性ないし公益上の必要性の内容や程度や態様を考慮して決すると言いながら、公共性ないし公益性の具体的内容について全く検討していない。もちろん認定事実もない。だから抽象的・概念的に公共性が本件の事業に存するに違いないということを無条件の前提にして、公共性の方が漁民の利益よりも高いという判断を無条件におこなった。それから利益衡量をすると言った場合、事業の公共性対漁民の個人的財産侵害の比較ではないということです。客観的事実として比較衡量されるのは、地域住民の生活を破壊する公共事業を目的とする有害工事対、漁民農民をはじめとする地域住民が地域破壊を防止し、地域再生を求める対策の公共性、本当はこれを比較されないといけない。

この問題点を相変わらず知らないふりをして、最高裁の差し戻し審の補足意見で、草野耕一さんという弁護士出身のとんでもない意見がついています。確定判決を実行しない反則金、罰金を国が払っているが、その支払金額は原告四九人の漁業被害額を超えているという。四九人の漁業被害額と比較するというのはびっくりですけれど、そもそもあれは損害賠償ではない。そんなことを平然と言うとんでもない最高裁の裁判官がいるかと思うと情けない。「弁護士会推薦じゃないだろう。安倍首相が勝手に選んだんだろう」と言ったら「弁護士会推薦です」と。

環境権を守る論理構成

敢えて付け加えると、漁民、農民をはじめとする地域住民が地域再生をおこなうための公共性、これを具体的な権利構成にしようと考えてきた。これを環境権として確立しようとするのが普通の法律家としての発想だと思う。ところが、日本の裁判所には二つの禁断の魔法の言葉がある。開けゴマの反対で、閉じよゴマです。環境権という言葉を聞いた瞬間裁判官は思考を停止する。判断を拒否する。頑ななままに聞こうとしない。もう一つが予防原則です。裁判所は即座に一切思考停止です。一切聞こうとしない。

われわれは、しょうがないので、まさにいまやっているように、物権的請求権の内容の充実、拡大を目指す。もう一つは人格権の内容をより拡大する、豊かなものにしていくという努力を続けてきた。物権的請求権の内容として、妨害予防請求権の内容を豊かなものにしてきた。そのことは環境権を実質的に実現するための具体的な道筋だと考えます。

実は土地法学会で漁業権の学会を福岡でやるもんだから弁護士会から誰か出せという話になって、私が送られた。広島大学の先生たちが中心で漁業権なんてやったことがない先生たちが多かった。そのなかで私が「漁業権に基づく物権的請求権の内容を広げることによって、環境を守る論理構成が可能になる。だから内容を広げていく努力をする」ということを言いましたら、共感していただいた意見もありました。人格権の中身を広げていかないと、それから物権的請求権の中身を広げていく。しかし現実には広げるどころかいま狭められている。それを本来近代的市民法がいっている物権的請求権をさらに広げていくことが必要です。われわれはまさに諫早訴訟でそれをやっている最中なのです。

第6章　よみがえれ！有明訴訟開門確定判決

追加提訴

仮処分をめぐって佐賀地裁で勝って、福岡高裁で取り消されて、公調委でも結局半年後全く同じ因果関係を否定する論理構成、つまり定量的に因果関係が証明されていないという理由で敗れるわけです。そのあとの取り組みをどう組み立てるのか。実はわれわれは仮処分で敗けるとは思っていなかった。勝って一気に決着をつけるつもりだった。

ほとんどの弁護士は勝訴判決を取ることを目指して頑張る。判決に勝つことがとりあえず至上目的です。勝訴判決を取ることが到達点で、そのあとの展開は原告らが自分たちで頑張るべきで、弁護士である自分の仕事とは思っていない。判決で勝つ前提に立っているけれど、負けたときにはどうするのかについて一生懸命心配している。

ところが九州では特に板井優弁護士や私の考える路線は負けたときの心配をしない。判決前に新聞記者からも「負けたときはどうしますか」と質問がある。「いささかも変わりません。従来通りの方針です」という答えになるわけです。「勝ったら拍車がかかるけれど、負けてもちょっと歩みが遅くなることはあっても、方針を変更することはない。勝つ負けるで今後の取り組みは一切関係ありません」と答える。

負け惜しみを言っているわけではない。事実そうなんです。勝ったときにどれだけ追い打ちをかけることができるのか。一気に推し進めることができるのか。実は勝ったときの心配をしている。これは普通の弁護団ではまずない。被害の原状回復を目指して押し込むたたかいの出発点です。勝ったあとどう展開するのかが主要テーマです。福島原発の生業訴訟でも今回最高裁で、有明訴訟と同じ第二小法廷で国の責任を否定されたが、いささかも方針の変更はないのだと思います。第二陣以下でさらに追い打ちをかけていくたたかいが取り組まれるのだと思います。たたかいの方法が受け継がれているのではないでしょうか。

当然われわれは仮処分で勝つと思っていた。一気に勝負をつけようと。一気に勝負をつけるためにはいまの力では足りない。特に漁民の力が足りない。とりあえず原告の追加提訴をしよう。原告の追加提訴運動をすでに開始していた。当時一〇〇〇人の原告のうち漁民は二〇〇人でした。あとの八〇〇人が市民原告です。漁民原告を一〇〇〇人まで広げよう。負けた時の心配ではなくて、勝って追い打ちをかける、決着をつける取り組みと思っていたわけです。

ところが負けた。いささかも方針に変更がないのはその通りですが、追加提訴の意義付けが変わった。われわれの新しい意義付けは、このような判決を許していいのかという問題提起です。

国は裁判所に、われわれを負けさせたらぺしゃんとへこむ、国を勝たす仮処分の結論を出してくれたら潰してみせる、と豪語したんだと思います。私は、裁判所はものごとを解決する役割だと心得ておられると思う。結論はどちらにせよ解決できるのならそれでよい。国を勝たしてくれれば漁民を潰してみせる、解決できると。公調委もそうだと。われわれを負けさせてここで一気に潰そうという話に裁判所が乗ったという判断です。

それならば潰れない、漁民はかえって怒ったぞ、紛争がますます拡大したじゃないか、これで解決するなんて思ったら大間違い、裁判所はものの考え方の根本が間違っている、と口だけで言ってもしょうがない。原告を増やして、漁民は怒った、こんな判決で解決にならないことを形で示そうじゃないかという方針です。

追加提訴はもともと想定していたけれど、それで急いだ。特に漁民を急いだ。それで漁民の追加提訴は八〇〇人です。高裁で敗れた一か月後追加提訴します。その半年後に公調委で敗れるわけです。公調委が同じ論理でわわれわれを負けさせるとあらかじめわかっていた。高裁が因果関係を否定する結論を公調委の結論とは別に勝手に一方的に出すことはできないはずだから、同じ結論になるとわかっていた。公調委で敗れたあとでもさらに原告を増やしていった。

追加提訴の八〇〇人のほとんどが熊本の漁民です。公調委で敗けたときは長崎の漁民を五〇〇人追加提訴します。われわれを負けさせる結論では誰も納得しない。かえって拡がった。特に漁民は怒っているよと。長崎は全県民をあげて干拓事業推進で一致しているし、漁民も当然賛成していると大宣伝しているがウソだ、漁民は事業に反対しているということを具体的に提訴によって示した。ものごとを解決したければ漁民が納得するものでないと解決しないということを態度で示した。この方針が大成功です。そのあとはわれわれが主導権をもって訴訟と運動を展開できたわけです。

民主主義の学校

水俣病でも流れを大きく変えたのは、東京の学士会館での熊本県とわれわれの対決です。第三次訴訟で未認定患者救済問題を解決するためにはどうしたらいいのか。「われわれが要求する和解案しか解決の方法はないだろうが」と言うと、熊本県の担当者は「そんなことはありませんよ。解決できる」「面白い、どうしたら解決できるのか」「何もあなた方と話しをしなくてもよい。川本グループと話をつければよい」と言い放った。「本当にそうなのか。川本告発グループと話をつければものごとが解決するのであればその通りやればいい。どうぞおやりなさい」と学士会館で喧嘩別れになるわけです。

われわれがそのときに一斉に取り組んだのが一〇〇〇人健診です。われわれはそれを実行してみせるわけです。一〇〇〇人健診と言っても受ける人がいなければいけません。われわれは受ける人を集めきっていた。問題は一〇〇〇人を健診する医者を連れて来れるのかが勝負になった。これはもう医師団の藤野先生が全国からお医者さんを集めてきた。結局われわれは湯ノ浦、田ノ浦で一〇〇〇人健診をやってみせる。一〇〇〇人健診の結果、見つかった患者が新しく原告となって追加提訴です。さらに追加の一〇〇〇人健診の追い打ちをかける。それで熊本県は素直に屈服して「考え方が間違っていました。あなたたちと話し合いをしないと解決できないのはよくわかりました」と。それからです。熊本県とわれわれとの間でお互い信頼関係を確立していったのは。熊本県とわれわれとの間で、真の被害の解決を目指して国の認定業務との対決が共同したたたかいになったわけです。

しかも決して忘れてはならないのはその流れがそのまま川辺川のたたかいになる。熊本県の職員と弁護団との信頼関係、いわば仲間です。一緒にたたかった理念を共にする仲間がそのまま川辺川ダム問題に取り組む。県庁の担当者は、水俣病を一緒に討議した仲間だと潮谷知事が西日本新聞の聞き書きで言っている。だから信頼関係があった。われわれと喧嘩するのではなく、ともに住民の立場に立って共同して国と向かい合う、長崎県とは全く方向が違うわけです。球磨川の内水面漁協の漁民の権利をめぐっての収用委員会で最後に国に対して引導を渡した委員長がチッソの代理人です。

熊本県での水俣病の闘争というのは、文字通り、民主主義の学校です。地方自治体はどうあるべきか、自治体が住民の生活と権利をどうやって守っていくのかという民主主義の学校だった。ところが川辺川ダム問題では今回のあの球磨川水害をめぐって、県知事も変わった、当時の職員もいなくなった、共闘関係の弁護団がいささか少なくなったところで逆転劇がいま起きていると私なんかはみている。基本的には熊本県と住民との間の信頼関係が弱まっているというのが一番問題だと思います。

川辺川の裁判の取り組みでは私が水俣から帰ってきてすぐのころに住民の代表の方が久留米まで相談に来た。ちょうど私は筑後大堰をやっていた。それで私は水の収奪事業だという認識で、しかも農民から奪った水を都市用水・工業用水にわける水資源開発の基本パターンでお話をしていた。

ところが実は利水がほしい農民の方もいらっしゃる、水害の被害は本気で防止したいという人もいた。私の認識のそこのニュアンスが若干ずれていた。かみ合わない部分があった。私の話だけでは納得できなかったのではないですか。それでさらに農民の中心メンバーは板井優先生のところに行った。私が思っていたイメージと実際の直面しておられた問題点とにずれがあった。

こちらは久留米市労連が戦力の中心だったという点もある。農民、漁民もいたけれど中心メンバーではない。農業問題は、都市用水、工業用水の手段として農民の水を奪うというパターン化した発想が頭にあった。個別具体的な農民の問題点という意識が本質的に足りなかったのです。板井先生がそこはきっちり修正した。

私は要所要所で顔を出させてもらった。一審判決で負けたときは特に私は一席ぶっている。土地改良事業で法律上は三分の二の同意が必要ですけれど、九五％ぐらいの賛成がないと福岡の県営の土地改良事業は認めない。つまり変わりものが反対しているのであって、ほとんどの農民は賛成しているというぐらいじゃないと福岡では県営事業はやらない。それが当たり前なんで、三分の二ぎりぎりでどうかなんていうのは誤っている。高裁で必ずひっくりかえせると。それからあとは三分の二の賛成者といわれる署名のところの問題に集中していった。

この川辺川の取り組みではいくつかの原則が重なっている。主戦場は当然現場にある。しかも現場での事実主義、現場で起きている事実を直視しよう、農民の要求は何か、市民の要求は何か、水害が大きいから本当の水害対策としてどうなのか、という位置付けです。水俣病弁護団の伝統をそのまんま一〇〇％、二〇〇％発展させた。川辺川はその総結集の成果だと思います。

板井先生の追悼文集で書きましたけれど、板井先生は公共事業を止めさせた場合の解決の仕方、法的処理の仕方の原則的なルールまでつくってみせるつもりだったと思っています。終わらせるためには法的処理の制度を確立しないといけない。事前に動いていない段階で止めるのはそれまでに生じた問題の後始末が比較的起きないけれど、動き出したものは止めればいいというものではない。それまでやってしまったことの後始末がいる。そのためにはものの考え方がいる。哲学がいる。先生はそれをやろうとしていた。

諫早で止めたあとの解決の仕方には板井先生も一枚かんでもらっていた。川辺川で止めて、一定の方策を打ち出しといて、それを諫早で実現して実施させようと考えておられたと思う。石木ダムも住民のかなりの方が出て行ったあとの話です。出て行った人たちが梯子をはずされる。それに対して一定の金銭補償というだけですむ話ではない。もっと生活全般を含めて、一定の回復というよりも地域の再生、発展です。川辺川、諫早、石木ダム、この三つの行政がいう住民の利益に反したみせかけの公共事業から、住民のための真の意味での公共事業への転換という目的と、転換した場合の具体的な処理の仕方、法的制度的担保の確立をここで一気にやろうと板井先生はそう思っていたんだと思う。当然私も一緒に取り組んでいく決意だった。残念ですよね。

国営土地改良事業の目的は何か

仮処分敗訴というだけでは国が言う方向での解決はありえないことをまず示した。そのあと何回も国が描く方向での解決はあり得ないことを示すことになるけれど、これが第一ラウンドです。屈服しないことを形で示した上で、漁民が怒っているという話です。では漁民だけではなく住民が怒っているということをどうやって展開していくのか。

いまやっている裁判に市民として参加するのは実はあんまり建設的ではない。もっぱら裁判は漁業被害の話になるから、それは市民の被害は何かという話にはならない。県民、市民の被害の問題としては干拓地が完成して県費を投入するということが問題になる。一括して県の公社に干拓地を預けるという話になってきていた。そこでそもそも国営土地改良事業の目的は何ですかと正面から問うことが県民、市民の立場からの論点として中心に据えられた。

まず市民の立場、特に諫早市民の水害防止だというのは話にならない。最初からデマ宣言に決まっている。市民の防災の役には立たないというのはいちいち議論しなくても簡単です。農水省は市民の水害防止にはなりませんと認める。それよりも農水省がいつから一般市民の防災を担当する官庁になったのかと国交省がカンカンに怒っている。制度上ありえない話です。

農水省の防災事業は農地の防災事業であって、一般市民の防災事業をやるわけがない。最初からデマ宣言です。日本の官僚制度ではありえない話です。市民の防災は最初からナンセンスです。本当の問題はあの周辺の旧干拓地と言われる地域の農地被害いわゆる冠水被害です。しかし、諫早大水害による被害を記憶している市民にとっては、大水害を防げるという宣伝は疑問なく受け入れられた。高潮を防ぐというのが一つの防災の目的です。その防災をどう考えるかというのが住民の問題です。

土地改良事業のそもそもの議論としていまからの農業をどう考えるのかという問題が中心にある。干拓農地を造り出して、従来より大きく前進させた農業をするのが目的かというと、本件の国営の土地改良事業は法律的には少し違う。造り出した干拓地できちんとした農業をするだけではなくて、周辺地域と一体となって前進した農業をするというのが本件の事業目的です。だから干拓地の農業だけを考えてはいけない。あの諫早周辺地域全体の農業を考えないといけないのです。それが法的に正しい目的です。

普通だったら干拓農地は一人一人の農民に払い下げるわけです。ところがそれでは周辺全体の農業を推進するという事業目的は達成されない。全体の農業を考えるという目的から言えば干拓地全部を一体として公社に払い下げる。そして公社が事業目的を達成できる営農を周辺地域全体として展開して行く。個々の農民には払い下げないという方針になる。だから全体の農業が前進しないといけないという事業目的になる。本当にそうなっているのかという問い掛けです。もちろん現実にはこの一体としての払い下げは、あくまでも建前の論理の説明に過ぎず、本当のところは個別の農家に払い下げようとしても応じる農家が集められなかったということだと考えています。決して個々の農民に喜ばれる干拓地ではなかったことが明らかです。このことはそのあとの干拓地の営農が決してうまくいっているわけではないということからも証明されています。

開門反対の論理

諫早市街の水害の防災効果があるかのように言って国税はもちろん県税をつぎ込む。周辺農民には何もメリットにはならないにもかかわらず、かえって被害が来るという間違った政策に有力者たちが飛び乗ってやったのが開門差止訴訟です。田畑の冠水被害の防止というのは農民の要求の一つではある。われわれは農民の要求を否定するつもりはない。国のやり方が悪いのでこれまで旧干拓地で酷い目にあっている。国のやり方が悪いというのはわれわれと開門差し止め農民の意見と完全に意見が一致する。そこは意気投合する。

問題はその先で干拓事業によってこれまで困っていたかなりの部分が解決された。開門することによってせっかく解決された部分がまた元に戻ってしまう、それはあり得ない、だから開門絶対反対という論理になるわけです。周辺の旧干拓地を国から払い下げてもらったが、劣悪な環境のために大変な苦労をしたどん底時代から今回干拓事業を実施することによって冠水被害防止という一定の飴が来た。その飴がまた開門によって奪われる、それは必ず止めたい。いまの獲得している地点を死守する闘争なんです。逆に言うと前進するための闘争ではない。

農民は一応開門差し止めで勝った。農水省から言えば目的は達した。とたんに農民はもらえる飴がなくなった。開門は食い止めたわけだからそれ以上無理してたたかってもらわなくてもよい。そうなったら農水省は干拓地の入植農民の締め付けに転じた。だからいま干拓農地で農民から開門を求める反乱が起こっている。

これまでとは逆に開門を求める訴訟を提起した農民の原告松尾さんは農水省の手のひら返しと言っている。開門阻止の闘争ではある意味では先頭に立っていたが、勝っても何も得るものはない。勝ったからといって何のメリットもない。これだけ努力して勝ってみたら急に手のひら返しされて冷たく扱われ口実をつけて追い出そうとする。おかしいじゃないかという不満がある。

住民訴訟

住民としては漁民が漁業被害を受けるから可哀そうだから漁民の手伝いをしようかではなくて、長崎県民、諫早市民として自分たちはこれだけの被害を受ける、受ける被害を正面から押し出して自分自身の問題としてたたかおうではないか、長崎県の税金の使い方がおかしい、諫早市の税金の使い方がおかしいという住民監査請求を組織した。自分の取り組みでないと本当に真剣な取り組みにはならない。他人の応援の問題ではないというのが私の持論です。地域をどうやって発展させていくのかが住民としての問題です。

自分のテーマとは何か。それで個人が原告になる。住民訴訟は納税者でなくてはいけないが、単なる個人ではなく、一定の組織の代表者が原告となって参加するという方針にした。約八〇団体、個人の方も何人かいらしたけれど、一定の組織、例えばお母さんたちの団体もある。県に赤ちゃんの粉ミルクの支援の要求をしたら「金がない」と言う。「現物を支給しろ」と言ったら「現物支給は法律違反だ」「よその県では現物支給している。その県は法律違反をしているのか」という喧嘩をしていた。

長崎県はもうあと少しで再建団体に転落する赤字財政の県だった。農業公社も廃止される予定だった。もちろん公社自体が金を持っているわけないから、県民の税金が丸抱えで使われる。お母さんたちは粉ミルク現物支給せよ、と必要なお金の金額を示す。県は「金がない」と答える。一方で諫早にこれだけの金額をつぎ込む。おかしいじゃないかという要求になるわけです。民商が運転資金を要求したら「金がない」と言われる。自分たちが要求している必要予算ぐらい簡単に組めるではないかと。

非常に勉強になったのが、福岡県でも公立の学校の教員が正規に採用された教員ではない。欠員だらけです。採用されている人もＰＴＡ予算で採用された教員がいっぱいいる。県立高校の図書館、資格を持った司書さんを置かないといけないと法律上決まっている。しかし、長崎県の公立高校では二割しかいない。おかしいじゃないか、なんできちんと法律通りやらないのか。

諫早市の話ですけれど、県、市とバス会社とタイアップして、田舎の方もバスが回る。お客を拾っていく。病院とか買い物とか、定期的に運行しているわけです。その県の補助金が打ち切られ、運行できなくなる。運行してもらわないと困るなど、自分たちが予算要求をしても県が拒否した。

長崎地裁の認定

県が毎年調整池の浄化費用に注ぎ込んでいるのはだいたい一五億円です。海水を入れたら直ちに海水の水質になるからそれ以上に浄化費用はいらない。その不必要になった一五億を回してくれたら各団体の要求はほとんど実現できる。裁判期日の毎回毎回各団体の意見陳述をやった。私は大成功だったと思っています。佐賀の開門請求の判決の半年前に長崎地裁が先に判決を出す。これは完敗します。完敗しますけれど、住民訴訟の判決はわれわれの指摘を受けて、こういう認定をする。

「長崎県の主張は、自己に有利な事情を誇張し、自己に不利な事情を軽視していると言わざるをえず、経常収支総括の通り、営農が成立することが確実に見込まれると言えるかには相応の疑問が残る。本件干拓地における営農は、被告長崎県および国の現在の想定通りできるという見込みは信用することができない」

つまり事業計画通りはやれないよという認定です。ただ結論では「県が支出した公金がかえってくる可能性までないとまでは言えない」という言い方です。私たちが負けているけれどこれは内容では勝っていいような内容です。

開門訴訟で佐賀地裁で勝ってわれわれが福岡高裁に行きます。それと住民訴訟とが同じ裁判所に行きます。同じ日に高裁判決が出ました。判決が一時間違いで先に住民訴訟の判決が出るわけです。その判決でわれわれが負けたので、けしからんと記者会見で怒りを表明している途中でひょっと判決の一文を見て気が付いたわけです。なぜわれわれは負けたのか。福岡高裁の理由付けが面白い。原告の方はこうすれば農業は開門の仕方でちゃんとやれると言っている。原告ができると言っている開門のやり方でやればいい。そうすれば営農も成り立って税金の無駄遣いにはならずにちゃんとかえってくるという判決なんです。これはわれわれが勝っている判決じゃないのと。国や長崎県の言う通りやればうまくいかない。原告が言うようにやればうまくやれるでしょう。判決はわれわれの主張を逆手にとっている。われわれの言うようにやればちゃんとやれるのだと。開門もわれわれが言うようにやればやれる。記者会見の途中で、私はこれは開門請求訴訟は勝つよと意見を変えた。それに気づいた。三〇分後に出る判決が負けるとは決まっていない。案の定、われわれが完璧に勝った。判決を出したのは同じ裁判官です。同じ日に続けて判決を出した。

優秀な裁判官

この裁判官たち、特に裁判長は優秀な裁判官だと同僚の裁判官から評価されている人だった。優秀という意味は最高裁認定のエリート裁判官という意味ではありません。地回りの裁判官だったけれど同僚裁判官のなかで尊敬されていた。実はそのあとの訴訟でもう一つ勝つわけです。

飯塚で産廃施設の差止訴訟をやった。われわれは業者相手には勝つ。差し止めは認められた。ところが業者は逃げて後始末をしない。われわれは県に対して不法投棄をやっているので取り締まれと要求をしてきた。福岡県はそんなことはできないと抵抗したわけです。われわれが仮処分で勝った決定文のなかにも「福岡県が取り締まりをきちんとしない。だから裁判所が止める」とわざわざ書いてある。業者が逃げたものだから、県に対して行政代執行を要求して、県が応じませんから、義務付け訴訟です。行政代執行をせよと県に義務を命じる判決を求める裁判を起こした。地裁で完敗しまして、高裁がこの裁判長のところにいった。この裁判長が認めるわけです。

法律違反の有害物質が捨ててあって、住民の健康を害する恐れがあるから福岡県が業者に代わって行政代執行をやれ、もっと早くやらないといけないのにけしからんという判決です。

義務付け訴訟のなかでは、給付行政の判決はいくつかあるが、われわれが知る限り、公権力を行使せよと命じたという意味での勝訴判決は最初なんじゃないかなと思います。行政訴訟の専門家じゃないから正確には知りませんけれど、われわれが調べた限りではまだなかったと思う。これが最初の判決だと思います。

とにかく福岡県を負けさせた。われわれがもっとびっくりしたのは最高裁でも高裁の判決通り議論にもならずに勝ちます。最高裁もこの裁判長の判決を信用しているということです。

証人採用をめぐるたたかい

開門を求める訴訟では佐賀地裁でも証拠調べをちゃんとやれとわれわれがやかましく要求する。判決のときには原告の主張に対しその証明はできていないと言ってわれわれを負けさせる。われわれの証人調べ、証拠調べを採用しないでおいて、立証させないでおいて立証不十分で負けさせるなんてそんなバカな判決があるか。そんな判決は許さない。佐賀地裁の進行協議で三回ぐらい裁判長と怒鳴りあった。

裁判長は「主任が来年の年度末で転勤になる。それまでには判決をしたい。時間的制約があるんだ」と言う。われわれは「証人は全部調べろ。その上で判決を間に合わせろ。訴訟進行には全面的に協力する。両立させるべきだ」と主張した。さらに「われわれを負けさせる時に立証不十分と言ったら絶対許さんぞ。これは記録に残しておけ」とさんざんわめいたところ、裁判長もむかむかして「わかった。やる」と。国がびっくり仰天して「そんな、とんでもない」と言った。「必要なものは期間の間に全部やる」と裁判長も開き直った。その通り私たちが要求した証拠調べを全部やった。見事に我々が勝った。

佐賀地裁でこのようなことがありまして、福岡高裁に来ても現場の人間の証人申請をした。ところが裁判長がせせら笑って「全部却下。結審します」。もともと証人申請を全員切られる可能性があると思っていたからその場合の対策として忌避をすることに決めていたのだけれど、その場で忌避の理由を言わないといけない。「忌避」と堀良一弁護士が叫んで忌避理由を言い始めました。ところが裁判長が即座に「簡易却下」。忌避の理由がないことはわかりきっている。引き伸ばしのためにやっているという認定です。堀先生が「せめて理由ぐらい聞いて下さい」と、抗議よりも哀願です。裁判長は「聞かなくていいです。引き伸ばしに決まっています」。日頃から温厚な裁判長だから強権的にばっさりきると思っていなかった。本当の意味でいい裁判官たちだったのがよくわかります。あとの事件も含めてね。無駄な審理を避けて、早く私たちの勝訴判決を出そうと努力していただいたのです。

請求の趣旨

話を本筋に戻すと、運動体を統一しよう、そのために共通の場、一緒にたたかえる場を設定しようねというのが公調委だった。次の訴訟としては長崎県民が自分たちの利益の問題、生活の問題、漁民のお手伝いではないというのをきちんと示そう。長崎県民は自分たちの問題と考えないといけない。それを形で示す訴訟、それが住民訴訟だと。長崎県民が自分たちの生活を守るたたかいとしてこの取り組みをしている。長崎県民の世論づくりです。ひいては全国の国民の税金の問題にもなる。抽象的な税金の使い方ではなくわれわれの切実な具体的な要求が否定される一方で調整池の浄化費用としてドブに流されている。この訴訟は原告のなかでも好評だった。これは成功した裁判例だと思う。高裁で負けましたけれど、中身をよくみると勝っている。しかも本来の事業目的を正面から問う裁判になった。

問題は、漁民の方の裁判ですけれど、事業が完成したので、請求の趣旨が事業の差し止めではもうダメだということになります。請求の趣旨を考えないといけない。ここが難しいのが、環境問題を取り組む皆さん方の考え方、ムツゴロウを守れ、自然環境を守れは私の問題意識に馴染まない。そういうグループから出てくる原理原則論は干潟を回復させることだという話です。干潟を回復するための請求の趣旨は何が一番いいのかという極めてオーソドックスなものの考え方です。原理原則から言えば基本的に正しいのだと思う。だけどどうやって裁判で勝つことができる請求の趣旨を立てるのか、必ず勝ちたいと思っている弁護士は正直言って当惑します。

その亜流が民主党時代の菅直人さんです。野党第一党の環境派のリーダーと自負している菅さんは堤防撤去です。堤防撤去を求めたら干潟も回復する。端的に堤防撤去を求める。環境派も堤防撤去と言えばだいたい納得する。ただ勝たないよねというのがわれわれ弁護士の意見です。勝つ裁判にしたい。われわれは実務流で「いいんじゃないの、原則の顔は立ててやろう」と。正面からの請求の趣旨は、堤防撤去、それがダメなときには予備的な請求で排水門の常時開門です。私たちが勝っている判決は予備的請求です。

とりあえず一番戦闘力のある環境グループに納得してもらわないと話が前に進まない。主な請求は堤防撤去でいい。予備的に常時開門請求を付け加える。事業の差し止めから請求を変えるということの了解を求めて民主党の菅さん、前原誠司さんに説明しに行ったわけです。私の評価は物分かりのよさからいうと前原さんです。民主党の関係者にはずいぶん会ってますけれど、前原さんが一番ものわかりが早かった。それも正確に理解する。私たちの意見に無条件で賛成した。

その時に長崎のテレビが密着取材していた。菅さんのところに行って三〇分以上時間をかけて私が「開門請求なんです。ここで勝つんです。堤防撤去は一応言いますけれど、勝って実現する見込みはない」と説明した。菅さんが私の説明が終わったあと、「わかった。やっぱり堤防撤去だよね」。私はひっくり返りそうになりました。私は長崎のテレビに言った。菅さんが言ったことを記録してあとで放映しろと。頑固と言えば頑固、揺るがない。悪く言えば人の話は絶対に聞かない。福島原発の時も他人の話を聞かない態度を見せたと思う。

前原さんは素直に言うことを理解した。ただし、それに対する評価は入っていないように思えた。自分の信念があるわけではないのではないかと感じた。菅さんのあの頑固ぶりはもう嫌だと思いました。「あなたの説明はわかるけれどやっぱり堤防撤去は頑張ってほしいな」ぐらい言えばいいのに。

左陪席からの質問

請求の趣旨を変える申し立てをしたあと、「立証を徹底してやらせろ。証人調べを打ち切ったら許さない」という裁判官とのやり取りが始まった。転勤して裁判長が新しく変わったためです。そこで言われたのは「来年の春までに主任の転勤がある時までに決着をつけたい」「わかった。それには協力する。審理には協力するから、その代わりに証人を採用しろ、現地にも行け」と妥協案が成立した。国は猛反対したが、裁判長は一切聞く耳は持たない。「調べるものは調べる」と。裁判長は自分が中心となって判決を書く気はなかったと思います。判決は主任が書く。

裁判長を中心にして右側は右陪席、左側にいるのが左陪席です。傍聴席から見たら逆になる。自分を中心にして右が上、左が下です。経験年数が少ないのが左です。福岡高裁もだいたい同じだけれど、高裁の場合には右も左も事件によって主任になる。高裁は自分の単独の裁判がない。問題は地裁の場合、右は単独の裁判がある。ひとりで別の裁判をやる。左は原則としてまだひとりの裁判はやれない。だからほぼ全事件左が主任になる。裁判長は主任が書いた起案書に筆を入れる。もちろん合議で裁判長に抵抗できません。だから判決書の起案は下働きという意味です。内容は合議で決める。合議の通り左が書かないといけない。

そうは言うものの左が優秀かどうかで裁判の運命は変わってくると思います。この佐賀地裁は左がむちゃくちゃ優秀だった。裁判長もいま彼がいるうちに書いてもらわないとまた新しい人が来たら結局自分が書かないといけなくなると思ったのではないかと思います。だから彼がいるうちに判決を書かせる、それは守ってくれという要求になるわけです。この主任に書かせたいというのはわれわれも一緒です。利害が一致した。訴訟の進行に協力はどれだけでもする。審理を詰め込むということになります。

判決書の主任の話で一番有名な話があります。刑事事件で再審請求の袴田事件の一審で左が主任です。自分は死刑判決に反対だったという無罪説です。だけど合議で押し切られて、死刑判決を書かされた。納得できないから辞めて弁護士として袴田事件の再審に取り組むことになる。これは公になっている有名な話です。「左の裁判官である私は死刑判決には反対でした」。普通、合議の内容は言わないというのが不文律ですけれど。なぜ自分が反対する死刑判決を書いたのか。なぜ再審の運動をするのか。納得していなかったからしかありえない。これが一番はっきりした例です。

左の主任は、結局判決のあと、裁判官として外国留学します。優秀な方だったと思います。ということで審理では証拠調べをバンバンやりました。進行協議で三回以上にわたって裁判長と喧嘩して妥協案が成立して、あとはスムーズにいくようにとお互い協力し合う。

ある日左陪席がわれわれに質問をした。理屈自体は堤防撤去が正しいですよね。堤防撤去を求めるという論理的根拠は、堤防建設によって漁業被害が起きている。因果関係が認定されたとする。われわれが言う物権的請求権ですから、妨害物を除け、妨害物は堤防だから、堤防を除けというのはよくわかる。論理的にはすっきりしている。だけど因果関係が認められないとなったときに、予備的請求は開門請求ですけれど、やっぱり堤防があって漁業被害が起きている。開門したら調整池の水が出入りして被害を防ぐことができる。堤防撤去と結局同じ理屈でしょう。そうすると法律の世界では大は小を兼ねる。例えば一〇〇万円の返還請求をした時、判決は請求の趣旨を変えなくても二五万円を認めるとしてもいい。今回は大は小を兼ねているという話ではないのですか。予備的請求と言うけれど、大きなうちの一部を認めるかどうかの話なので、予備的請求ではないのではないですか。結局は、親亀がこけたら、子亀もこけるという話でしょう。それを区別しておっしゃる根拠があるのですかという質問です。

進行協議で相手の国がいないときです。「そうしなさいと言っているわけではないですよ」と左陪席が慌てて付け加えた。私の西日本新聞の聞き書きの方でも言っていますけれど、われわれは沸き返るわけです。勝つと。裁判官が本気でそう思っているのならわざわざ言う必要ないわけです。予備的請求もバッサリ切ればいいわけです。わざわざわれわれに言ったのは、勝たせるためにいい知恵があるのか、その知恵があるのなら主張してほしいということを言いたいのだということです。堤防撤去は本気で求めませんと私たちは最初から言っている。排水門の開門請求です。開門を勝たせたいと裁判官が思ったとして、親亀がこけたら、子亀を救う方法はあるのですかという質問です。

子亀を救う方法

二つあります。一つは被害の程度と内容です。被害の程度と内容が、堤防全体を撤去するためには有明海全体の大変な被害でないといけない。ところが開門だったら被害は有明海全域に及ぶ必要がない。開門する周辺だけでもいい。範囲と程度も全部違う。有明海全域か、排水門周辺か。

これが公調委の専門委員たちの意見書の内容なわけです。湾内で必ず被害があるのは明らかです。さらに近傍漁場という言い方をしている。排水門の近くの被害はある。ただ証拠がもうちょっとほしい。それは定性的にという表現になる。有明海全体についてはないとは言っていない。あるという積極的立証がいまの段階ではできていない。公調委の専門委員の意見書には開門調査をさせてもらえたら立証できると言っている。本訴の一番大きな証拠です。われわれは公調委の審理でまさか公調委が自分たちが頼んだ専門委員の意見を結論において否定するとは思わなかったから、近傍漁場までは勝つと思っていた。裁判所がそれを否定することはできないと思っていた。

もう一つは学会が因果関係があるに決まっていると言っている。ご承知のとおり、学会は普通そういう見解を出せません。日本海洋学会の学術誌でそう明言した特集を組んでいる。この中心メンバーが日本の学者の権威です。日本の権威が因果関係があると学会として明言している。二〇〇五年です。仮処分が負けたときです。佐賀地裁判決が二〇〇八年、福岡高裁が二〇一〇年です。これが最新の学説になります。文字通り、有明海異変の原因究明の雑誌です。学者の見解は必ず反論があるから、通常学会名でこういうことは言えない。それはそうでしょう。学者は適当に妥協することはない。だから学会名で工事が原因だと言えたということは、有力な反対意見がないという意味です。だから本当は公調委で負けるのは信じられなかった。主要メンバーを公調委は審理で全部証人を呼んで証言を聞いたわけですからね。

私は、わざわざ仮処分の高裁の決定が定性定量という言い方をして私たちを負けさせたものだから、あとの本訴で開門なんて意味がないという国側が出してきたシミュレーションをした証人に対して、「あなたの研究で定量的な研究結果が示せるのはあと何年ぐらいかかると思いますか」と嫌味で聞いた。国側の証人は「ま、一〇〇年でしょうな」と軽く答えた。できないという意味です。私たちを負けさせた決定はあと一〇〇年はかかることを要求していると私は強調した。

できもしないことを要求して私たちを負けさせている。だから佐賀の裁判所は私たちを勝たせるほかないという確信があった。それで公調委が言っている近傍漁場まで被害を認めればいいじゃないですか、被害が有明海全域に及ぶなんて何も難しいところを議論する必要はない、周辺漁場で影響が出ていることだけを認めればいい。そうすれば被害の程度もずっと抑えられる。

堤防撤去ならば被害の程度も範囲も大きいものが要求される。しかし、排水門の常時開門だったらもっと小さくてもよい質的量的な差がでる。われわれはそれでいいと言っている。親亀がこけたら子亀が必ずこけるわけではない。全体で親亀こけても限られた部分で子亀が助かる範囲がある。範囲を限定すればいい。具体的には公調委の専門家の意見を採用して、基本は公調委の意見書に従った判断をすればいい。出てきた証人はその結論を全部支持しているという証言内容だと裁判所に準備書面を提出した。裁判所がこれを認めたのです。

その辺りの感覚的なものがやっぱり学者とは違う実務家の実務的感覚です。法科大学院ではそういう授業をやるべきだと思いますが、遺憾ながらそのような授業は流行りません。原告二五〇〇人を勝たせる必要はない。この手の裁判は一人でも勝てばいい。堤防撤去は二五〇〇人漁民原告全員が勝たないといけない。つまり有明海全域にわたって被害が出ている。四県漁民が全員被害を受けている。長期開門調査をやれば全域に及んでいることがすぐに証明できますというのが後ろについているのですが、それは背景事情としてわれわれが言っているだけで、認定に必要な要件事実ではない。そのあたりの呼吸です。堤防撤去は認めなくてもいいと最初からわれわれは言っている。だから裁判所は開門を考えている。この両者は使い分けることができる。少なくとも周辺についてはちゃんと認定できる証拠があるということを言ったからなるほどということになった。

余談があって、勝った判決を書いたあと、左（陪席の裁判官）が転勤でいなくなって、次の年に裁判長が大阪高裁に転勤する。佐賀県の弁護士会が主催する送別会のときに挨拶で「自分はこの諫早の事件をやって本当によかった。自分の裁判官の生活のなかでたぶん一番心に残る事件になる。本当によかった」と言ったそうです。

さらに後日談があって、そのあと大阪高裁で、泉南アスベストという事件があります。高裁にかかった。アスベストもじん肺ですから、判例として参考になるのは筑豊じん肺の最高裁判決の法論理です。私は一審判決のときにも応援弁論をした。実は大阪高裁裁判官の右陪席で主任がこの裁判官だった。泉南アスベストの弁護団から、佐賀から来た諫早担当の裁判長で、この裁判官が主任だ、送別会の話も聞こえているから、応援弁論にぜひ来てくれと言われたので私は喜んで第一回の弁論に参加して国の代理人に怒鳴りました。「なぜ、控訴して患者を苦しめるのか。これ以上苦しめることはない。責任ははっきりしているのだから、いますぐ和解に応じるべきだ」と。裁判官も和解で解決したいと考えていた。結局和解にはならず、原告勝訴のいい判決を書いてそのあといろいろな展開はありましたが最終的には最高裁で和解できるようになった。やっぱり裁判官が全体の解決に影響を与えるという一つの流れですよね。

官僚の世界

われわれは福岡高裁の確定判決の結審のとき証人採用をしない裁判官を忌避しましたけれど、逆にそれだけ押し込んでいたということです。われわれが判決後に国を追いつめるという自信があったわけです。現に国を押し込んだ。民主党政権というのもありましたけれど。高裁で結審後、判決を取ってしかも確定させた。つまり最高裁に行かせなかった。そのあとのたたかいも態勢をつくっていた。現に上告を断念させるところまで行った。

あとの議論として、この高裁で確定させたのが間違いで、官僚の希望通り上告させて、最高裁で勝訴判決を取っていれば官僚はその判決に従うから開門できたという意見があります。つまり最高裁判所の判決ならば、国、官僚は従うというのです。しかしこれはウソです。現に水俣病でも私たちが第二次訴訟で高裁で勝って判決が確定した時、国の認定審査会の病像論の判断は誤っているという判決だったのですが、国は従わず、認定基準を改めませんでした。この時も最高裁判決を取らなかったのが悪いとずいぶん言われましたが、そのあと水俣病認定基準をめぐる別の裁判で最高裁判決が出ても環境省の官僚は「司法判断と行政判断は違う」とうそぶいて従いませんでした。官僚は裁判所には従わないのです。「ものごとは官僚が判断し決定する。これがわが国の根幹だ」とうそぶいているのです。

判決が確定ししかも時の総理大臣が判決に従って開門を実行すると国民に約束したにもかかわらず、国、官僚は抵抗をした。農水省は開門するために必要なアセスメントと称して時間稼ぎをして三年間引き伸ばした。このアセスメントは開門をしないための材料づくりだった。だけど民主党の赤松農水大臣が早い時期に長崎に来るわけです。長崎は全員一致で開門反対という触れ込みです。そうじゃないことをわかってもらうということで、諫早湾内には三漁協あるが、われわれの拠点である瑞穂漁協がちょうど大臣が来たその日にあわせて開門決議をするわけです。「われわれは開門を要求します。ぜひ、大臣、開門を実現してくれ」と全員一致で決議する。農水大臣は、知事以下関係者に「長崎県は全員一致で開門反対だと言っているけれど違うじゃないか。湾内の漁協が全員一致で開門と言っているじゃないか。反対派の説明と現実は違う」。それが開門を実行する正当性になる。大臣は開門するぞと宣言して、もう一度日にちを取り直して長崎に来ることになった。

ところが、ちょうどその長崎に来る予定の日に宮崎で口蹄疫問題が起こって、大臣は長崎に来る予定が宮崎に行ってしまった。歴史のイフを言えばきりがない。これがこの時点では一番決定的でした。農水大臣がこの日長崎に来ていれば、担当する大臣が開門すると宣言実行に着手する場面だったわけです。不運としか言いようがない。その間に農水省官僚が開門するためにアセスメントをするという触れ込みで、被害を防止するためのアセスメントをすると言って、実は開門しても効果が無いという資料作りをする。これがいかにも農水省官僚です。そのアセスメントづくりで三年間使うわけです。そのあとこのアセスメントの内容が開門しても効果がないという開門をしない口実になり開門差止訴訟の中心となる資料とされます。

農水官僚は大臣に従うつもりなんかない。これは民主党の大臣だったからではなく自民党の大臣でも同じです。官僚の意思に反したことを言う大臣にはしばらく首をすくめておけばどうせ大臣は替わる。民主党政権が誕生した時に人事の裏話が飛び交った。各省庁事務次官になる予定の人がいる。予定通りに事務次官になって、民主党政権で何か問題点を追及されて首が飛んだらどうにもならないからその人事は控えておこう。エースは措いておいて二番手か三番手か知りませんけれどその人を事務次官へという人事が行われた。

農水省でこの問題の本省の担当の局長が事務次官になる予定と言われていた。ところが本省の局長から出先の九州農政局長になった。普通は到底あり得ない人事です。財務省も同じような人事があったので人材を温存したと言われる。しかし、出先の局長は矢面に立つことになる。ある意味では責任をとれという解釈もある。解決して事務次官に戻れと。解決なんてできるわけがない。この局長は結局われわれから三年間交渉の場で吊るし上げられた。結局、その後本省の小さい研究所の所長で戻った。われわれは気の毒なことをしたと同情して言っていた。

そうしたらそのあとの人事でガーナ大使になった。一国を代表する立場になった。外務事務次官をした後イギリス大使という人事はあります。一流国であれば、外務省でも事務次官より大使が上という評価もあるのだと思います。山本五十六も海軍省事務次官になったあとで連合艦隊司令長官です。農水省の担当局長を気の毒だと思ったのは撤回です。農水省がいくつかこのようなポストを持っているのではないですか。官僚の世界は私たちの想像もしないようなことがあって面白い。

慣れ合い訴訟

農水省が三年間使ってやったのは、結局開門しても効果がありません、逆にいろいろ被害が出ますというアセスメントです。われわれの確定判決の差止訴訟の証拠は大部分がこのアセスメントによる作られた資料です。三年間を空転させて引き延ばし、慣れ合い訴訟の証拠資料集めをやっていた。アセスメントで何も新しい発見はない。すべてコンピューターのシミュレーションです。実際に調査をしたわけではない。

鹿児島県の鹿屋の産廃の差し止めの裁判で、東大講師の先生が企業側の証人として排水は原告宅の井戸水には来ませんと言う。おかしいじゃないか、なぜ、排水が原告宅に来ないと言えるのかを説明しなさいと追及した。するとその答えは「コンピューターに聞いて下さい。コンピューターがそうなると言っています」と答えて平然としている。結局条件の取り方を一つ一つ潰していかないといけないことになります。この条件を設定したのはなぜ正しいのか。条件を設定したのはあなただから、なぜこの条件になるのか。違う条件の設定の仕方があるじゃないかという追及をすることになる。この証人はこの追及で条件の設定が誤っているとこてんぱに叩きのめした。おかしな結論になるのはおかしな条件設定に決まっている。

本当は農水省のアセスメントでも開門判決の差止訴訟の審理をわれわれにやらせてくれたら叩き潰せた。しかし、国と農民たちの間での慣れ合い訴訟なので国はわれわれにやらせてくれない。私たちが補助参加して国の主張はおかしいと準備書面で証拠資料をいくら出しても国の反対を理由に裁判所は採用しない。

慣れ合い訴訟に長崎地裁の裁判所が加担したのはとんでもない話です。なぜ加担したと言えるのか。実は裁判所は加担したという証拠資料を残してしまった。この経過を少し整理してみます。

まず確定判決を止める仮処分の審理が進行する。最初裁判所は中立だったと思える訴訟指揮をした。国に対して毎回毎回お説教、「それでは国は勝てない。開門しても防災と農業被害をちゃんと防げるということを主張立証しないといけない。農業被害が起きるのを止めることを口先でいってもダメですよ。具体的にどういう措置をとると主張立証するだけではなく、具体的に予算措置までついているということを示さないといけない」。裁判所は毎回毎回国の代理人にそう言い続けた。

民主党政権の諫早干拓の担当者の農水副大臣が弁護士です。私は『現代農業』という雑誌の「農家の法律相談」というコーナーの回答を三〇年以上やっているが、その担当の弁護士の前任者だったのです。国会議員になったので私が後継者になっている。農業の専門の雑誌の法律相談の記事を書いていた珍しい弁護士です。弁護士同士ですからお互い意見交換をして、このままいくと農水官僚は負けるつもりですよと警告し続けた。しかし、農水副大臣が言ったぐらいでは農水官僚も法務省の訟務局も言うことを聞かない。法務大臣でも軽量だったら聞かないでしょうね。

訟務検事は、農水官僚の意向を基本的に尊重して、法務省の省益、ほかの裁判との兼ね合いが矛盾しなければそれでよい。逆に他の裁判に影響を与えるのであれば、農水官僚がどれだけ言ってもダメです。

黒い雨訴訟で控訴して上にいかずに従うかどうかという話になった時にも厚労省担当が飲めないとなれば、訟務検事も従わざるを得ないと思います。厚労省が飲んだ場合、ほかの裁判に影響を与えるかどうかの判断になる。

ほかの事件の影響をどこまで考えるかという判断がきます。

この裁判の長崎地裁の和解のときの訟務局長は、最高裁勤務を経験して行政局長を務めた裁判官です。その立場の場合、どちらに従うかです。法務大臣と最高裁出身の訟務局長が対立したわけではなくて、最高裁と農水省官僚組織との合意が成立しているということにならざるを得ない。

結局、長崎地裁で国の和解案についての話を一年間やります。そのとき私たちの持っている確定判決は、長崎地裁の仮処分と本裁判の判決で止められることになる。だから国の案に従って開門しない前提での和解解決をというのが長崎地裁の裁判長がとった態度です。

最初の段階では国に勝たせるとは必ずしも思っていなかった。だから予算措置までとらないとダメですよと言い続けた。裁判所の訴訟指揮に従って言う通りにしたら国に勝たせるつもりだったと思います。国が勝つつもりならその国の意思に反して確定判決を止めるなんてそんなだいそれたことをするなんて裁判長はするつもりはなかったと思います。

ところが三年の期日が迫る。その前に仮処分決定を出さないといけない。予算措置までしないといけない。予算措置の原案を財務省に要求する期日はいつですか、それまで待ちましょうと裁判長は言って、決定を出す予定の日を延ばすことになったわけです。仮処分の審理が延びる。裁判所はそこまで待った。待った段階で、結局、概算要求できちんとした予算措置はとれない。だから国は勝つ気がないということを裁判所は十分理解したわけです。国側がやるべきことをやらないから国を負けさせますということにならざるを得ない。それまでの訴訟指揮から言えば当然そうなるはずでした。期日の入れ方をみると裁判所が最初から国に加担して一枚かんでいたとまでは私は思わない。しかし和解勧告文を出した時点では、明らかに国と歩調を合わせていました。その証拠が勧告文に出てくるのです。

和解勧告文

この時の和解をめぐるやり取りを整理してみます。国側が時間の引き延ばしをして、長崎地裁の確定判決差し止めの仮処分決定が出る。私たちの確定判決を一旦差し止めておいて、その状況の下で和解開始になる。この時最初に和解の話をした福岡高裁の請求異議訴訟の和解勧告文は、話し合いが必要ですという極めて穏当な勧告文です。大工強さんという裁判長が「開門非開門と言うけれど第三の道はありませんかね」とわれわれに言いました。話し合いでそれを探るのであればわれわれは賛成ですよというやり取りを福岡高裁でやる。

それから一週間かそこらで長崎地裁から和解勧告文が出る。これが開門しない前提でという和解勧告文です。福岡高裁は開門しない前提でとは言わない。長崎地裁の裁判長も福岡高裁と同じように第三の道はありませんかねとわれわれに言ってきた。同じ第三の道という表現を使ったので、私は最高裁からこの第三の道という言葉を使ったなんらかの示唆があったのではないかと考えました。私たちは長崎地裁の裁判長に開門しない前提の話しかしないというのはおかしいのでそれは応じられないが、開門しない前提で議論をまず先にやりましょう、開門しないという議論が行き詰まったら今度は開門するという議論をやってくれるのかと裁判長を問い詰めた。裁判長は「やります」と私たちに結局約束した。それなら和解協議に応じると協議に入る。

まず仮処分で確定判決が止められている。本訴の裁判が進行しているので翌年の三月までには本訴の判決が出るわけです。そうすると長崎地裁が出す差し止めの判決が確定した場合にはわれわれが持っている確定判決よりも直近だし効果がある。事情が変わったということでわれわれの確定判決に対する強制執行差し止めの請求異議訴訟は高裁でわれわれが負ける蓋然性が大きいと和解勧告文に書いてある。だからいまここで和解した方がいいよと。全く同じことを、国の代理人の訟務局長も第一回の和解期日の席上で言いました。

長崎地裁が出す判決は一審判決です。もちろん裁判官が同じだから一審判決は仮処分決定と同じ結論になる。そこまでは理解できるが、その判決が確定するとなぜ裁判長は考えるのか。さらにその確定は裁判長はいつと考えるのか。どういう場面なのか。私の常識では、どちらが勝とうが高裁に行く。最高裁に行ってようやく確定する。高裁で審理中の請求異議訴訟の結論に影響を与えると言うけれど、請求異議訴訟はもう結審間際で進行している。この地裁の判決が最高裁まで行って確定する前に、請求異議訴訟はとっくに終わっている。長崎地裁の判決が確定して請求異議訴訟に影響を与えることができる場面とはどういう場面か説明しろと裁判長に厳しく迫りました。

裁判長は驚くべきことに黙秘権を行使します。答えない。私たちは答えるまで一時間待ち続けました。陪席が休憩、休憩と一生懸命メモを回す。その後も一切この問いには答えませんでした。

裁判長は国を負けさせる判決を書くつもりでいる。本人が書く判決ですから当然内容もわかっていることで、そこまでは訴訟指揮から当然だと思います。問題なのはこの国を負けさせる判決も国は控訴をしないで確定させるという確信があったわけです。高裁で進行している請求異議審の判決前に長崎地裁の判決が確定する場面というのは、国が判決に従い控訴しないということしかありえないのです。でないと和解勧告文にそんな文章は書けない。国を負けさせる判決について控訴しませんから、われわれを安心して負けさせてもいいですよと、国の代理人が裁判長にそうささやいた。裁判長もその国の代理人の提案に乗った。それがこの和解勧告文に証拠として残ってしまった。

一審判決がそのまま確定するなんて普通は書けない。普通はありえない。裁判長は私たちのこの問いかけに答えられない。質問にも答えようとはしない。結局、そのあとの経過はこの時の内容の通りになった。国は控訴しないで判決を確定させる。われわれの補助参加者の控訴も勝手に取り下げて控訴させない。

私たちはこの和解勧告文の文章から、そのあとの展開が予想できたので、その対策のためにもう一つ裁判を起こしておこう。早めに起こしたら国に対策をとられて切り崩しにあうから結審間際に提訴した。今度は補助参加ではなく主体的に独立当事者として参加する。補助参加だと国の意向に反した活動はできない。結局国はわれわれの想定通り控訴しない。われわれが補助参加人として控訴したら国が勝手に取り下げる。しかしわれわれが独立当事者として主体的に参加した訴訟で控訴したからこの長崎地裁判決は確定判決にしそこなった。結局、控訴審として福岡高裁に来たというドタバタ騒ぎがあった。

このことによって農水官僚の思惑通り、私たちの開門を命じる確定判決の履行を許さず、絶対に開門しないという最高裁、法務省（訟務局）、長崎地裁三者のオール法曹の一致した策動が行われたことが明らかになったとしか評価できないと確信しています。

漁業権一〇年説という理屈

訟務検事はもともと裁判官です。裁判官がそんなみっともないことをしていいのか。司法の独立はどうなっているのかという疑問があります。われわれと国の代理人として激しくやりあっていた訟務検事がある日突然別の国相手の裁判の裁判長席に座っている。しかも国を勝訴させる判決を書く。われわれを負けさせる。これはいくらなんでもいかんでしょう。国民のほとんどの方がこのような実情を知らないのではないでしょうか。もし知った場合、それで良い、構わないと支持されるのでしょうか。私は決して許されないことだと思っています。

長崎地裁の和解協議の第一回に驚くべきことに訟務局長が自ら東京から出張してきて和解した方がいいと私たちにお説教した。私は怒って「あなたはいままでの経過を知った上で発言しているのか。われわれは和解した方がいいと何年間も言い続けてきた。国はずっとそれを拒否してきた。何を今頃和解した方がいいなどととぼけたことを言っているのか。これまでのことを勉強してから来い」と怒鳴った。たぶんいままで怒鳴られたことは一度もないと思います。黙りました。

私の五〇年の弁護士経験で訟務局長が法廷に来たのを初めて見たと言ったら、ちゃんと物知りがいて、沖縄の辺野古をめぐる裁判にも出ていると教えてもらいました。

「漁業権一〇年は私が考えました」と訟務局長が言った。「あなたが初めて考えたわけではなく、条文にそう書いてあるからみんないままで一応は思いついてるけれど、誰も裁判上正式な主張として言わなかった。間違いに決まっているから言わないことに意味がある。それを敢えていまさら言うことは恥ずかしい」と言い返した。

ちなみに辺野古の訴訟でも地元の漁民が持っている漁業権が問題になりました。結局この漁業権一〇年という主張は私たちが上告した最高裁で違法な判断として破られます。最高裁から来ていて、しかもその局長が漁業権一〇年と主張して、それを敢えて福岡高裁が採用してわれわれを負けさせた。それが最高裁でお叱りを受ける。判断を誤った違法な判決だと。福岡高裁に差し戻されて戻って来ている。

なぜそのようなドタバタ騒ぎになるのか。最高裁が否定せざるを得ないような判決を高裁がなぜ書いたのか。私が考える一番の理由は、その時点で国が主張していた他の理由では勝たせられない。まずとりあえず国を勝たせる理屈が何が何でもほしい。

なぜ何が何でもとりあえずでも国を勝たせないといけないのか。国は請求異議訴訟で最終的に結果として負けてもしかたがない。私たちの確定判決とそれを差し止める判決との板挟みになった形で構わない。そう考えるのであれば結局福岡高裁の漁業権一〇年を採用して私たちを負けさせた判決時点とそれを破棄し差し戻したいまの状況の何が違っているのか。

あの時は私たちが求めた間接強制が国に対してかかっていた。間接強制の金額がどんどん膨れ上がっていた。国は何が何でも間接強制を止める必要があった。このことについては板挟みでほっとけばいいということにはならない。国を勝たせた漁業権一〇年というあの判決の直接の効果は、国を勝たせることによってその時点で間接強制金の支払いを止めることができた。いまは間接強制を止めているから板挟みと言ってほっとけばいい。国はそれで何も困らない。間接強制金の支払いは何が何でも止めないといけない。しかし国に勝たせるほかの適切な理屈が見当たらない。一〇年というのは形式的には成り立つ。しかもあとに他の事例に影響を与える法律解釈の勝たせ方は困る。

確定判決の実行が権利濫用だなんてそれで勝たせたら裁判実務上大ごとです。そんなもので勝たせるわけにはいけない。漁業権一〇年で勝たせる理屈は形式論理的には成り立つようにみえる。そのあと負けさせても影響がない。実に考え抜かれた理屈です。福岡高裁で勝って最高裁で負けても構わない。一〇年で漁業権が失効するというのは実務に影響を与える。だから最高裁で取り消したら元に戻るので実務に影響を与えない。一番いい理屈だったわけです。

こんな判決を書いた高裁の裁判長もみっともない思いがするけれど、最高裁からお叱りを受ける。だけどこれを主張した訟務局長はそのあと札幌地裁の所長、東京高裁の裁判長になっているわけです。お叱りは受けるけれどお咎めはない。非常に高等戦術だったといま私は確信しています。全体の話としては矛盾がなくうまくやれるわけです。最高裁も間接強制は止めないと困る。実務に影響を与えない形で高裁判決を取り消す。ウルトラCです。なるほど間接強制を止めるための高裁判決だった、とようやく納得がいった。国にとっては何よりも間接強制を止める必要があったということです。

一〇年説は現場の運用からいったらとっても困る。一〇年でそのあと権利がどうなるかわからいのであれば漁民は漁船なんか造れない。銀行は安心してカネをその製造のために貸せない。カネを貸したら一〇年後漁業がどうなるかわからないのでは到底貸せない。そんな判決を認めることはできないのはわかりきっている。しかし、敢えてそれを採用して福岡高裁は私たちを負けさせた。結局やりたかったのは間接強制を止めるためだと考えたらなるほどねと、とりあえず納得がいきます。

そもそも長崎地裁の裁判長は、確定判決を差し止めるという自分が書く判決が確定する、国が控訴して争わないことをわかっていた。しかも自らもそれに賛成して加担した。和解協議もその通り実行した。その通りのことが現実に起きて、われわれがそれに抵抗を続けたというのがそのあとの状況です。ちなみにこの時の訟務局長は、二〇二三年夏定年退官しました。さらにそのあとの展開については後述します。

第7章　住民参加から住民決定へ

誤った事実認定

確定判決に対して国から請求異議が出て、その結果、福岡高裁において漁業権の存続期間は一〇年ということで漁業権の行使権に基づく権利行使が一〇年を経過したあとは認められないという理由で負けさせられた。これに対して、最高裁は、全体の漁業権を行使する権利は続いている、そのほかの論点を福岡高裁は議論しないで判決を書いているのでその判断をしろと言って高裁に差し戻した。その差戻審の判決が二〇二二年三月二五日に出たという流れになる。

問題は、訴訟法的にも実体法的にもいろいろな論点を含んでいるというのはその通りだけれど、個別の訴訟法的あるいは実体法的な議論の論点というのが、細かい枝葉末節、木を見て森を見ずの典型的な議論がいまおこなわれている。この有明訴訟だけではなくいまの裁判が全般的にそのような傾向があると思う。もともとの原理原則から考えれば当然あるべきだと思われる結論がきちんと明確にみえているのに、細かい枝葉末節の個別議論を形式論としてやると、基本の議論に反したとんでもない結論が出てくる。私が水俣病や予防接種訴訟などで、いろいろ指導していただいた東大の医学部長だった白木博次先生は、このような判決を「理路整然とした非常識」と言っていました。

民事訴訟の制度というのは国民の権利保護を目的とする制度です。それをつくった国が国民の権利保護を回避して、私に言わせると逃げ回って、その逃げ回るためのコスト、特に間接強制金という判決の執行の強制を回避するためのコストを税金によって賄う。高齢の漁民が引退するのを待つ。それが全体の法体系、法秩序、とりわけ国民の権利保護という法体系から許されるのか、というのが基本的問題です。

ちゃんと確定判決通りやれ、判決を守れと言ったらそれが権利濫用になる、確定判決の履行を強制することは許されないというのは恐るべきことです。それが国民の素直なものの考え方だと思います。それをいろんな法理によってそのような素直なものの考え方が国によって否定されるのが当然だという考え方というのは明白におかしい。それも正しい事実判断と正しい法解釈上そうなるという議論が成り立つのであれば、それでもまだましな議論です。しかし三月二五日に敗れた判決はそれもない。全く誤った事実認定によって形式論理に基づいて誤魔化した。

菅野補足意見

そこにはトリックがあって、一番大きなトリックは、最高裁の差戻審でいわゆる菅野補足意見がやっている。どういう場合に権利濫用になるのかという判断の枠組みがある。最高裁の昭和六二（一九八七）年の判決の四要件を皆さんお引きになる。私もこの要件自体に異論があるわけではない。四要件とは、当該債務名義の性質、その債務名義によって執行できる確定された権利の性質・内容、債務名義の成立の経緯および債務名義成立後の強制執行に至るまでの事情、強制執行が当事者に及ぼす影響等である。この四つの他に諸般の事情を総合して判断する。裁判所でこのごろ流行るいわゆる総合判断です。

菅野博之裁判長はその四要件のみを引用したわけです。問題は、昭和六二年の最高裁の判例は、次の部分が付け加えられている。「債権者の強制執行が著しく信義誠実の原則に反し、正当な権利行使の名に値しないほど不当なものと認められる場合であることを要する」。四つの要件を単に一般的に判断するべきだというのではなく、「著しく信義誠実に反し」「正当な権利行使の名に値しないほど不当」という場合、すなわちよっぽど極端な場合だよと昭和六二年の最高裁判決は言っている。ところが驚くべきことに菅野補足意見はいまの部分を落とすわけです。書いていない。それはないだろうというのがわれわれの意見です。債務名義が一般的に金を返せという約束を守りませんでしたというものと、確定判決を実行しなさいというのでは格段の差があるのはわかりきっている。

権利の性質内容も、有明海が壊滅状態に陥るという話です。いままでの事情にしたって、国は確定判決を履行できなかったと言うけれど、そんなバカなというのが一般的理解です。それと事情の変化は、有明海の漁獲高が回復していると今度の高裁は言ったわけです。仮にそのような事情があってもわれわれの強制執行が信義誠実の原則に反するか、それも著しくです。正当な権利行使に値しないほど不当な行為なのか。

菅野裁判長はいまの部分すなわち「著しく不当」という部分を補足意見で書きませんでした。今度の高裁判決もこの部分を前提から落としています。だからその判断をしていません。私は詐欺だと思います。そして事実認定の部分でさらに詐欺を行うわけです。判決の事実認定の部分で詐欺が行われるとどうにもこうにもならない。

マスコミの論調

二〇一九年九月一三日、最高裁判決が出て、漁業権が一〇年で失われるという判決は違法だ、他の論点が審理されていないのでその審理をしろと言って福岡高裁に差し戻した。ところがこの最高裁判決の新聞の見出しは、菅野裁判長の補足意見について、「最高裁、開門無効化も示唆」（『佐賀新聞』）、「にじむ開門せず」「『紛争が長引き、防災面や干拓地での営農なども考慮すれば開門するのは難しいというのが最高裁のメッセージだ』と語った」（『朝日新聞』）というのが一番わかりやすい。マスコミはほぼ全紙差戻審で国を勝たせるというように補足意見を読んだ。

この意見、読み方は法論理的に言えば菅野裁判長を侮辱したことになる。まだ高裁では審理されていない、審理不十分だからその部分をちゃんと審理しなさいと言って差し戻した。審理不十分と言いながら、しかし本当は国が勝つに決まっていると言ったらとんでもない裁判官だということになりませんか。それこそ原理原則から考えたら、予断をもって裁判をしている裁判官だと自ら言っていることになる。それはおかしいだろう。菅野さんが指摘した論点は、この点の審理をちゃんとやれと言ったのであって、これを理由にして国を勝たせろと言ったわけではない。

すべてのマスコミと言っていいと思います。差戻審で国が勝つとマスコミ各社が言った。最高裁の司法記者クラブの記者たちの記事ですから、福岡から来ているある記者なんかは私にわざわざ「明日の記事は申し訳ないですね」と言った。私は記者へのレクチャーで、農水省の大本営発表をそのまま記事にしてはいけない、差戻審で国を勝たせるということの読み方は論理的におかしいですし、法制度上もあってはいけないと力説した。ただし、国を勝たせるという「オール司法の意思統一」があると記者さんが書いたのは、私の考え方からすると、わからないわけではない。これまでの経過からみると当然記者さんが最高裁は国を勝たせると言ったと思ったのはあながち非難できない。

ただそうは言っても事実認定で覆るなんてことはありえないと思っておりました。菅野裁判長が「著しく」という部分を落としたとしても単純な四要件だけでも負けるわけはない。そもそも海の状況が回復しているというのはナンセンスです。漁獲高が回復しているというのもとんでもないナンセンスと思っていたのに差戻審はそれを認めたわけです。事実を歪めてでも何が何でも漁民を負けさせるというのは驚くべきことだと思います。

菅野裁判官は福島の原発事故の国の責任を否定する判断を書いた裁判長です。福島原発ではもっとはっきり国の言いなりになった姿勢がでた。重要論点を無視して国を勝たせるという結論だけの判決を書いた。主要論点については全く無視です。何が何でも国を勝たせるという姿勢が明快に出た。

国を勝たせたことが悪いと言っているのではなく主要論点をすっ飛ばしたことです。逆に言うと、負けさせ方としてはある意味では一番有難い負けさせ方です。説得力を著しく欠いている。これを正面から主要論点についてきちっと押さえて負けさせられればそれを覆すのは大変苦労する。主要論点をすっ飛ばしたからそこは勝負がついていない。その論点を無視していいのかという問いかけが可能である。まじめな裁判官ほど下級審は大変です。最高裁判決がありますの一言ではすまない。最高裁は重要論点を議論していない。最高裁はそこを無視しました。最高裁の議論がありませんという喧嘩ができる。

菅野裁判長の補足意見をマスコミのように読むのは間違いだと思います。あの文章だけを読めばそう読めるはずがない。ただし、読み方としては、結果論としてマスコミの方が正しかった。マスコミが予言した通りになった。これは農水省が解説した中身だと思いますから、農水省の解説通りになった。

草野裁判官の意見

菅野裁判官の意見は補足意見です。これは多数意見をさらに敷衍して書いた。だから全員の意見と基本的には一致しています。補足意見というのは多数意見をさらに補足して述べたものです。一応、全裁判官の意見と言えるわけです。それに対して、草野耕一意見というのが付いています。これは文字通り個人の意見です。他の三人の裁判官は別に賛成したわけではない。草野裁判官が勝手に自分の意見として書いた。これが驚くべき内容です。

国が確定判決を履行するために支出しなければならない金額が、損害を上回る場合、履行したことによって得る利益よりも上回る場合、しかも損害を弁償していると考えられる場合は、執行を強制するのは権利濫用であると言って、間接強制金を原告の四五人分の損害額を計算してみせて、間接強制金の支払額がそれを超えていると認定した。

まず間接強制金の支払が賠償金かどうかが大問題ですけれど、仮にその計算が正しかったとして、なぜ間接強制金が損害賠償金を支払ったことになるのか。これが理解できない。驚くべき論理のすり替えがある。この論理のすり替えは裁判官としての見識がないことの証明です。この裁判で争われているのは何かという問いかけを全く理解していない。損害賠償の裁判ならまだこの考え方でいいです。これは損害賠償の裁判ではなく、有明海を元にして返せ、漁場環境を回復せよという裁判です。漁場環境の額がなぜ原告四五人の個人的な漁獲高なのか。論理的に整合しない。彼は、全く物権的請求権を理解していないか、われわれの訴訟を全く理解していないか、あるいは理解したけれどそれを無視したか。どちらにせよひどい裁判官としか評価のしようがない。何度も繰り返しますが、漁場環境を回復せよというわれわれの要求に対して四五人の損害賠償額を払えばいいと言うのはとんでもない議論です。裁判官として本質的に失格です。

草野裁判官の考え方によれば、われわれの確定判決を止めるために必要な農民たちの損害は長崎地裁が農業被害として認めた原告三人の被害になる。この三人の被害によって私たちの確定判決は止められたことになる。長崎の裁判所はさすがに三人の損害だとは言っていません。その背後に多数の農民たちがいる。だから同じ被害を受ける全農民の被害だから差し止めを認めることになるとちゃんと説明しています。当たり前です。草野裁判官によれば、長崎地裁の認定は誤っていることになる。しかも誤った長崎地裁の判決を控訴もせずに国が喜んで従ったことを草野裁判官はどう評価するのかと言いたくなる。

草野裁判官の意見は、間接強制金の支払額は原告の漁業被害と比べて超えており、塡補されているという意見です。裁判をした原告のその漁民の被害に限定した考え方です。しかも物権的請求権でしょう。二重にも三重にも間違っている。物権的請求権に基づく請求だと当然のこととして個人の議論ではないということになります。要するに漁ができないという判断です。裁判原告の一人ができない、他の人はできるという議論ではないというのは当たり前の話です。それを原告一人の議論でやろうとする。物権的請求権に基づくわれわれの差し止めだったことを草野裁判官はわかっていないとしか言いようがない。そんな最高裁の裁判官がいるんですかね。

少し事件の内容を勉強したら、確定判決を止めた長崎地裁の裁判官の論理がある。もう一つの湾内の漁民の裁判が一審で負け上告審が同じ草野裁判官の裁判所に上告されている。われわれの請求異議の判決の直前にわれわれの上告を退けて負けさせた。その時の理屈で私たちが主張した湾内の全漁民が漁をできないという被害と、福岡高裁が認定した一人一人の漁民の個別被害に限定するという論理とどっちをとりますかと最高裁に答えを迫った。私たちの確定判決を止めた長崎地裁の全農民の被害の考え方についてその限りで賛成です。この認定は正しい。ところがわれわれに対しては個人の額まで要求をする。それが立証されていないという理由で負けさせた。それはおかしいじゃないですか。別件の裁判で長崎地裁は正しい立場をとっている。負けた裁判でその理由をなぜとってもらえないのか。それを答えてほしいというのが上告の理由だったけれど答えませんわね。平然と個人の損害でいいと。確定させた長崎地裁の判決は、草野裁判官から言うと間違いの判決です。

事実とは何か

水俣病訴訟弁護団のモットーですけれど、一にも事実、二にも事実、三にも事実、理屈で勝とうと思うな、事実で勝負と言い続けてきた。事実は嘘をつきませんから、加害企業や裁判官がいかに誤魔化そうとしても誤魔化しきれない。だから必ず勝てると単純に考えそう言って実行してきた。いままでは確かに事実で勝ってきた。ところが驚くべきことに事実を誤魔化す裁判官が出てきた。まず国が主張で誤魔化します。国が誤魔化してもその主張はおかしいとわれわれが指摘したら裁判官は正しく従ってきたのに、われわれの指摘と証拠を無視して、国の誤魔化しにそのまま飛び乗る裁判官が出てきた。恐ろしいとしかいいようがないですね。

われわれが学生のときにE・H・カーの『歴史とは何か』（岩波新書）が出版されて夢中になって読んだ。今度、新版（岩波書店）が出たから改めてまた読んでいる。事実とは何か。歴史家と法律を扱う人間はたぶん同じことをやっている。一定の歴史的事実を確定する。確定するときに何を事実とみるか。歴史的事実とは何か。

カーは印象的な例を挙げる。無名の人が殺される。その事実を著名な歴史家が論文のなかで指摘する。いまだかつてそんな事実を誰も問題にしたことはなかった。著名な歴史家が初めて指摘したわけです。これが歴史的事実となるかどうか、それは今後の展開にかかっているという指摘をする。他の人がこの事実を引用していくかどうか。いままで光を全く当てられていなかった事実がある場面で指摘される。そのまま消え去るか、それとも歴史的事実として確立した事実になるのか。それは今後の展開ですよと。ある人にとっては大変な意味を持つ事実がある人にとっては全然意味を持たない。圧倒的多くの人が関心を持たない事実であれば歴史にはならない。誰もが問題にしなかった事実をある視点から捉えて社会に引っ張り出してくる。それが歴史的事実として確立する場面がある。

法律の世界の事実はそういう意味の事実ではないんだろうけれど、どういう位置付けをして、どういう意味からその事実をみるかという点では同じ部分がある。有名な話ですけれど、ペリー・メイスンというドラマ上の偉大なる刑事弁護士がいました。作家はガードナーという弁護士で、西海岸で中国人とかメキシコからの労働者たちの貧しさから国選弁護しか受けられない人たちの弁護をむちゃくちゃやった。数をこなしているから、ペリー・メイスンが偉大な刑事弁護士になるのはある意味では当たり前なんです。

ペリー・メイスンはこのように言っています。「状況証拠は信用できない、状況証拠は嘘をつくとみんな言うけれどそれは間違いだ。状況証拠こそが証拠の王である。状況証拠は嘘をつかない。嘘をつくのはそれを見た人間だ」。解釈を間違えている、あるいは説明を間違えているわけです。状況証拠が持っている意味を正しく理解すれば証拠の王であると。これはそのまま事実に当てはまる。一つの事実があって、その事実をどう利用してどう読むか。それを最初から悪意を持ってみられたらかなわない。

品性を欠いた国の主張

一番典型が漁獲高です。漁獲高が回復していると判決は認定した。確かに国の主張に従ってその部分だけをみたら回復しているようにみえる。有明海特措法に基づく調査を一九七二年から二〇一八年まで毎年やっている。これは国自身がやっている調査です。増えたようにみえるのはシバエビを入れているからです。シバエビを入れておいて、減り方の少ないものだけに議論を限定すれば、増えたようにみえる資料がつくれる。国は主張において文字通り資料を勝手につくった。

確定した原判決が認定した魚種に基づいてそのあとどう変化したかという議論をするのが一番フェアだと思います。有明海が回復したかどうかという問題だから魚種は限定しなくてもいいというのは一つの考え方です。ただ限定しておいて都合よく選んだ魚種について減ったものと増えたものを足し合わせて増えたという主張はないでしょう。

このごろ国の主張は著しく品性を欠くと私は言っています。弁護士でもこんな主張は恥ずかしくてとてもできないという主張を国が平然とする。その主張を言う国の代理人が、本籍は裁判官ですからびっくりします。一定の品性を保ってもらいたいと本気で思います。

有明海・八代海等総合調査委員会は、国の主張と違って魚種を適当に選んだわけではない。有明海がどう変化しているのかをまじめに調査研究する機関ですから、それが出した報告書は少なくとも尊重しないといけない。国はその調査結果と違う主張をするのであれば自分の研究機関が間違っているということを正面から言わないといけない。

私たちは「上告受理申立て理由補充書」として二〇二二年九月に提出しました。「有明海・八代海等総合調査評価委員会中間とりまとめ」は、一九七二年から二〇一八年までの有明海の魚類漁獲量（海面漁業）の経年変化を報告した資料です。この委員会は有明海特措法によってつくられた正式の政府機関です。この報告書には次の指摘がある。

「一九八七年（昭和六二年）をピーク（一三、〇〇〇トン台）に、減少傾向を示しており、一九九九年（平成一一年）には、六、〇〇〇トンに割り込んだ。減少傾向は二〇〇〇年（平成一二年）以降も継続し、二〇一五年（平成二七年）以降の数年間は低位のままほぼ横ばい傾向を保ったものの、二〇一八年（平成三〇年）には過去最低となった（二、四五五トン）」。

だから最盛期から五分の一以下に落ち込み続けている。これが国の有明海特措法に基づく委員会の公式見解です。自分の出した機関の結論にも反した主張をし、あろうことか裁判所がそれに悪乗りして国の誤った主張通りに認定した。最高裁はこれを認めるのですかというわれわれの問いかけです。最高裁がなんというか楽しみですよね。

確定判決は無効になったのか

今度の判決が持っている問題点はいっぱいある。一つは事実上の再審をやったことです。開門を求めるかどうかは公共性、いまやっていることの公益の部分と発生する被害との比較衡量になる。当然われわれが持っている確定判決は被害の方が大きいと判断したわけです。だから回復させるために開門すべきと判断した。われわれの単純なものの考え方だとそこで事業の公益性と被害の大きさとの議論は確定しているわけです。その確定していることをあとから問題にしようと思えば、その法律制度は再審しかないと思ってきたわけです。確定判決の判断を間違っているというのであれば再審でその議論をすべきだと。ところが再審ではない。強制執行を許すか許さないかという審議のなかでその利益衡量の判断に踏み込んだというところがいくらなんでもやりすぎではないか。

再審と今度の裁判が区別されるのは前の確定判決の口頭弁論終結時までの事情とその事情を前提にしておこなわれた判断です。その判断はもう確定しているわけだからいまさら問い直すことはできないというのが単純な理解です。ところがそれをさかのぼって事業の公共性自体と漁民が受けている被害を改めて比較検討するというのは、それは法制度上いかんでしょう。再審でやるべきことを請求異議の名を借りて再度の審理をやってしまった。それが一番私は納得できない。

次の問題は請求異議審の判決でわれわれの確定判決の強制執行を禁じる。その判決に対する評価として、われわれの確定判決が無効化されたという評価です。マスコミだけではなくそういう言葉を使われている学者がいらっしゃる。確定判決に対して請求異議が認められたら、つまり強制執行が禁じられたら確定判決は無効になったのか。

法律家としてはちゃんちゃらおかしい議論です。正面から聞かれたら請求異議審の判決で確定判決が無効になったという法律家は一人もいないと思います。国会でも総理大臣、法務大臣、農水大臣みんな口をそろえて「無効になるわけではありません」と答弁していた。ところが無効化という言葉がマスコミでは独り歩きしています。無効にする判断は法律的にはたった一つ、再審で国が勝つことです。再審で勝ったわけではない。強制執行が許されないという判決が出ただけです。

この論点を私がわざわざ言うのは、今度、差戻審で敗れて高裁で国が勝った。高裁で私たちがまた負けた理由の一つは、時間が経って事情が変わったので、強制執行をすることが権利の濫用だという判断です。この理由として漁獲高が増えたからだと。そうすると根本的議論としては五年後漁獲高がまだ激減しているままだとしたら、また事情の変更でわれわれの強制執行が許されることになるのではないか。強制執行は事情の変更によってできることがあり得るという判断です。事情が変わったらあり得るということに論理的にはならざるを得ない。そのような法的不安定な判断をしていいのか。現状をそのまま認めようという判断と法的安定とが必ずしも一致しない、矛盾したものになっている。それは事実に反しているからです。権利濫用だといわれた事実についてわれわれが反証に成功したら許されるということにまた変わる。非常に法的安定性を害する判決を書いている。これが再審判決と決定的に違うことなのです。

請求異議審の福岡高裁は、事実上再審をやった。事情変更というのは、確定判決の結審時のあとの事情に限定される。その前の事情に踏み込んではならない。確定判決のときに前提とされた事実によって一定の判断をした。権利の濫用かどうかはそれからあとに起こった事実を判断する。ところが今度の請求異議審は、公共性と差し止めの優劣を判決前まで戻って判断した。今回の請求異議審の判断の異常さの一つの特徴です。違法性判断が確定判決判断のもとに戻った。判決前の結審時の状況よりも前の事情を加味して判断した。とんでもない話です。従来の法律判断では考えられないことを次々とやる。逆に言うとそういうことをやらないと国を勝たせることができない。何が何でもわれわれを負けさせようとしている。

そもそも論に戻りますけれど、強制執行を許さなければ判決は無効になったのか。私が無効はおかしいと言ったら、「なら無力化という表現ならばいいですか」とマスコミから言われます。その判決は実行できない絵に描いた餅だと。しかしマスコミがそういうふうに言うこと自体、そこには恐るべき前提がある。つまり強制執行をしなければ国は判決には従わないものだと。自ら従うことはしない、強制執行されたらしょうがない。民間人同士の争いでそんな態度をとった人がいたら強く非難されます。「私は強制執行を受けるまでは判決が何と言おうと絶対従いません。自分で進んで判決に従うなんてそんなことは実行しない。どうぞ強制執行をして下さい」と言い放っている。そんな人を私たちは無法者と言います。順法精神を著しく欠いている。

強制されるまでもなく自ら実行するのが良識ある人間です。最も良識あるべき人間は誰か。国が一番良識がないといけません。判決は自ら守ると、強制なんかされなくて自ら実行する。強制しなければしなくていいなどと、まともな人間としては恥ずかしいことを国は平然と言い、驚くべきことに学者もマスコミも含めてそれを当たり前であるかのように言う。とんでもないことを平然と言い、それをみんなが黙って支持する、極めて異常な状況がある。これが異常な状況だということにならないのが諫早の問題の一番奇妙なところです。常識外れです。まともな判断とは到底思えないことを裁判所はしている。マスコミも含めて非難しようとしない。これが一番の問題点です。

「和解協議に関する考え方」

私たちは、請求異議差戻審において福岡高裁が示した「和解協議に関する考え方」（二〇二一年四月二八日）を高く評価した。裁判所が強調したことは、現在いくつも存している有明関係の訴訟において、例え一つ一つの判決が出てもどちらが勝とうが負けようが根本的、抜本的に解決することにはならないという点です。本当に抜本的に本質的に解決するためには関係した全当事者がきちんとした話し合いをする必要があるということです。

第一に、「紛争全体の、統一的・総合的・抜本的解決及び将来に向けての確固とした方策の必要性と可能性」という言葉を使っておられる。「判決だけではそのような広い意味での解決には寄与することができず、話し合いによる解決の外に方法はない」。さらに「和解協議についての社会的要請、当事者や関係者からの話合い解決の期待」が「これまでの経緯のなかで高まっている状況にある」ということを文書で強調した。

第二に、当事者だけではなく、「利害の対立する漁業者・農業者・周辺住民の各団体、各地方自治体等の利害調整と、これに向けた相応の『手順』が求められている」。要するに幅広い関係者の意向や意見を踏まえることが必要だ。

第三に、この話合いは誰が中心となってやるべきなのか。「国民の利害調整を総合的・発展的観点から行う広い権能と職責とを有する控訴人（国）の、これまで以上の尽力」。だから当事者としての国ではない本来の国が果たす役割を指摘している。

第四は、有明海の価値を正しく認識し、和解協議の意義を歴史的かつ広範なものとして捉え、明確に述べている。すなわち、和解協議によって、「国民的資産である有明海の周辺に居住し、あるいは同地域と関連を有する全ての人々のために、地域の対立や分断を解消して将来にわたるより良き方向性を得る」ということを強調した歴史的文書という評価です。

国はそれに対して一顧だにせず最初から問答無用で拒否した。新しい農水大臣が一〇月になって現地にお見えになりましたけれど、私は「この文書をお読みになりましたか」と農水大臣にお尋ねしました。「読んでいない」と答えられた。「ぜひ読んで下さい。これに対して何がいけないのか。国としてこの文書のどこがいけないから従わないのかをちゃんと答えるべきだ」。大臣が本省の局長に意見を求めましたが局長の回答は従来通りで、「皆さんがそうご希望になるのであれば、その気運が高まれば協議に応じてよろしいじゃないですか。拒否してはいない」。そもそも「気運が高まる」ように誰が努力するのか。「国は自分からしません」と局長は平然と言っていることになる。人任せです。この文書は国がやるべきだと言っている。それは国の本来の仕事だからと。

今度の私たちを負けさせる判決に対して一番違和感を持ったのは、福岡高裁が示した和解協議に関する考え方と正反対というか、正面から対立する考え方です。一番わかりやすいのが、和解の考え方の文書は原告の損害額が担保されていればいいでしょうという最高裁の草野意見の言い方と正反対で、有明海全体の回復、有明海の漁獲だけではないと福岡高裁は言っている。有明海周辺に実際に生じている社会的諸問題、有明海周辺に居住して同地域と関連する全ての人々のために地域の対立や分断を解消して将来にわたる道を探ると言っている。和解勧告文は正面から打ち出したわけです。今度の判決はそれを真っ向から叩き潰す、逆にそのような話合いを困難にする方向への判決です。最後に一言付け足して「国はちゃんと和解解決を考えてほしい」というのはかえってバカバカしい。それだったらそれに役に立つ判決を書いてほしい。

判決文が最後に付言と言って「有明海周辺で生じている社会的な諸問題は直ちに解決に導かれるものではありえない」「国民的資産であり、人類全体の資産でもある有明海の周辺に居住し、あるいは同地域と関連を有する全ての人々のために、双方当事者や関係者の全体的、統一的解決のための尽力が強く期待されるところである」

と付け加えている。和解協議に関する考え方と同じことを最後に付け足した。その方向へ行く判決を書くのが当たり前なのに、それと真っ向から対立して、地域としての解決を困難にする判決を書いて最後にこんなものを付け加える。これも私に言わせると品性を欠くとしか言いようがない。自らの判決に何の反省もない。悩みを言っているわけではない。

生きている大日本帝国憲法

一番単純な考え方でいくと実に簡単な話なのに、国や裁判官の立場ではややこしい話になる。権利とは何か。一言で言えば、自らが実効支配した領域が範囲として確立していて、周りがその実効支配の状況を承認する時点で権利が確立する。これが世界で通用する権利概念だと私は思っています。

一番わかりやすい例は、日本と韓国、中国の間にある島がどちらの領土かという議論になります。日本政府は、国内では権利とは国がつくって国民に与えたものだとお説教するくせに、自分の固有の領土の争いになると、日本が昔から実効支配してきて、その支配が確立している、だから日本の固有の領土ですと主張する。尖閣諸島でも日本の主張がそうです。もちろんそれが世界共通の権利の理解です。固有の領土問題に限定されません。権利というのはそうやって確立してきた。固有の領土と言っても単純に言えば土地の所有権の話です。他を排除して自分が支配してきたから実効支配は確立している。

権利には必ず「立ち入り禁止」という看板が立っている。他人には自分の支配領域に立ち入らせない、つまり排除している。他人が勝手に立ち入れるのであればそれは権利ではありません。これは法律の大原則で誰もこの原則は否定できない。

国内の国民に対しては国が法律をつくって国民に権利を与えた。だから民法七〇九条についても、古い文語文の時も、現在の口語文に直したあとも解釈として法改正はしていないと主張している。権利というのはイコール法律で保護された利益という部分を現在の口語文書では付け加えたわけです。昔は権利侵害という一言だけだった。「変わっていません。昔も同じ意味ですよ」と国は言うわけです。「法律上保護された利益」というのは増えた部分になると考えるのが論理的なのに、「権利侵害」と「法律上保護された利益の侵害」とが同じ意味だと言い募るのは誤魔化しです。「権利」の否定です。

法改正するのであれば法制審議会を開いて正規の手続きをとらないといけない。それをとっていないから違反している。それに対して、国、法務省は「前と同じ意味ですよ」と言う。それは国際的には通用しない議論です。国際的には実効支配しているという話に立ち戻らざるを得ない。そこをはっきりしないと国による権利侵害はあとを絶たないと思います。

どこからその間違った解釈が生きているのか。大日本帝国憲法が生きているとしかいいようがない。いまの権利概念はまさに大日本帝国憲法です。天皇が臣民に権利を与えた。だからいつでも取り上げることができる。さらに言えばわれわれが知っている法格言がそのまま生きていると考えざるを得ない。国家無答責という言葉です。「王は悪をなさず」という法格言です。さすがにいまはそれをそのままでは言えないから、国家無答責という変な日本語を持ってきました。国に対しては国民は責任を問うことができない。責任を問いたければそれを認める法律がいるという考え方です。国に対して責任を問うことができるのは国民の固有の権利として憲法上当然に認められる権利です。それを法律で制限できるのかという議論はありえても、法律で認めない限りはその権利はないというのは、それは明らかにおかしい。法律によってその権利を制限することは許されるのかという議論を立てないといけない。議論の前提が逆転している。これは大日本帝国憲法です。

それが法律解釈で現憲法下でも成り立つというのは行政法の解釈です。「王は悪をなさず」として国の行為は正当なものと推認される。違法な行為をやったと訴える国民側がきちんとその違法を主張立証しなさいと裁判の世界でいまそうなっている。しかし、逆であって、国がやった行為は法律上正しい行為だ、しかも国民の権利を侵害できるという正当な根拠があるということを行政側がきちんと主張立証しなさいというのが本来の原則のはずです。原則と例外が逆転している。近代市民革命による法律ではなく、明治維新で近代市民国家による制度を確立すべきだったのを中途半端な維新のため絶対君主制の原則が生きてしまった。それが戦後まだ打ち破ることができないでいるということだと思います。

われわれは打ち破ってきたと実は思っていた。四大公害裁判以来、公害反対闘争のなかで権利概念は大きく前進したと思っていたのですが遺憾ながら錯覚だったようです。裁判全体、あるいは法律制度全体がそうなっているわけではない。依然として大日本帝国憲法のものの考え方、つまり近代市民法から言えば著しくおかしな考え方が堂々とまかり通っている。

新しい権利概念

今度の諫早の問題である意味ではわれわれも徹底してたたかったと評価されていいと思います。普通、その矛盾がなかなか目に見える形では出てこないけれど、問題が大きく顕在化した。多くの裁判があって紛争が複雑化したと言いますけれど、話は逆です。複雑化するような局面に国がしているのをいままではそこまで問題にすることができなかった。われわれがその問題を顕在化させた。もちろん全部顕在化させたわけではない。まだまだ大きな問題はある。そのように評価するのが私は正しいと思っています。国民の権利をどう考えるのか、権利概念から問題を問うた。

例えば環境権を物権的請求権と同じように所有権などの国民一人一人が自分自身の固有の権利の一つとして考えるのかという問題がある。環境権というのは個人が持っている権利、所有権とかとは根本的に違うものだと私は思っています。環境権というのは、みんなのための権利、誰か一人が自分のものとして、排他性を持って支配するということはありえない。逆にそれをしてはいけないというのが環境権です。従来の権利概念とは根本的に違うと思います。

そこには新しい権利概念がいる。原島先生の受け売りだと思っていますが、いま法律が定めている消費者の権利というのはそういうものでしょう。消費者保護の制度がある。例えば、石油の値段が高いから消費者が消費者訴訟を起こす。自分がそれだけの被害を受けているからではない。もちろんそれもあるでしょうけれど、自分の利益ではなく、みんなの利益のために社会生活全体のためにする訴訟です。環境権というのはまさに同じような権利だと思う。

このような新しいものの考え方を確立する。われわれがやってきている諫早訴訟はもっともそれに近い訴訟だ。漁民一人一人が自分一人の損害ではなく、有明海とその周辺地域全体を回復させ、さらに前進させていくための社会全体のための取り組みです。だからいままで目に見える形ではでなかったいろんな問題が顕在化してきた。複雑化していると言われるけれど、そういう問題があったわけですが、それに対応する法律制度が極めて貧弱です。さらに私に言わせると法律制度が貧弱、体制が悪いということだけではなくて、いままでの行政、あるいは最高裁以下裁判所のものの考え方が根本から間違っているものだから、それが顕在化し、露呈したと評価するのが正しい。いまの法制度できちんと対応すればそれなりに対応可能だと思っています。

裁判所が認定した開門時の被害

確定判決のあとで徹底したサボタージュをするテクニックとして国は開門した場合のアセスメント、環境影響調査をやっておく必要があると言って直ちに開始したわけです。それはあくまでも開門するために必要という触れ込みだった。実際に集めたのは開門しない理由でした。それも実際に調査したわけではない。もっぱらシミュレーションです。結局、判決が決めた三年間の猶予期間というのは国が開門した場合に起きる被害の対策工事に要する期間として三年かかるということを言ったので、裁判所はその三年間の間に開門した場合に考えられる被害の防止対策の事業をしなさいという意味だったわけです。国はこの防止対策事業を徹底してサボタージュして実行しない。

確定判決のあと毎月一回ぐらいのペースで開門するための必要な段取りとやり方についての協議をわれわれも協力して開始したが、全然やろうとしない。会議には出てくるけれど着手しようとしない。具体的にどうやるんだと言ったらのらりくらりとまさに官僚答弁を繰り返した。だから三年間毎月毎月言い訳にもならない話を延々と繰り返した。だんだん期限が迫ってくると国は「いまからでも開門できる。間に合う」と最後の最後まで言い続けた。だから国側の答弁から言えばすぐにでも開門できるのです。

実際問題として開門したらどういう被害が出るのか。確定判決を差し止めた長崎地裁の仮処分と本裁判の判決があります。これはある意味で非常に明快な判決です。開門したらどのような被害がでるのかを正面から認定している。

開門の仕方はケース一からケース三まである。ケース一が即座に全開門する。ケース二が開門の仕方を少し変える。ケース三は、三の一と三の二がありまして、三の二開門は、短期開門の調査の仕方です。要するに調整池の水位を海面の水位から一メートル下で管理していたが、それをさらに二〇センチ、すなわち上下一〇センチ入れ替える操作の仕方です。それを三の二開門と言う。国は開門を実行するとしても三の二開門しかしませんと言う。われわれはとりあえず三の二開門で様子をみて、それで被害が出なければさらに広く開門することを主張した。

面白いのは、開門阻止の裁判で阻止派の人々の請求は最初は開門してはならないという大きな請求の趣旨だったわけです。ところが、途中で開門を阻止する原告側の請求の趣旨が変わってケース一の開門、全開門をしてはならない、ケース二の開門をしてはならない、ケース三の一、三の二の開門をしてはならないと請求の趣旨を分けてきた。

訴訟技術的には実務家の感覚として非常に面白い。ケース三の二まで勝つつもりなら最初の「開門してはならない」でよかった。いわゆる大は小を兼ねる。「開門してはならない」だったら三の二開門にもならないになるわけです。分けてきたということは、勝つ部分と負ける部分があるという判断です。敗訴判決の部分を特定しようやという発想ですね。そう考えなければ請求の趣旨をわざわざ分けて請求する意味がない。われわれが堤防撤去と排水門開門と分ける。堤防撤去だと負ける。それと同じで開門してはならないと大きく言ったら負ける。勝つ部分を残しておこうという実務家の発想です。

われわれは、全開門してはならないという判決はあり得るが、三の二開門は勝つと思っていた。国も三の二開門しかしませんと言う。実際問題として全開門はあり得ない。そんな判断はしないでよろしいと。裁判所はケース一の場合、ケース二の場合、ケース三の場合と一つごとに判断した。

認められた被害は、ケース三の二開門で潮風害と塩害だけです。塩害被害は種類を限って、タマネギ栽培一名、ブロッコリー栽培の四名、アスパラガス・ハウス栽培の一名です。漁業の被害はない。県公社にも被害がない。潮風害は、台風で風速毎秒五メートル継続で雨に流されないという前提です。雨が降れば流れますから、国の対策もそんな風が吹いたら流すように散水しますから防げますと。ある意味ではバカバカしい議論です。このバカバカしい議論でわれわれの確定判決を止めた。三の二開門までです。この程度の被害で確定判決の差し止めを認めるとはびっくりです。

ただしこの認定で被害額は認定していない。われわれが漁民の訴訟で原告個人の被害額の立証を要求されるのとは対照的です。被害額なんて立証はいらない。くどいけれども判決が認定したのはタマネギ栽培の一名、ブロッコリー栽培の四名、アスパラガス・ハウス栽培が一名です。原告はその人数だけれど地域全体としては同じ被害を受ける農民がたくさんいます。これは極めて正しい認定の仕方です。後ろに控えている被害全体を考えないといけない。それを考えてもタマネギとブロッコリーとアスパラガスだけです。けしからんのはその考え方をわれわれが被害を訴えた裁判ではとってくれない。

『環境と正義』に書いた私の文章があります。

「私たちの確定判決を差止める判決を下した長崎地裁の判断は、農業被害について原告ら数人の被害（その被害額）にとどまらず、その背後に同じ被害に苦しむ多数の農民が存する事実を指摘し、開門を否定する判断理由にしています。もちろん原告ら一人一人の損害額など認定もしていませんし、まして背後の農民の全体の被害額など論じられてもいません。草野裁判官はこの長崎地裁の判断をどう評価されるのでしょうか。今回の意見によれば、この長崎地裁の損害額など全く認定しない判断は誤っており違法な判決をしたことになるのではないでしょうか。」（馬奈木昭雄「よみがえれ！有明訴訟――最高裁判決の持つ意味」『環境と正義』二〇九号、二〇一九年、五頁）。

つまり、最高裁の草野裁判官の意見は全くいい加減、法律家としての判断というよりは、ちゃんと事実をわかった上で判断をしていないという致命的な問題だと私は思っています。はっきり言って怠慢です。こういう最高裁の裁判官の判断でわれわれが押さえつけられている。

本当の意味でのアセスメント

私がさらに強調したいのは、いまの問題解決のために福岡高裁が言った「和解の考え方」という文書の内容の全体としての協議が必要だというのはある意味ではみんなの合意が成立している。国がそれを拒否してこんないい加減なことを言っているのは、この文書が言っている内容がいまの問題を解決するために必要ですよとだけ読んで言い逃れできる余地があると考えているからだと思う。問題は、この文書が要求しているような全体の協議は紛争が起きてこじれにこじれたからいま初めて必要になったのか。本来、これは事業を始めるときに最初にやっておかないといけない。それがあるべき姿です。それが本当の意味でのアセスメントです。それをやっていないからいまの紛争になっている。

牛深のし尿処理場の判決でこれまでも何回か強調してきたけれど、アセスメントとは環境影響調査をすることではありません。決して国の基準に合っているように影響調査の結果を書くことではない。極端に言えば、事業をやると被害が出るというアセスメントでもいい。場所もいろいろ想定しました、やり方もいろいろと考えました、その結果、これしかないという案になります、被害が出ますよ、その被害を防ぐ方策を検討しました、その結果これだけの被害が出ます、しかしこの事業にはこれだけ必要性があります、被害補償をしますのでそれで我慢して下さいとなる。

影響を及ぼす人についてその人たちにいまの説明をきちんと資料を示してみんなの合意、納得を得る。その話合いが必要で、そのための資料を用意して検討してもらえるだけのものを示さないといけない。それがアセスメントです。合意形成の手続き全体です。その納得を得るために必要な資料を用意する。その結果に明らかに納得しない人がいる。その場合にはじめて強権力発動、強制収用です。今度はその資料が合理的担保になる。賛成しない人が間違っていると、裁判所に対する説得の材料になる。

これは何も特別な話ではなく、いまの世の中の社会的なあり方です。何か物事をしようという場合には相対立する当事者間でお互い意思表示によって合意を成立させるというのがいまの社会の基本構造です。国だから合意を成立させずに強権力を発動してもよろしいということにはならない。あくまでも合意の成立を目指さないといけない。どうしても合意ができない、しかし必要性、公共性がある場合に強権力を発動するのは最後の手段です。それが基本ルールです。この基本ルールを最初から実行しないで強権力を発動するからこんな騒ぎになった。例があまりないのはみんな泣き寝入りするからです。われわれが泣き寝入りしないから複雑な話になった。

出発点が間違ってこじれにこじれて解決が必要というのは裁判所の極めて正しい判断ですけれど、いまの事態に対する解決案ではなくて、それを事業をする際に最初にやっておくべきというのが本来下されるべき判決だった。それを逆に権利の濫用というのは何事だ。国が本来の業務として自分がやるべきことをやらずに混乱させておいて、混乱を解決するために確定判決を持っている人が権利の濫用をしているという主張はとんでもない話です。

正しい判断を和解勧告文でした裁判所が判決ではそれを貫くことができない。出発点を間違えたことを厳しく正さないと問題解決はできませんということを裁判所は理解しなかったのか、理解はしたけれどそこまで踏み込めなかったのか。今回の請求異議審の判決を下した裁判官の一番の誤りは、自分たちが出した和解勧告文の歴史的意味を正確に理解していない。つまり、いまの解決の問題として提起した。いまの紛争を起こしている根本的原因だということを理解できていない。あるいは理解してもそれが言えなかった。それに従う判決を書けなかったことが一番の問題点です。この文書を出した以上、国は最初からそれをやっておくべきだった。国がそれをやらなかったからいまの混乱を招いている。それが権利濫用とは何事だという判決は書こうと思えば書けたはずですし、また書くべきでした。

私はいまから先の問題提起はそこを強調していきたい。この裁判所の和解の考え方は問題解決として正しい考え方を示しているだけではない。本来それを最初の時点でやるべきこと、最初の時点でこれをやっておけばそもそも問題は起きません。それが本来の公共事業の正しいやり方です。いまの問題の解決のやり方としてこれをやりましょう。国がやるべき義務があるだけではなく、最初にやらなかった責任を問われている。国の責任追及はそこだと思います。紛争を巻き起こす公共事業の一番の原因です。やるべきことを最初にやらない。しかもやるべきことだと思われていない。国民主権という考え方、地方自治という考え方がきちんと理解されていないという重大な問題だと思います。

住民参加から住民決定へ

国民主権とは何か。憲法を守ろうという運動のなかで九条が中心に据えられる。憲法の前文も戦争の惨禍を避けるために国民主権が強調されている。しかしそれと同時に、権利というのは人類の多年にわたるたたかいの成果だと日本国憲法は言っている。権利を維持して守っていくのは国民自身である。だから不断の努力によって国民はそれを保持せよと日本国憲法は命じている。権利を保持する不断の努力を実行することが国民主権です。国民一人一人主権者です。だから一人一人が自分の力で保持する。

それを公共事業だと国や自治体が勝手にやっていいという理解の仕方、みんなの利益になることだからやっていい、国民の利益になることだから強権的にやっていいでしょうと。では裁判で本当に国民の利益になるかどうかの判断をしようとなる。ところが国民の利益と被害を受ける人を秤にかけてみましょうかという妙な議論になっている。そうではなく国民の利益になるかどうかを誰が判断するのかという問いかけがその前にある。国民の利益になるかどうかを判断するのは国民です。

板井優先生の本を改めて読み直して読み飛ばしていたところに気付いた。板井先生は、川辺川ダム問題の住民の取り組みの評価について、住民参加から住民決定へ、公共事業は住民決定が正しいのだという原則が国、自治体や社会的に公認された事例だと強調している。特に河川行政がそうですが、普通には行政手続きへの住民参加だと思われています。住民参加ではない、住民決定なんです。行政機関に入ってもらって協議していいが、決めるのは住民だと。単に意見を言っているのではないという考え方です。この考え方が徹底していない。われわれ運動をやっている人間にも徹底していない。意見を言わせて下さいは、それは間違いです。住民が協議して決めるからその場に行政が出て来いです。行政はあくまでも大工さんです。

川辺川ダム問題では板井先生はそれを実行して、行政もそれを認めたという評価です。私の認識は甘かったと率直に思っている。アセスメントでずいぶんやってきたけれど、そもそも決定権は住民にあるという強調の仕方が足りなかった。私はやっぱり合意だと思っているから、提案は行政がするという頭がどこかにある。それは決して正しくない。もちろん行政からの提案があってもいい。本来行政が提案するものだという思い込みがそもそも間違い。頭の切り替えが徹底していなかったと改めて思いました。

公共事業のあり方について、原発と同じで、国の基準で有益な事業かどうか、安全なのかどうかの判定基準がおかしいとか、利益が費用をどれぐらい上回るかという議論ではない。そういう問題ではない。そもそも事業を決める手続きを根本的に問い直さないといけない。国民主権というのを正しく理解した制度設計になっていない。逆に言うと、公共事業を中止した場合の中止のやり方、われわれはそちらからものを考えていた。われわれは差し止めをやる、国がやったことに意見を言う、それが強力な意見で止めることができた。止めたあとの後始末をどうするのかという発想をしていた。板井先生の文章を読んでみて気付いたことは、止めてからどう解決するかではない。出発点から止めたあとの後始末まで一貫した国民主権の考え方に基づく制度的担保が必要となっている。

川辺川ダム問題についてはせっかく住民合意が成立した。そしたら行政が実行をサボタージュした。その結果今回発生した水害被害のどこに責任があるのか。責任を追及することが本質的意味ではなく、防ぐという意味でアセスメントはそれに応えるものでないといけない。本当は住民との間で成立した合意でやっておけば防げたのかという議論が大前提です。今度の被害を防ぐために、それが不十分だったという結論になれば、どこをどう手直しするのか。いま起きた被害を前提にダムがあれば防げるでしょうという都合のいい数字だけのアセスメントではやっぱり間違える。

解決に役立つ判決を

裁判所の和解勧告文もいまの問題解決のあり方として立派な文章だと、正しい問題提起だと理解してきたが、本来最初にその協議をやっておくべきだった。最初にやらないからいまの混迷を招いている。これは振り出しからやり直そうやという問題提起だと理解すべきです。最高裁に対していま請求異議審がいっていますけれど、法律的にもいろいろ問題点がある。福岡高裁が話にならない事実認定をしている。それに対して最高裁がどのような判断をするのか。

私に言わせると、裁判では法律技術論にどうしてもなりますけれど、本当は国民主権が根底から問われている。公共事業のあり方という問題提起をされますが、そうではなく、そもそも行政権力の行使のあり方です。これは国民全体の利益のためだからいいじゃないかという方向に議論がいく。そうではない。国民全体の利益になるかどうかを決めるのは、政府の基準ではない。国民がどう判断するかの問題ですよという問いかけです。いままではその問いかけが私たちは弱かった。そもそも問題意識を欠いていたというのが正しい。われわれの仲間でも権利とは何かという問いかけをしない。われわれの側の問題点の理解の仕方の決定的弱さだと痛感します。

最高裁はどう判断するのか。裁判所が無視して三行半判決をやりかねない。その前提として占うのになるのが、二〇二二年十月一八日結審した湾内の漁民のいわゆる開門請求の第二次訴訟、第三次訴訟と言われるものです。

湾内の三漁協のうちの一つの小長井の漁民が第一次訴訟で開門の裁判をします。これが長崎地裁です。われわれの確定判決の半年後に判決が出る。何が違うのかというと三年猶予で開門五年間という制限を付けた。私たちは五年間という制限は文句をつけなかった。よくなったら閉めないという絶対の確信がある。問題は三年の猶予がいらない。三の二開門だったらすぐに開門できる。だからすぐに開けろという裁判です。負けたわけです。二〇二二年十月一八日結審した裁判は、湾内の議論です。湾内に影響があるのは当たり前です。因果関係が明らかでないというびっくりする判決で負けた。影響があるかないかという湾内の議論をしているのに、国は有明海全域の資料を紛れ込ませました。結局結論がよくわかりませんとなる。因果関係が認められないという判決になる。有明海全域の議論は誰もしていない。

正面から議論してほしいと鹿児島大学の佐藤正典先生が湾内と湾外を分けた議論をやった。湾内の問題が湾外にどう影響してくるのかという議論をきっちりやった。結審のとき、私は、佐藤証人を採用していただいて本当にありがとうございましたという意見陳述をした（『意見陳述書』二〇二二年十月一八日）。佐藤証人を採用したから、われわれが長崎地裁の一審で負けた理由の認定は書けないと思います。

なぜ、佐藤証人を採用したのか。開門請求を絶対に認めないと裁判所がオール司法でその立場に立っているという前提を私は持っている。その前提に立てば、佐藤証人の採用は判決の邪魔にはなっても手助けにはならない。佐藤証人採用決定のとき、弁護団の席は勝訴判決が出たときのように喜んだ。その判決が二〇二三年三月に出ます。われわれを負けさせるという方針が変わらないとすれば、一審の判決理由を変えないといけない。

請求異議審の裁判所がとっている、一つ一つの事件の判決ではこの問題は解決できない、抜本的に解決するためには話し合いだという大きな問題の考え方それ自体は正しい。判決だけでは解決できませんと。しかしそれは逆にそうではなく、判決がどんな判決でも意味がありませんではない。そうではなくこのような和解勧告文を書いた以上は、和解勧告文に相応しい判決があるだろう。いま話合いが必要だという議論でもそれができるようにもっていける判決を書かないといけない。この裁判所が決定的に間違っているのは、最後にやっぱり和解解決を希望するみたいなことをリップサービスで付け加える。それを実現できる判決を書かないといけないしないといけないと真剣に考えないといけなくなるような判決を書かないといけない。判決はそれができる力を本来持っている。だから二次三次の今度の判決はそれを期待します。解決に役に立つ判決を書いて下さいというのが私の意見陳述です。佐藤証人を調べたのは大変感謝する。最高裁の前に三月のこの控訴判決が一つの占いになります。勝たなくても少しでも応える判決になっているかどうか。和解しないといけないとリップサービスでひとこと言うだけではなく、判決文全体がそうなっているのかどうかを期待したい。

第8章　公害の教訓を原発に生かす

原発問題は異常な世界

原発の問題で異常だと思うのは法律のものの考え方、近代市民法のものの考え方が貫徹しないことです。特徴的に出ているのが原発の裁判だと思う。法律の実務家まで含めて原発の裁判の判決を異常なものとは思っていない。むしろオーソドックスのものとして受け止められている点が異常な世界だと思う。公害をやった弁護士からみると原発をめぐる裁判、論点、争われ方と判決は四大公害訴訟以前の状況そのものであり、公害訴訟の教訓と成果が生かされていないと思います。

皆さん伊方原発の最高裁判例を引いて争われる。そこには原発の安全性は専門家の世界の話で、素人の法律家が判断するのはおこがましいという大前提がある。専門的な議論をする前提として専門家たちがつくったルールがある。それが行政基準です。その道の専門家たちがつくったルールに適合しておけばよいというのが大前提になっている。それがおかしいと言うのなら、つくられたルール、行政基準が間違っている、あるいは行政基準への適合判断が間違っているという審査なら裁判所もできるという議論です。

それがなぜ異常な世界だと私が思うのかというと出発点の話に戻ります。いわゆる四大公害裁判の出発点は確かにそうだった。公害問題は化学技術論、化学だけではなくサイエンスの科学技術論になる。だから専門家の知識が当然の前提になるので、専門知識を欠く法律家の議論は確立された基準の合理性の判断か、適応の誤りかという議論になる。これはその当時無条件で前提とされていたと思う。だから水俣病の話のときにも言いましたけれど、チッソの排水は排水基準に適合していただけではなく、水道用水の基準にも適合していた。飲み水として利用できる排水なのにどこに問題があるのかという議論になった。

なぜ専門家の議論が必要なのかというと、公害問題というのは極めて科学技術の問題だと、要するに専門家の問題だという認識です。だから因果関係を確定するうえでも原因物質をまず特定して、それから人体の生命健康に被害を与えるメカニズムをはっきりさせないといけない。極めて専門的な科学技術論だという発想です。公害問題にも専門家がいる。だから最高裁の民事局にも公害問題の専門家を裁判官で置こうという話があったと理解しています。第一次訴訟の判決を書いた斎藤次郎は法律の世界の専門家として最高裁の調査官になった。

われわれはそれを五〇年にわたって打ち破る取り組みをしてきたと実は思っていた。四大公害裁判で公害弁連を中心に多くの被害者、科学者、医師、労働者、支援の人々などが一致団結して取り組んできた公害反対闘争の成果というのはその考え方を打ち破ってきた歴史であり、打ち破るのに成功した。少なくとも私が水俣に続いて取り組んだ産廃の分野ではわれわれの考え方、筋立てが成功してきた。産廃問題では差し止めの裁判例や運動例が大きく前進したと思っているわけです。

ところが他の分野では依然として全く変わっていない。原発の裁判で私が驚いていることの方がむしろおかしいと考えられている。四大公害裁判の前にわれわれが直面した問題が他の世界ではそのままあるいはむしろ強化されて生きている。産廃も施設をつくるのが業者から自治体に変わるととたんにわれわれは勝てなくなる。現時点で自治体相手には完敗です。この違いとはいったい何なんだろうか。その検討がいま問われていると考えます。

行政訴訟ではなく民事訴訟

日弁連が一九八三年に福岡で行政訴訟か民事訴訟かというシンポジウムをやった。四大公害裁判の成果として被害が出たあとの取り組みでは手遅れであることがわかった。完全な被害救済はありえない。被害を防止するという意味からも完全に回復することができないわけだから、事前に差し止めないといけない。これは全体の合意となった。

そこで事業を止めるにはどのような法律論が必要になるのか。訴訟としては民事差し止めと行政の認可あるいは許可の取消訴訟という二つに分かれるわけです。行政訴訟に決まっているというのが普通の法律家の大勢ではないでしょうか。学者はもちろん普通の弁護士、実務家も行政訴訟だろうと。企業も行政が許可したからつくる。その許可を争うというのが当たり前でしょうと。民事訴訟はむしろ少数派です。

公害をやってきた弁護士は民事に決まっていると思ってきた。企業を相手に民事差止訴訟で止めるというのはいわゆる日本的な発想から言うと異端の発想になる。われわれは原島流で、近代市民法の基本原則で行政というのを特別に考えない。民事差し止めに決まっている。企業や行政が問題を生じる行為をやっているからその企業や行政の行為を止めるに決まっている。それは行為主体側を見ている話です。

基本的に被害は権利侵害である。なぜ止めるのか。生活している人の権利を侵害しているからその行為を止める。行政法規は関係ない。近代市民法の大原則、要するに権利侵害即差し止め、そこに行政が入ってくる余地はない。われわれのこのものの考え方の方が資本主義の原則だと思います。小さい政府を訴える人たちから言えば私たちの主張を支持してもらわないと困る。企業や行政が何かをやる。住民の生活が侵害される。その企業や行政の行為を住民が止める。そこに行政基準が入ってくる余地はない。

そうではなく行政が正しく判断をしているから行政の判断を破って来いというものの考え方がある。行政の判断はまず正しいという大前提がある。その正しさの担保は専門家が決めたからというものの考え方だと思う。住民の権利、国民の主権が中心だとは最初から考えていない。権利侵害即差し止めというこの近代市民法の権利概念の大原則が日本ではそもそも大原則にはなっていない。権利侵害即差し止め、これが国民が主権者だという考え方の基本であって、まさに近代市民法の権利の概念、ドイツ流で言うと実効支配が権利だというものの考え方その実態が日本にはそもそもない。

ドイツとフランスの相違

ドイツにはドイツ民法典ができる。フランスにはナポレオン法典ができる。ドイツ民法典が成立する前にドイツ普通法という時代がある。ドイツ普通法はローマ法のなかの取引の分野の法律を整理したものと言えます。商品取引の世界はローマ時代から基本原則は変わらない。その合理性を踏まえて、ドイツ普通法の原則ができる。これは近代市民法に忠実です。

それこそマルクスの機械的理解だと、市民革命をより徹底してたたかった国のフランス民法典は近代市民法がより徹底しており、より優れて、より前進した権利概念になっていると思いたくなる。ところが実際は権利の概念的な完成度はフランス民法典よりもドイツ民法典の方がはるかに進んでいると考えます。

何が違うのか。私が理解している受け売りで言うと、ローマ法のいわゆる訴権はある意味では判例法の世界です。例えば土地所有権に関する裁判の事例を集めてくる。土地所有権をめぐる事例の束ができるわけです。それは束であって事例がそれぞれあってそれが一括りに括られた。乱暴に言ってしまえば、フランス民法典はそのようなものの考え方になっている。

いわゆる訴権と言われるものの残滓が日本民法のなかにもある。例えば民法第七七〇条です。裁判上の離婚です。「離婚の訴えを提起することができる」。すなわち離婚の理由ではなく、訴訟を起こすことができる理由です。結局、離婚を認める根拠規定ですけれど。フランス民法典の方が権利の概念、事例の束を全部溶かして一つの権利概念にできなかったわけです。

なぜ革命が遅れたドイツの方がより前進した権利概念になったのか。私が勉強したなかではドイツ観念論哲学の勝利だという説明が一番しっくりくる。ドイツ人はそういう抽象概念にすることが哲学で鍛えられている。所有権など抽象化して一般的な表現として提示することができた。フランス民法典はそれが不十分だった。下部構造によって上部構造が規定されるというのを教条主義的に理解するのではなく、弁証法的と言っていいのかわかりませんが、相互作用です。上部構造は下部構造によって機械的に規定されるのではない。当然作用反作用があって両方が働きかけていく。上部構造たる哲学的なものの考え方が下部構造とぴたっと合った。

日本の伝統の本質

日本に権利概念がなぜ根付かないのか。その理由はいろいろな原因が重なっていると思います。まず絶対主義の国家のもとで流産した市民革命が明治維新です。明治維新は本当の市民革命にはなれなかった。四民平等と言いながら本当に四民平等にはならない。

いま議論になっていて、識者がいろいろ言われるけれど、日本の民法をつくったときになぜフランス人法学者による最初の草案が潰れたのか。一つの大きな理由はフランス流の家族法にあった。穂積八束さんが「民法出デテ忠孝亡ブ」と言った。フランス民法に習った日本の民法を潰すためのスローガンです。近代的な市民法の民法の考え方、とりわけ家族法のものの考え方です。こんなものを制定したら日本は潰れると。

いま同じ議論ではないですか。「同性婚を認めたら日本が潰れる」。それはないだろうと思う。フランス民法の家族法が制定されたら忠孝が滅びると学者が言っていいのかと思いますが、少なくとも国民にはよく理解されたでしょうね。夫婦が平等でこれまで三行半を書けば済んだものを離婚理由が要るというのは耐えられない考え方じゃないですか。

自民党のお歴々は日本の伝統が滅びると言う。日本の伝統の本質は何かと言えばそれは忠孝です。しかしそれは親孝行をしっかりしなさいではない。上の言うことには黙って従えといういままでのルールを崩すのがけしからんということに過ぎません。いろんな場面でそのことは適応される。例えば校則問題。なぜ校則を守らないといけないのか。ルールだから守れ、誰がつくるのか。それは校長がつくる、生徒会がみんなで合意の上でつくるといったらそれでは学校が潰れるというものの考え方はすべてに通じていると思う。

だから権利概念を日本ではそもそも認める余地がない。大日本帝国憲法では天皇が臣民に権利を与える。臣民はそれを有難くいただく。だからいつでも取り上げることができる。日本の固有の権利概念です。驚くべきことにそれが日本国憲法になっても全然変わらない。「王は悪をなさず」という法格言を国家無答責と言い換える。行政がやった行為は正しいと推認ができる。一応正当な衣をまとっているのでその衣を破って来い、これが公定力の議論です。日本国憲法の下でそんな前提がどこにあるのか。

人間の生活を守るための法律

国家だろうが何だろうが国民は訴えることができるに決まっている。水俣病の裁判で最初に国の代理人からお説教された内容は、国家が何かをする場合には正当な法律の根拠がないといけない、法律なければ行政なし、行政は法律がないと行動できない、これが大原則であると。

そうすると本当はまず法律上の正当な根拠を行政が言わないといけない。なぜ公害で国民を救済しないのか。勝手にできないのは、救済をするためには制限を受ける人、つまり大企業がいる。企業側の権利を制限するわけだから、公権力の行使が必要になる。公権力の行使には絶対に法律がいる。その議論そのものは私も賛成です。問題はその行政法規がない場合です。水俣病はそれを一番争った例です。水俣病を防げという法律があるわけではない。行政担当者、担当公務員の目の前でバタバタと人が死んでいる。担当者が法律が無いといって拱手傍観しててていいのか。

近代市民法の原則に立ち返れば、公務員には国民が被害にあっていたらそれを防止すべき義務が当然に生じる。その義務の発生について法律上の根拠がどうしても必要というのなら日本国憲法がある。公務員は国民に奉仕しないといけない。義務は憲法から当然に発する。公務員は国民の生命健康を守らないといけない、そのために公務員が存している。公務員だけではなく国民同士の間にも発生すると思うがそれはケースバイケースです。公務員の場合は、どんな立場の公務員であろうが無条件で発生するというのがそもそも論です。

公務員がその義務に基づいて、水俣病の被害者を救う、水俣病の発生を防止するという場合に国家として何ができるのかという議論になったときに初めて法律が必要になってくる。義務は文句なしに発生している。国の意見は法律上の文言の根拠に基づいて義務が発生するという議論です。従ってその法律（国賠法）によってはじめて国の責任を裁判で問うことができるという立場です。本質的に公務員は国民を守る義務が当然にあるに決まっているのであって、国の責任を問う裁判は国賠法が無くても当然にできるとわれわれは主張した。

被害を防止するために必要な行為を取ろうとした時に、公権力の行使だから法律がいると言うのはわかる。直接命令することができる根拠法規があればそれを使えばいい。ない場合にはどうするのか。犯罪が行われていると思うときにはその犯罪防止のために必要な措置を取る。水俣病は立派な犯罪だった。被害を出さないようにしろという根拠の法律はある。原発は被害を出してはいけないというのは法律上の構造として大原則だと思う。水俣病については水俣病を防ぐという法律はない。工場の場合、排出基準があるけれどみんな満たしている。水産資源保護法は、国は直接魚を保護するという法律だと言うけれども基本的には人間を保護している法律という二段構えの議論をした。最高裁は、人間を保護している法律です、魚を保護している法律とは言いませんと端的な議論でした。

保護法益が何かと言ったって、結局人間の生活を守るためにある。すべての法律がそれに決まっている。国が言うような保護法益は何か。国の行政法的なものの言い方は反射的利益であってはならないという。法律が守っているもの、法益があって、そうではなく住民が単にその恩恵を受けるのが反射的利益、保護する法益によって直接守られているわけではなく反射的に守られる場合にはその法律の適用を請求はできませんというのが行政法の確立したものの考え方と言われている。私に言わせるとおかしな議論です。

住民から言えば、被害を受けている、その被害を止めろというときにその法律を使えば止められるのであればその法律を使え、自分が受ける利益を保護した法律かどうかは関係ないというのは当たり前の論理です。行政側からの考え方である反射的利益という言葉が堂々と生きていること自体がナンセンスです。国民が反射的利益を受けるなんてありえない、全部直接利益を受けるに決まっている。

根拠規定はないと言うけれど、使える法律がある場合には保護法益が何であろうが使えと。もちろんその前提として保護法益との関係でその法律は使うことが許されない状況だとしたら話は別です。毒の魚が増えるのであれば防げ、そのためにチッソの排水を規制しろというわけだから、保護法益との関係で使っていい。その場合使うのが当たり前である。

行政指導で公害被害を防止する

法律が一切ない場合、行政指導ができる。被害防止に必要な行政指導をやれというのが最後の議論です。法律の規定なくして行政なしというけれど、実際には行政指導を使って何でもやっている。行政指導という形で必ずしも根拠規定がないことをやらせている。国側は行政指導では「業者は従わない」と言うけれど、従うか従わないかは別の議論です。

法規違反よりも行政指導の方が実際はよく従う。それは報復措置を受けるから行政指導に従う。行政の言うことを聞かなければ江戸の敵を長崎で討たれるわけですから。それが行政と業者との関係です。変な法律をつくるよりも行政指導が一番効く。

そのことをはっきり言ったのが東京スモンの可部恒雄裁判長の和解勧告です。普通の行政では行政指導を活用しながら、公害被害の防止の話になると行政指導はできませんというのはおかしい。行政指導を活用しろと明瞭に指摘した。最高裁でも行政指導をしなかったことが国賠法違反になる場合が存するという判決がでている。行政指導が根拠規定になる場合があるというのはほぼ争いがない。あとはそれをどの範囲まで認めるのか幅の広さがある。水俣病の国賠訴訟の第三次訴訟の第一陣熊本地裁判決で私たちの主張を全部文句なしに認めている。

国民の受ける被害を防止すべきという公務員の義務が、いかなる根拠によって発生するのかという議論について、私は熊本地裁の判決をコペルニクス的発想の転換と言っている。地動説か天動説かぐらいの違いがある。国と最高裁のものの考え方では、法律があって、その法律に基づいて認められた権利があって、その権利も無条件に守られているものではない。民法七〇九条の言い方で言うと、権利侵害とは法律上保護された利益の侵害となる。その侵害の場合、保護されるべき方法は何かというと、われわれは直ちに立ち入り禁止、妨害排除と思うのだけれど、そうではない。

まず一定程度我慢しなさい、受忍限度です。我慢の限界がきたら損害賠償を認めてあげましょう。損害賠償でもどうにもならない、被害があまりに大きくなりすぎたら差し止めです。われわれは権利侵害即差し止めです。いまの最高裁、国、大企業は、まず我慢しなさい、我慢の限度を超えたら損害賠償、最後にやっと止める。逆立ちしている。それも法律上の根拠が要ります。法律上保護された利益ですから、法律がなければ当然権利なんてない。国賠法がなければ国に対して損害賠償の請求なんてとんでもないという考え方です。

国民が被害を受けたら損害賠償の請求はできるに決まっている。民法七〇九条に基づいて国を相手に裁判できるというのがわれわれの基本的なものの考え方です。民法七〇九条は相手を制限しません。国が権利を侵害してきたときには裁判ができるに決まっている。だから国賠法が無い戦前だってできるに決まっている。法律がないと国の責任は問えない、それは法律上保護された権利の利益だから、国賠法ができたからはじめて国相手に裁判ができるという考え方です。それは極めて間違った考え方、一八〇度、逆の発想、逆立ちしているという争いです。

原発から逃げられるのか

何を危ないと考えるのか。私たちの考え方ではそれには根拠規定はいらない。国の基準を守ったから安全ではない。客観的に危なければ全部ダメに決まっている。

原発で被害発生防止のために五段階の基準を作っていると言っている。いまの原発の安全基準は五段階になっている。実際に争われているのは一番目、二番目までです。五段階を完全に守れということにはなっていないというのが大問題です。実際に生じる危険の判断は五段階かどうか全く関係ない話です。

国民の安全を保護するという話であれば、私の意見としてまず問題になるのは、日本政府は外国からミサイルがいつ飛んでくるのかわからないと言っている。そのために飛んでくるミサイルを打ち落とすための防衛措置まで取ろうとしている。ミサイルはどこを狙うのか。原発に決まっている。ロシアの大統領が原発を攻撃すると言って大問題になった。隣国のおかしな指導者はミサイルをぶっ放すという前提に立つというのが日本の建前です。その隣国の指導者が原発を狙うと言っている。合理的な発想で考えても原発を狙うに決まっている。ミサイルが撃ち込まれたら当然電力会社は自分たちの責任ではないと言う。そうではなく、その前提の下でも敢えて操業しているわけだから電力会社の責任です。原発をつくったのは電力会社だからです。まず予見可能性があるのか。少なくともミサイルを撃ち込まれる可能性はある。

結果回避可能性があるのか。生業訴訟最高裁判決は防ぎようがないから結果回避可能性がないという議論です。水俣病でも争われた。そこでの結論は結果回避可能性はいかなる場合でも必ずある。もし本当に合理的に防ぐ方法がないならば操業をやめればいい。それによって必ず回避できる。これはわれわれが公害で確立した原則です。結果回避可能性がないので責任を負わないなどと言われたら迷惑である。

結果回避可能性の問題として大洋デパートと炭鉱鉱山があります。火災になった時何が悪かったのか。火が出るのを完全に防ぐことができなかったというけれど、それは火が出たこと自体が悪いに決まっている。大洋デパートがわかりやすい。誰かけしからん人間がいて放火した。放火しても逃げられるようにしていなかったのが悪い。逃げられなかった人には、原因が放火かどうか、会社に発火の責任があるかどうか、ではない。

原発ではもっと逃げられるかどうかです。五段階の最後は逃げられるかどうかです。最後は逃げられればいい。だけど原発事故は逃げられないに決まっている。自治体が避難計画を立てても実行できるわけがない。われわれが確立してきた裁判例で言えば、逃げられないということだけで原発は勝っていい。山野炭鉱の爆発事故はそれで勝った。大洋デパート火災もそれで勝った。なぜ原発はそれで勝てないのか。

「ニセ科学論争をやってはならない」

本当に必要なのは専門家の議論かどうかという議論ではない。公害弁連の原則は「ニセ科学論争をやってはならない」です。国と加害企業はまず製造工程中に有機水銀が生成されることの予見、それが海へ流れてプランクトンから小魚へ食物連鎖を経て魚の体内に蓄積し、その魚を食べた人間が発病する全てのメカニズムの予見、原因物質の生成から人間が発病するまでの全過程の予見を要求するわけです。それが科学的に必要な議論だと。

ちっとも科学的ではない。そんなものを予見しなくてもネコ実験で排水が原因であることは証明された。排水が原因だと言わなくても水俣湾の魚が原因だとネコ実験で簡単に証明できました。有機水銀なんてわからなくても防げるに決まっている。全過程の予見を要求するということ自体がナンセンスな議論です。われわれが公害裁判で確立したと思っている。原発では公害訴訟での議論がどこかに行ってしまって、あくまで専門知識が要るという前提になっている。そしてこまかな技術論を論じている。それはおかしいということにならないのが問題です。行政中心のものの考え方が大日本帝国憲法から来ていて、法律家の常識がそれで凝り固まっている。

われわれが裁判の現場で問題提起してきたことが全体の教訓になっていない。水俣病の教訓が教訓になっていないというのがいまの原発問題の一番の問題です。学ぼうとしないのではなくむしろ法科大学院の教育などでは、学んではならないとなっている。それが要件事実ではないからです。われわれの宣伝も下手なんでしょう。水俣病の教訓から福島原発の汚染水を放流する危険について公害裁判の原則から言えと言われたので喜んで書いた（「汚染水海洋放出の安全神話を打ち破るために――水俣病・カネミ油症などの教訓」『歴史地理教育』九五一号、二〇二三年三月一日、一六－二一頁）。

われわれが水俣病のとき最初に議論をした。チッソの排水が基準に合致している、何の問題があるのかという議論を、いまそのまんま同じことをしている。反対する側が有効な反論をしていない。われわれの宣伝が悪いけれど、少し裁判例を勉強したらわかることです。私はこの『歴史地理教育』に書いた整理は極めて正しいと思っている。

汚染水は放流していいのか

放流する汚染水とは何なのか。福島第一原発で一号機から三号機までメルトダウンをやってそのままの状況になっている。核燃料もごちゃまぜになっている。そのため冷却を続けないといけない。だから冷却水を投入し続けざるを得ない。回収するけれど冷却水だけでなく雨水と地下水が流入しているのが大問題です。メルトダウンした核燃料を冷却すると放射性物質に汚染された水が毎日毎日増える。増えた分をタンクに貯めていた。地下水の流入を止めようとした。一番簡単な方法は矢板を打ち込む。地下水を遮断したらいい。地下の周りをコンクリートで囲めばいい。上を覆えば雨水も防げる。しかしそれはしない。擁壁は氷の擁壁をつくってそれで防げると言ったが、結局効果がない。

日本政府は二〇一三年八月にまともなことを言っている。第一にまず燃料デブリの汚染源を取り除く、第二に汚染源に水を近づけない、第三に汚染水を漏らさない、この三原則を守れば大丈夫だというのは極めて正しい。しかしそのどれも一つとして実行できていないところが大問題です。

現在どういう状況になっているのか。汚染水からセシウムを取り除いたあと、トリチウムを除いた放射性物質のうち主要なもの六二種を除去する。そしてタンクに貯めている。毎日増えるものだからタンクがどんどん増えていく。すなわちトリチウムは最初から除去されない前提です。

官僚がやる方法ですけれど、諮問機関をつくりどういう対策があるのかを検討させる。結局、海洋放出が一番優れているという最初から予定されていた結論になる。専門知識がないわれわれでも唯一理解できる論点は海洋放出が一番費用が問題にならない。格段に安上がりにすむ。

汚染源である建屋内の燃料デブリの取出しの作業完了は全く見通しがたっていない。そもそも作業ができない。放射線量があまりに高度だから立ち入れない。いつになったら除去できるのか、その方法すらわからない現状です。そうするとほぼ半永久的に放流を続けるという前提に立たないといけない。タンクでは貯めきれないという話になりつつある。

放流しても大丈夫だというのは、水俣病と同じで基準値に合致しているからだと。トリチウムは全く除去されていなくとも海水でいわば無限に希釈するから、必ず基準値内に薄めることができる。このことは水銀の教訓を全く学んでいないということです。規制値を守っても安全とはいえない。逆に規制値を守っているから急に取り締まれない。だから被害がいつまでも続くことになる。基準値違反があれば一発で止められるからある意味では問題ない。基準値違反がないところが問題の出発点なのです。

人間が作り出した新しい毒

人間の体は本来毒に対して抵抗力を持っている。『風の谷のナウシカ』は映画と漫画では本質的な発想の違いがある。地の底の毒物の世界の大気は現在の人間にとっては耐えられない。だからマスクをつけないといけない。ところが進化のなかでそれに耐えられるだけでなく、積極的に利用していける、生命の源にできる生物に進化する過程を描いている。あの物語の一番すごいところです。

　夢物語ではなくて現実の地球の歴史の世界では酸素です。生物の進化の歴史にとって酸素は最初は猛毒だった。それを活用できる生命体が進化した。水中の酸素から大気中の酸素を積極的に利用できるようになって陸上に進出していった。木の上で生活をしていたのが、地上に降りて二本足で生活するという進化を辿ってきた。

　当然自然界に存する毒に対して防御してきた。防御機能をつくりあげて確立した生物が生き残ってきた。酸素も有効に活用して危ない毒も間違って取り込んでも防ぐ。絶対に防がないといけないのが個体としての脳です。種の存続をはかるためには胎児を守らないといけない。人間は脳幹門と胎盤で関門をつくって自然界の毒はみんなそこで防げることになっていたわけです。

　ところがそれが防げなかったのが水俣病とカネミ油症です。脳と胎児の両方がやられた。なぜか。それは自然毒ではないからです。人間が作り出した新しい毒だからです。生命体が誕生して四〇億年間、防御機能を作ってきた毒とは異なるからフリーパスしてしまう。脳と胎児の両方がやられる。たまたま同時期に水俣病とカネミ油症の両方がでた。従来の人間の体が知らなかった人間が作り出した新しい毒による被害である。

　カネミ油症はＰＣＢ、有機塩素による被害です。ＰＣＢの原因物質だと思われたがそれはそれで正しい。これが『沈黙の春』で指摘された有機塩素の毒物です。もう一つダイオキシンが原因物質として作用している。これが環境ホルモンです。『奪われし未来』で環境ホルモンの危険性が紹介されましたが、その指摘通りのことがカネミ油症で起きている。

　有機水銀も環境ホルモンの作用をもっていることを医師団の板井八重子さんが被害の一つとして証明した。水俣病の再多発時代、生まれた子どもの男女差が違う。流産がむちゃくちゃ多い。環境ホルモンの作用として指摘されている事例です。白木博次先生が「環境ホルモンとしての有機水銀」を問題にした『全身病――しのびよる脳・内分泌系・免疫系汚染』（藤原書店、二〇〇一年）という本を研究書としてお出しになった。この白木先生が水俣病第三次訴訟で証言された。その証言内容は熊本地裁第三次訴訟一審判決で全面的に認められている。この判決が掲載された『判例時報』の見出しは、第一に国の責任が認められたこと、二番目に白木先生の証言内容である水俣病は末梢神経の障害ではなく全身障害ということだと私は考えていました。しかし、実際には全く逆の紹介の順番でした。編集者の優れた見識だと思います。

何を危険と考えるのか

危険のものの考え方が変わり、それによって危険と考えられる量も桁違いに微量になるというのが教訓です。何が危険かを直接危険物質として規定している法律が毒劇物法です。毒劇物法が規定している危険物質は四八時間以内に被害が発生し、それが直ちにわかる毒物です。福島原発のあと、御用学者と考えられる科学者が「直ちに被害は起きません」と言った。直ちに被害が起きるのは毒劇物法が規定している毒物です。この発言の問題点は被害によっては現に起きているけれど、それがわかるまでに時間がかかるため、現時点では被害発生が認識できないというのがより正確な表現です。放射能被害というのは目の前で倒れる被害だけではない。毒劇物法が規制している危険量はミリ単位です。日本の規制値は放射線もミリ単位です。

電磁波は放射線の一種ですけれど放射能ではない。電子レンジは電磁波です。電磁波の規制は基本は一〇〇〇マイクロです。マイクロは一〇〇万分の一です。水俣病で言うとＰＰＭはマイクロと同じ単位です。電子レンジの規制値一〇〇〇マイクロはすなわち一ミリです。ミリは一〇〇〇分の一です。放射線は現在ミリ単位の規制をしています。日本はマイクロ単位ではなくミリ単位の規制をしている。つまり桁が違う量を規制しているということです。水俣病被害ではその単位がミリからＰＰＭ（％の単位で一〇〇万分の一、量単位ではマイクロ）で議論されました。

このように極めて厳しい単位の量に変わったのは、二つの理由があります。一つは、水俣病の発病が、食物連鎖による有機水銀の摂取という経過を辿ったことです。すなわち、工場から排出されたときには基準値をはるかに下回り安全だと考えられるぐらい微量だったとしても、それがプランクトンに蓄積し、それを小魚が食べ、さらにより大きな魚が食べるという食物連鎖によって発病可能な量に蓄積・濃縮されるということです。そこでたとえ一回の魚介類の摂取量は閾値（発病可能量）よりもはるかに少量だったとしても、長期間繰り返すことによって発病するということになる。急性劇症の病像とは全く異なる長期微量摂取による慢性水俣病の病像を持った患者が存在する。

いずれにしても、閾値があるということは当然の前提とされていた。しかし、この考え方を根本から覆す危険性が明らかになった。いわゆる環境ホルモンの存在です。その代表例がダイオキシン類です。水俣病の原因物質有機水銀も環境ホルモンの一種と考えられます。現在このような作用を持つ物質は一〇〇種以上確認されているが、さらに未確認の物質が多数存在することが明らかになっている。放射線によってもこの環境ホルモンと同様の人体被害が発生することが報告されている。環境ホルモンは新しい危険性を発生させています。

第一に、これは極めて微量である。危険量はナノ（一〇億分の一）という単位で考えられることになった。第二に、人体内でホルモンが作用する極めて限定された短時間に被害が生じることになり、蓄積・濃縮という作用が全く不必要となる。第三に、汚染から一〇年以上の長期経過後、初めて発病の事実が確認されることである。特に生殖器官の障害などは、幼児期における汚染時点では特に意識されず、成人になって初めて気づかれるということになる。

厳しくなる規制値

環境ホルモンは、がんの発病率を高める危険性が動物実験などにより指摘されている。また、遺伝子DNAを変化させることも報告されている。そのためその危険量はピコ（一兆分の一）単位で議論されることになった。

放射線の一種である電磁波による被害（携帯電話、あるいはその中継基地局）も環境ホルモンと同様の危険性が指摘されており、特に精子や神経系、小児白血病などその影響が指摘されている。原発周辺住民において、同様の被害例の報告がなされている。従って放射性物質の危険性は、本来ピコ単位で検討されるべきなのです。しかし驚くべきことに行政の基準値はミリ単位で規制されているに過ぎないのです。

電子レンジはいいとしても、マイクロの単位の議論をしないといけないのは携帯電話です。携帯電話の規制値が問題になる。一般的に社会主義国の方が規制値が厳しい。開発が遅れていたからです。まだ大企業が確立していなかったので厳しい規制値ができた。科学的な研究成果に基づいた規制がよりしやすい。抵抗する勢力が弱いからです。

中継基地塔の裁判をドコモ相手にやったときにドコモに協力する学者が「日本の基準値を守れば安全なんです」と証言した。私は「その同じ証言を厳しい規制をしている国の法廷に行って証言したら物笑いのタネになりますよ」と反論しました。日本の規制値を守れば安全というのはバカバカしい。そのような証言をしたら学者としては到底認められないと思います。それを安全だとする確立した研究成果があれば別ですけれど、そんな研究成果を発表している学者ではない。

ダイオキシンについても日弁連が危ないよと言ったときに日本政府は安全ですと言い返した。それから三年、四年で日本政府が突然規制に乗り出し通達を出して、日本中の小学校中学校の校庭にあるドラム缶による焼却が禁止になった。物を燃やすとダイオキシンがでる。小型炉は全部使用禁止になった。その時最初の規制値が煙突から外部へ出るところで八〇ナノでした。しかしすぐに規制値は厳しくなって既成の炉は一ナノ、新設は〇・四ナノに規制されました。

教訓をまとめてみます。第一に、基準を守っても安全ではない。水俣病とカネミ油症は規制されていない物質によって発生した。第二に、未知の化学物質がある。第三に、規制量が八〇ナノから一ナノへ変わった。もし基準値が安全値だったのならそんなことにはならない。その理由は自然科学的に確立した量が確定できないからです。まだ研究が及ばない。設備をつくる側と規制を要求する側が激しく争って、政治的妥協の数字が基準値です。だから研究が進むとより厳しくなる。いままで規制値は全部厳しくなりました。厳しくなる理由が安全値だといったら説明できない。安全値ではなく政治的妥協値と考えれば理解できる。基準値を守れば安全だというのはちゃんちゃらおかしい。それが水俣病とカネミ油症の教訓です。

厳しくなる一方と言っていたら突然緩くなった例がでた。原発の規制量です。労働者の被曝の規制値が一ミリから二〇ミリに緩くなった。ミリという単位は急に病気にはならない量ですから、将来にわたって病気が出てくるという基準値は基本的にはナノです。ナノで規制するというのが当たり前なのにミリで規制してそれも緩くするという日本の恐るべき状況です。専門家と称する学者が黙っているというこれもまた日本の恐るべき状況です。

未知は安全ではない

直ちに被害はでませんと御用学者は誤魔化す。それは逆にいうと一〇年後、二〇年後のことは言っていない。出る可能性は否定できないぐらいは言いなさいという話になる。水俣病で規制の単位がマイクロまできた。ダイオキシンは一〇億分の一の規制単位（ナノ）です。それはなぜかというと環境ホルモンだからです。環境ホルモンは人間のホルモン作用をかく乱する。人間のホルモン作用をかく乱する量でいい。環境ホルモンの場合、被害が出たことがわかるのは先の話です。胎児の時に被害を受けたとしても体の器官の話だったら誕生したらわかるけれど、生殖器の被害の場合は思春期になるまでわからないことが多い。被害が確認されるのははるか先です。

だから御用学者が「直ちに被害は起きません」と言うのは実に犯罪的です。直ちに被害が起きているかどうかはわからない。それは体内のホルモン作用だからナノという量になる。蓄積・濃縮がいらない、発病量が問題にならない。発病可能量という閾値以下だったら発病しないと日本政府は言う。それ以下の体内のホルモン作用をかく乱する量で発病するのが環境ホルモンである。

発病可能量閾値という考え方が間違っている。根底から覆したわけです。しかし日本政府は依然として認めません。日本政府は一定の値になったら発病するという。ホームインしたら被害が出るのであって、二塁ベースに進んでも被害は出ないという。われわれは一塁ベースに出ただけで被害が出ると言っている。環境ホルモンによる被害はホームインではなくシングルヒットです。

水俣の有機水銀だってそうです。私は一〇〇年先までこの問題を追及していく必要がある一〇〇年戦争だと言っている。胎児に影響を与えているので、次世代に影響を与えるのは当たり前の話です。

さらに進んで電磁波の議論はピコで議論します。ピコは一兆分の一です。ピコは発がん性の単位です。染色体異常をきたし、がんが増える。一〇〇万人に一人の単位から一〇万人に一人の単位になる。アカゲザルのダイオキシンの実験をアメリカでやった。ナノではなくてピコで議論しないといけない。ナノではダメだというのが外国の潮流です。日本政府は相変わらずミリ単位でとんでもない議論をしている。

汚染水では放射性物質が完全に除去されていないことを認めながらそれが危ないかどうかはまだ本当にはわかっていない、未知の部分です。日本の官僚と大企業は未知なものは安全だという原則に立っている。未知は安全ではない。未知は当然危険なものを含んでいるという前提に立つのが当たり前である。物質が放射性物質ということになれば当然のことだと思います。それが水俣病とカネミ油症の教訓である。その議論でわれわれが産廃で勝ち続けた。ただし、相手が小さいときはです。相手が自治体やドコモとかＮＴＴだと勝てない。原発になると全く勝てない。国の産業政策の根本だからです。その認識が原発を差し止めるたたかいの基本になると思います。

公害被害の教訓を原発に生かす

もう一度教訓を学び直そう。原発でサイエンスの議論をしないと止められないというのは間違いです。常識の議論で止められる。逆にそう考えないと止められない。一番わかりやすいのは、逃げられないのはおかしい。外国のミサイルまでも言わなくても日本国内のテロ、例えばドローンで配電設備と送電設備を狙って電源を断ってしまうという計画を立てたとすれば可能です。そんなものを許してはいけない。規制委員会は「ミサイル攻撃の危険性はうちの話ではありません」と言うけれども、規制委員会が規制できないものをつくらせてはいけない。単純な議論です。単純な議論が認められない状況が問題です。教訓が正しく学べない、学べないようにしている。

経済においては原発の経済的利益が何かというのを正しく説明しない。例えば電気料金が安いというのはうそっぱちです。原価計算に本来入れないといけないものを国が税金を使ってやってあげている。だから原発は安くみえる。壊すときの費用は入っていない。撤去するときの費用を入れたらとんでもない話になる。福島原発のように爆発しなくたって簡単には撤去できない。放射性物質をどこに捨てればいいのか、捨て方さえ決まっていない。原価計算をまともにやっていない。経済学者はそのあたりの問題点をちゃんと言わないといけないと思います。原発では異常な状況が当たり前のようにある。

われわれがチッソの責任を追及したとき、チッソが逃げ出すぞ、そうすれば患者補償ができないと言われた。私たちは第一次訴訟の最終弁論以来、「チッソは死ぬことすら許されない」「チッソは生き残らせる」というスローガンを掲げた。結局、第二会社をつくって、分離しながらも、チッソは生き残ることになった。補償は最後まで徹底してやらせるという方針です。

それは電力会社も同じことだと思われる。原発による被害から逃げ出すことは許されない。チッソが倒産するという話になったときに国に対して倒産させてはならないと主張した。東電の被害発生を許すということは国のカネを直接入れるということです。チッソなり東電なりを被害と正面から向き合わせて、最大限努力させる。必要な援助は国にさせないといけない。それをしないで国のカネを直接投入というのはそれはない。だから逃亡を絶対させない方針で頑張った。

電力会社みんなそうですけれど、そこを突き詰めた議論、原価計算とか経済的な基盤の議論が目に見えるかたちで行われていない。当然国民の目に見えない後ろで行われています。それをわれわれが追及しないといけないと思う。そこが全く空白になっている。二酸化炭素を出さないからいいとか、温暖化を防げるとか。『朝日新聞』の世論調査で原発再稼働を許すという人が反対派を上回った。日本人は物忘れが酷い人たちだと改めて思う。それは原発の問題点が十分に提示できていないからだと思う。

公害被害の教訓を原発に生かす議論をするべきであることをいま改めて強調する意味がある。原発を考える人は産廃の議論を知らないといけない。後始末は産廃では当然の議論です。産業廃棄物をいままでどうやって処分してきたのか。原発の廃棄物とどう違うのか。真面目に議論しておかないといけない。原発に反対している人たちも壊したあとの議論を十分にやらないというのはどういうことなのか。つくるためには壊すときの議論を最初にやっておかないと結局被害も完全に理解できないことになる。

産廃はその議論を徹底した。安全に壊して原状回復できるように一定のカネを用意しないとつくらせないというルールを確立した。原発では福島原発事故が起きてからもその議論をしない。捨て場がないので全国自治体に手を上げさせそこに補助金を出した。福島原発を撤去したあと放射性物質の残渣を日本中にばら撒くために手を上げさせた。せめてこの費用をきちんと計算すれば新しくつくるのはバカバカしいという議論に当然なる。担当者がまともに計算してみせないというのは私には納得できない。

国の責任の考え方

すでにこれまでも何度も触れてきましたが、国が国民の安全を守るべき義務を怠った責任を認めた最初の最高裁判例がいわゆる筑豊じん肺訴訟判決と言われています。

また水俣病の国の責任をめぐる第三次訴訟の熊本地裁判決、さらに私たちではありませんが大阪高裁、最高裁の水俣病の判決があります。これらの判決を比べてみて国の責任をどう考えるべきなのか、私たちは今後どうたたかっていくのか、ということについて、私の考えを公害弁連五〇周年記念集会で話す機会を与えていただきました。この講演記録が『法と民主主義』五六六号（二〇二二年二月・三月合併号）に「公害弁連五〇年を語る――国民の怒りの声に支えられて」というタイトルで掲載されています。その内容をもう一度紹介させて下さい。

熊本のわれわれが勝ち取った判決、筑豊じん肺の最高裁判決、それらは国の産業政策、水俣病で言えば石油化政策、じん肺で言えば炭鉱のスクラップアンドビルドの事実が、きちんと認定されています。特に最高裁の筑豊じん肺の判決は、まず国によるその事実、スクラップアンドビルドの実態を克明に認定し、その国の行為を踏まえて法律論に入ります。

水俣病の場合は国の責任の本質そのものが、そもそも国の産業政策だ、なぜ国が責任を負うのか、国の基準が甘かったとか被害発生を十分に防止できる規則をつくらなかった、それが国の責任だということではない、そんなものではないということをわれわれは徹底して明らかにしたつもりです。

国の責任は、決して保証人的とか、あるいは補完的な責任というものではない。もう少し言いますと、チッソの責任も、われわれは民法七〇九条で勝っています。七一五条ではありません。つまり従業員が変なことをした責任を会社が負うなどというものではない。会社が自ら会社一体となって悪いことをしたのだ。国も同じことです。国賠法の第一条は個々の公務員が負うべき責任を国が代わって負う、代位責任だと言われます。私たちは間違いだとずっと主張しています。国そのものが悪いことをやっている。その責任を問われているのだということです。国は国民に被害を負わせた主犯なのです。

私たちは水俣病の第三次訴訟で国の産業政策を徹底して明らかにしました。別に私たちの功績ではありません。

多くの学者との協力関係、とりわけ加藤邦興先生にご指導いただきました。だからチッソと国の責任も、石油化へ転換するために被害が発生してもそれを徹底して隠し込む。原因究明は徹底して妨害する。チッソがいかに酷いことをしたかというのは、さんざん報告されていますが、それに国が加担したといいままで考えられてきたのではないかと思います。

国民は許さないという大運動の展開を

国はチッソ一社を守ったわけではない、まして日化協という同業者を守ったわけでもない。国は自らの産業政策、石油化への転換、高度経済成長政策を守ったのです。その政策の推進によって水俣病の被害を発生させ被害の実態を隠し続け、救済を妨害し続けているのだというのが私たちの主張です。熊本の第三次訴訟第一陣判決は、私たちの主張を認めています。そのあたりの国の責任の本質に切り込んでいくために学者、住民とともに総力をあげてたたかった。私たちが公害裁判で勝っていた時代は、公害を許さないという国民の声で、みんなが言っていた。それも怒りに満ちて言っていたと私は理解しています。

だから水俣病の第三次訴訟第二陣において、国の責任とチッソの責任の部分ですが、国民の意思はもう一致している、国と企業が被害を発生させることをしている、それは社会通念になっていると判決が言っている。社会通念という言葉を使っています。われわれが勝つ、それは社会通念だと。

私たちは原発でもそれを主張しました。原発は危ないに決まっている、操業を許してはならない、それが社会通念だ。それに対して川内原発の仮処分決定ですが、しっぺ返しをくらいました。社会通念は原発を許しているという認定です。そのあと、社会通念という言葉がわれわれを負けさせる言葉として使われていますが、私はある意味、裁判所に文句は言えないのだと思っています。裁判所にそう安心して言わせている状況があるということだと理解しています。

板井優先生の持論であり、私もそのとおりだと思うのですが、正義、正論を言えばわれわれの要求は実現できるのか。できない。私はさらに付け加えて、裁判に勝てばわれわれの要求は実現できるのか。できない。これは諫早で地団太を踏んでいますが、私たちが勝ち取った時の総理大臣がこの判決を受け入れて実行すると約束した確定判決を実行することが権利濫用だと、国に堂々とこんなことを言わせている。私は歯噛みしていますが、それに対して適切に反撃を加えることがいまできないでいるのはまことに残念です。

そういうことを言っている国の代理人はじつは裁判官です。国とやり合って、われわれの主張が権利濫用だ、確定判決を守ったら権利濫用だというような主張を平然とした国の代理人が、ある日ひょっと見たら裁判長席に座って、国の裁判の判決を書くわけです。私はこれも大変恐ろしいことだと思います。要らないことかもしれませんが、一言敢えて申し上げておきます。国の代理人を務めた人が裁判長席に座ってはならないと言っているのではありません。裁判上ありえないような主張をした人が、裁判長席に座ってもらっては困るということを言いたいだけです。

それとたたかう力はどこにあるのか。これは板井優先生がおっしゃるとおり、力を持った正義でなければならない。その力は何なのか。これは国民の声だ。だから公害裁判のときに、絶対に公害を出すことは許さないという国民の怒りの声に支えられてわれわれは勝ち進んできたのだと思っています。

いま、原発にも、国民の絶対にこんなものは許さないのだということが必要です。

それは、私は必ずしも爆発するからだけではなくて、国が原発のために自らの政策の実行としてどれだけの金をつぎこみ、どれだけのことをして守り育ててきたのか。だから操業はそれぞれの電力会社がやっているということかもしれませんが、実際に原発を操業しているのは国そのものです。しかも多額の国民の税金をつぎ込んでいる、その事実をわれわれはきちんと被害を生み出す構造として国民の目に明らかにしなければいけないと私は思っています。

われわれがそれをたたかい抜いて、国民の貴重な税金がほかにもっと使われなければいけない。しかし、いろいろな場面には使われずに、特定の人たちをもうけさせるためだけに湯水のようにつぎ込まれているのが実態である。しかもそれが国民の生命を危機にさらし、貴重なふるさとの産業を奪うものになっている。これを国民が許すはずがないという大運動の展開です。そのようなことをいま私は夢見ているところです。

私たちはそれを夢見て、玄海原発では一万人の原告を組織しましたが、遺憾ながらその十分な力を発揮する運動がいま展開できていません。これは大変残念ですが、全国的に国民の総力を結集したたたかいを、これまでの公害弁連の運動の歴史にさらに大きな前進を生むような力にしていきたいと思っております。

私たちの取り組みは、決して過去の被害の清算ではない、地域社会を全体として未来にむけて前進発展していく道筋を切り開いていくたたかいなのです。

第9章　なぜ、たたかいを続けるのか

カネミ油症

カネミ油症の提訴は水俣病の裁判が始まるのとほとんど同じ時期です。私が福岡第一法律事務所に入る時に水俣病の話になった。カネミ油症の第一回期日のとき私は水俣にいました。いま有明訴訟をやっている吉野隆二郎弁護士のお父さんの吉野高幸弁護士は、福岡第一法律事務所に入って、北九市労連で紛争になったのでその応援に行って、北九州第一法律事務所にそのまま居座った。そこでカネミ油症が起きる。カネミ油症が昭和四三（一九六八）年に問題になった。結局彼がカネミ油症の専従で、私が水俣病の専従になった。

提訴の準備からずっと一緒にやっていた。水俣病の訴状作成はあんまり知らないけれど、カネミ油症の提訴のときは、訴状書きの応援から若手がみんな集まった。北九第一のボスは三浦久先生です。三浦先生は良く理解していた面白い先生でいらん無用の口出しはしない。われわれがみんなで訴状の検討をしているときに、先生は夜食用に買い出しに行って差し入れをしていた。吉野が事務局長です。弁護団長の内田茂雄先生は銀行の顧問などをしていた先生です。穏健保守です。大体どこでも弁護団長は、四大公害訴訟もみんなそうですけれど、いわゆるリベラルではない。真ん中よりは左でしょうけれど。

イデオロギーという意味での左ではない。むしろ保守派のなかの穏健保守です。福岡第一からは中村照美先生と、同期で入った川淵秀毅先生と私が訴状の作成から関係している。

有機塩素化合物がいかに危険かを描いた『沈黙の春』がちょうど出版される。ドイツの毒ガスは兵器としては使えないので平和利用として農薬として使う。二〇年後『奪われし未来』が出版されて環境ホルモンが騒ぎになる。実はカネミ油症というのはPCBだけではないダイオキシン、すなわち環境ホルモン被害だった。カネミ油症は時代を綺麗に反映している。環境問題の最先端の話題になった。

残念ながらダイオキシンが一番問題になった時点では、カネミ油症はもう一定の決着をみてしまっていた。最高裁で酷い目に遭わされるから、ダイオキシンの問題になった時にはもう問題にする力が弱かった。ダイオキシン被害について問題提起があります。水俣病とカネミ油症、重金属被害、有機塩素被害と環境ホルモンを一緒にみていくというものの考え方をする先生は、原田正純先生、白木博次先生、藤野糺先生の三人が中心です。

カネミ油症が実はダイオキシン問題だとなったとき私はその意味がいち早くわかったつもりでいます。水俣病はそうだと私は言い続けてきた。有機水銀が環境ホルモンとして働くという発想です。同じようにPCBが環境ホルモンとして働くという発想はあった。それ以上に環境ホルモンそのもののダイオキシンがあったということです。

中村照美先生は私の一期上です。一審の損害論の準備書面は私と中村先生が担当した。中村先生は実際の個別の患者を、私が文字通り損害論総論を担当した。そのあと炭鉱の被害を始めたから、一審の判決のあとは常任としての活動はしなくなった。最高裁のときは普通の公害弁護団の一員です。いまやっているカネミ油症の調査は体制側の幕引きをするための調査というのが取り組んでいる人の感想です。一定の被害があることを否定することはできない。最小限度で食い止めるという仕事をしている。大々的に被害を検証していくという発想ではない。これは水俣病、福島原発をはじめ、あらゆる被害発生において国がとっている態度です。

細菌学と疫学

公害弁連の二五周年記念集のなかで澤井裕先生が水俣病とのかかわりを随想風に書いている。そのなかでは馬奈木が汚悪水を言い出したと紹介して下さっている。それを汚悪水論といえるように完成させたのは学者の先生方です。ものの考え方の発想は原田正純先生の基本的な考え方でもある。原因と結果の結び付きをどう考えるか。自然科学的に言うと白木先生のものの考え方も入っている。細かく細かくみていって全体はわからなくするというのが企業側の論理、責任逃れの論理です。話を細かくした方が責任逃れにはなる。水俣病で言うと、原因物質は有機水銀、メチル水銀化合物だという話になる。たんなる有機水銀ではない、化学薬品として有機水銀、工場で作っている有機水銀がある。そこで起きた労災がハンター・ラッセル症候群です。有機水銀と広く言った場合の問題です。

水俣病はハンター・ラッセル症候群ではない。有機水銀のなかでも塩化メチル水銀の化合物になるわけです。話を細かく細かくみていくわけですね。原田先生は工場でつくる有機水銀の労災と水俣病は違うという意見です。目的によって原因の捉え方が異なる。被害の全貌を明らかにするという目的のときに犯人を特定するのが法律家の仕事です。治療をどうするのかというときの原因物質、被害を全般として落とさないようにみるときの原因物質、それぞれの因果関係がある。目的によってそれぞれあるというのを誤魔化すのが東大流官僚法学です。

それが実は医学界にある。医学界とは東大の医学部です。そのわかりやすい実例がある。脚気です。日露戦争の日本陸軍の死亡者、戦死者の八割以上九割近くは脚気です。普通脚気は遠洋航海を行う海軍で起きる。海軍が当時一番発達していたのはイギリスです。遠洋航海で脚気を出さないための対策を考える。肉ばかりを食べると危ない。野菜類をきちんと食べる。日本海軍はイギリス海軍の考えを受け継いで、白米ばかりは危ないから麦を混ぜる。野菜を食べたらよさそうだとなる。医学でいうと疫学です。

陸軍は病気の原因が何かわからない。解けない細菌学です。原因は病原菌があるという考え方です。ドイツのコッホの細菌学です。次々と細菌を発見して病気の原因を発見する。東大医学はドイツの医学ですから、森林太郎がドイツに留学してコッホの細菌学を学んでくる。脚気も必ず病原菌があると固く信じている。日本陸軍は最後まで改めなかった。結局日本陸軍が白米を麦飯に切り替えるのは森林太郎が死んだあとです。そのあと病原菌と疫学の争いはいままで尾を引く。

精米した白米を食べると脚気になる。精米しない玄米を食べるとよい。もっと言うと米ぬかを食べるとよい。米ぬかのなかの何かと言う話になって鈴木梅太郎先生が物質を抽出し、それをオリザニンと名付ける。東大医学部は断固として否定する。鈴木先生はドイツ医学雑誌に投稿する。その前の年にドイツの科学者が同じ物質を見つけて、こっちが上手だった。ビタミンと名付けた。ビタミンとは生命の源です。捉え方が格段の差があった。鈴木先生は脚気を防げるという狭い範囲の捉え方だった。全体構想の広がりが全然違った。ノーベル賞をもらいそこなった。

疫学的ものの考え方

日本の官僚医学も官僚法学も疫学をバカにしている。疫学を科学として認めない。医学がそうだから日本の法律学でも疫学を認めようとしない。いまの裁判にも影響している。水俣病は誰が考えたって食中毒に決まっているけれど食中毒とは認めず食品衛生法を適用しない。

治療をするという目的から言うと原因物質を細かく特定できた方がいい。ただ疫学側からの反論がある。結核の原因は何か。細菌学の方から言えば結核菌に決まっているということになる。疫学側の反論は「結核菌に感染した人は日本国民にどれぐらいいるのか」。ツベルクリン反応の陽性を示した人は九割以上です。この人々が結核菌に一応感染したことになる。結核菌が原因だと言っても答えたことにはならない。そのなかで発病したのはなぜかを言わないと治療の役にも立たない。

医者は皆さんギリシャのヒポクラテスの誓いをする。患者に奉仕するという誓いです。ヒポクラテスの有名な言葉は「薬を処方せず、コメを処方しろ」。食べ物が原因、要するに栄養です。結核の原因は、結核菌ではなく、貧困です。結核を根絶したいのなら貧困対策をとらないといけないというのが疫学者側の答えです。結核菌がないとすべてが説明つかないというのが間違いです。医学では疫学者は格下としてみる考え方があります。法律の世界では疫学を教えもしない。環境問題をやる人でも疫学はあんまり注目しない。

四大公害裁判以来、疫学の優位性が確立したものだから、元気のいい若手の公害弁護士たちが飛び乗った。論争に負けないという自信から大気汚染では真っ向から疫学論争をした。われわれは疫学的ものの考え方です。的をつけるわけですね。疫学そのものではない。大阪のノーモア・ミナマタ弁護団の若手は、元気がいいから水俣病でも学問的疫学の条件設定をして疫学論争を正面からやるべきだという意見を言っていた。ちょっと違うのではないですか、と私は言うけれど。われわれは白木先生が言う疫学四条件で十分だと。それ以上の細かい条件設定はいらない。むしろそれをやると大企業にとって有利に決まっているという議論です。

汚悪水論の考え方

原因を細かく細かくしていくというものの考え方、しかもその因果の流れを全部証明が要るというものの考え方はおかしい。水俣病の原因物質がセレン、タリウム、マンガンと変遷する。それに対してチッソが反論して、それぞれ想定された原因物質が否定された。タリウム、マンガン、そして有機水銀に辿り着く。それは何を探したのか。チッソの排水のなかの原因物質を探したのであって、他の原因物質を探したわけではない。まずチッソの排水だ。誰も争っていない。チッソ自体も争っていない。もちろん爆薬説、アミン説とか言っただけですぐに潰れている。問題にしてきた原因物質は排水のなかのどの物質かを議論してきた。排水が原因ということは終始動かなかった。

ではセレンは間違いだったのか。少なくとも住民に被害を与えているのは間違いない。主要な原因は有機水銀だった。だけどセレンが無害で人体に何の影響も与えていないのか。有害で影響を与えていることが明らかだから原因物質と思った。しかし結果として主要な原因ではない。セレン、タリウム、マンガン、全部毒物であることは誰も否定しない。それが人間の体内に入っているのも間違いない。それは被害とは関係ない物質という議論は間違いで、それぞれが被害を与えているわけですから、結果としての被害を切り捨てている議論です。だから、自然科学的に言えと言われれば、有機水銀を中心とした重金属の複合多重汚染です。環境ホルモンが問題になってからは重金属だけというのも間違いかもしれません。

カネミ油症で有機塩素であるＰＣＢが問題になった。日本政府がＰＣＢの使用を禁止する。魚についても規制をかける。僕は水俣にいたから熊本県庁に電話した。県内で問題になる企業はと聞いたら、チッソに決まっているという答えでした。チッソの排水はＰＣＢでも問題であった。水俣湾内でも魚を食べていたら問題になる量だった。水俣病は有機水銀中毒だと、有機水銀のなかでも特定の有機水銀だというのは間違いです。自然科学的にも正しい考え方ではない。

企業の争い方は一緒です。じん肺でもわれわれが粉じんが原因だと言うと、良い粉じんと悪い粉じんがあると言う。粉じんのなかの特定の物質の、しかもそのなかの特定の大きさの粉じんが悪いと。炭鉱で粉じんがもうもうと立ち込めていたときに粉じんの物質と大きさを特定せよとなる。われわれはふざけるなと一斉に抗議で立ち上がる。裁判所がまあまあとわれわれを止める。裁判長が「もう結構です。粉じんは悪いに決まっている」と言った。いまＰＭ２・５というでしょう。粉じんの特定の物質だけをみている。ＰＭ２・５という考え方自体が私に言わせるとナンセンスです。その大きさが安全なわけではない。科学的に解明しないとダメだという議論はおかしい。責任逃れをする人の論理です。

チッソ排水だと誰も疑っていない。特に排水被害についてチッソは漁業補償をしている。そのようなことを私が指摘した。それはそうだとみんな納得した。それをもっともらしい法律論にしてもらったのが学者の先生たちです。第一次訴訟の準備書面に汚悪水論を書いたのは東京都立大学の清水誠先生です。澤井裕先生、牛山積先生、河合研一先生、平野克明先生、原島重義先生、私たちと議論してくださった先生方が汚悪水論を支持した。皆さん、熱心に論文などで言って下さったけれど、東大官僚法学は絶対に乗らない。

汚悪水論というのは非常に優れた考え方で、環境問題の出発点となるのは汚悪水論でないといけない。原因物質、特定物質を追い求める考え方は間違いだ。もちろん必要な場面があることは否定しません。それがはっきりしない限り何もできないかのように言う議論は間違いです。特定の目的のもとでは必要です。その目的がそれぞれ何かをはっきりしないといけない。汚悪水論は、被害の全体像を捉えるという意味でも優れている、被害対策をいち早く取れるという意味でも優れている、被害の切り捨てを許さない議論ですよね。

汚悪水論の適用例はいっぱい出ている。例えば清掃車の後部の蓋が上にあがってゴミを放り込む。ゴミ収集業の親子の業者が自宅のゴミ置き場でゴミを取り出そうとしたら蓋が落ちて親子が挟まれた。お父さんの体が子どもより大きいから受け止めて亡くなったという事件の相談を受けた。蓋が落ちたらいけないに決まっている。落ちたんだから欠陥車に決まっている、それだけで責任ありと、車のメーカーを訴えた。メーカー側の言い分は落ちないように棒で止めろと指示をしている、普通落ちないのだから、落ちた理由は原告が主張せよというものでした。しかし、落ちたらいけないに決まっているから落ちた理由がメーカーの責任でないことを証明しない限り、メーカーの責任は免れないという考え方が正しいに決まっている。

同じ議論がエレベーターでも起きる。九大エレベーター事件という。給食の台車を押している給食の女性がエレベーターを止めて乗ろうとした。後ろ向きで車を引っ張って乗る。扉は開いたがエレベーターが来ていなかったので転落死した。エレベーターが来ていないのに扉が開いたこと自体が欠陥に決まっている。国の代理人は「そういう構造のエレベーターです。ちゃんと確認せよと注意書きが書いてある」。そんなバカなという議論です。因果関係を細かくするのは責任逃れの議論です。エレベーターが来なければ開かない構造にしないといけない。これは汚悪水論の考え方ですよ。同じことが火災事故です。火が出て被害にあった。出火の原因が何であろうと逃げられないといけない。

しばらくその理屈で勝っていたが、このごろ通用しない。裁判官が「要件事実を言え」と言う。「言う必要がない」と言って頭から聞く耳を持たない。要件事実教育は、修習生の二〇期から始まったと思います。要件事実教育から言えば、汚悪水論はちゃんちゃらおかしいとなる。そのような議論の結果から蓄積濃縮するというのがわかりませんでしたというチッソの言い分が出てくる。人間の体はどうやってできたのか。カタツムリの殻はどうやってできたのか。食べたものが蓄積して濃縮されたものが殻や骨になっている。生物はみんなそう。それをわからなかったという理屈はなりたたない。しかしそれを科学的にきちんと証明しろと敢えて強調するのは為にする議論に決まっていると思います。

裁判をめぐるたたかい

水俣病の裁判は支援の運動に六〇年安保と七〇年安保の両方の影響がある。反体制運動の共産党支持対反共産党支持の争いと受け取られます。六〇年安保のときにはまだ話せばわかるという議論がなんとか成り立った。共産党攻撃、左と言われるなかで共産党支持と共産党に反対するグループの色分けがはっきりでてきた。

われわれ弁護団に反対するグループと裁判所の前でぶつかったときも、彼らは「日共（日本共産党）は帰れ！」と弁護団を攻撃した。ほとんどの弁護士が共産党弁護団ではないと言って怒っていた。私が『朝日ジャーナル』で違うと言っていると書かれたものだから、彼らはユーモア精神に富んでいるから私に「元日共」と言った。バカバカしい話です。そのとき以来言われているのは、お互いがお互いを「同席しない」。われわれの一部の人たちも「同席しない」という方針をとりました。労働組合のなかにも違う系統の労働組合がある。そのなかで「同席しない」という方針がでる。これがずっと尾を引く。いまの市民連合まで尾を引いているように思えます。一部の系列の人たちが私たち弁護団とは「同席しない」といまでもおっしゃる。残留孤児は私が弁護団長をやりました。強制連行の労働者たちの一部の会は「同席しない」の適用です。私が同席しないのではなく、向こうが「同席させない」と言われる。

七〇年代の学生の安保闘争はゲバ棒です。相手を罵る言葉は「お前と俺は感性が違う」です。感性が違うと言われればそもそも話し合う余地がない。だからゲバ棒なんです。弁護団を攻撃する一部のグループはまさにその人たちが組織した会です。だから「日共帰れ」という声になる。一緒にやるなんてことはありえない。敵ですよ、もっと言えば私敵なんです。「なんで告発する会と弁護団が喧嘩するのかよくわからない」と関西大学教授の澤井裕先生がおっしゃる。澤井先生が熊本大学の富樫貞夫先生のところでその理由を聞いたら、「それは弁護団に聞いて下さい」と言われたという話を紹介しています。

学者の役割

澤井先生は現場に来てみたらそれまで思っているのと話が違う。現場に法律のあるべき姿があると気づくわけですね。それから従来の中心メンバーを少し離れてわれわれ側の中心メンバーになった。公害弁連の集会に出ていくと普通は学者として参加するけれど、澤井先生は「水俣病弁護団の澤井です」と自己紹介されていた。水俣病弁護団の一員と言われるぐらい入れ込んでいただいた。

弁護団会議に出席された先生の数は少ない。私が水俣に行って最初の仕事は学者の助けを求めることだった。まず日本科学者会議に行く。全国の実務の責任者は東工大にいた加藤邦興先生だった。「わかった引き受ける」「自分が責任をとる」とおっしゃった。だから弁護団会議にずっと出た。国の責任論は加藤先生が構築した。だからその教えに従って総論の準備書面は私が書きました。それから有機水銀の歴史もです。加藤先生は専門が科学技術史です。チッソの技術が水俣病の原因というのがいかにバカバカしいかというご意見です。科学技術というのは上部構造ですから、基本的には下部構造（経済）に規定されている。科学技術は使われているにすぎない。だから責任の本質は国の経済政策の問題です。

日本科学者会議には全面的に協力していただいた。集会は一九七二年に水俣でやっている。青法協（青年法律家協会）もやりました。法律の学者の方は民主主義科学者協会（民科）法律部会です。民科はあらゆる部会があった。それが潰れて法律部会だけが生き残った。澤井先生はもともと保守正統派ですが、清水誠先生、牛山積先生、平野克明先生、河合研一先生、原島重義先生も民科の一員です。総力を挙げて乗り込んでいただいたわけです。弁護団会議に先生方みんな出てました。

四大公害裁判の新潟の中心は宇井純先生です。われわれからすると私たちを批判していたグループだと言われていた学者です。新潟弁護団で補佐人、要するに弁護士と同じことができる。法廷に出て証人尋問までできる。宇井純先生は科学技術屋さんです。チッソの技術論です。新潟の弁護団は、有機水銀が製造工程中にいかにして生成されるのか、それがいかにして排出されるのか、詳細な準備書面を提出した。戒能通孝先生が『法律時報』でそれを絶賛した。日本の弁護士たちがこれほどすばらしい準備書面を書けるのか。われわれは「バカバカしい」という立場でした。

戒能先生が水俣に乗り込んできて、われわれ弁護団におっしゃったことには僕は基本的に賛成なんですよ。先生は歴代大蔵大臣、通産大臣、チッソの歴代社長を全部法廷に呼んで責任追及しろとおっしゃった。先生の書いた文章には、チッソの社長は勧進帳を持って勧進袋を提げて財界の喜捨を求めて回れと書いている。チッソの社長はちゃんと被害救済をやるべきだと書いている。戒能先生の助手論文で慰謝料の考え方があります。ひと思いで殺した場合と一寸刻みでなぶり殺した場合には被害額が違う。法律論の議論はなかなかそうはなりませんけれど、私は賛成です。そうだと思います。慰謝料とはそういうものです。交通事故は一律で判断している。必ずしも正しくはないと思います。

民主主義の問題

私が「水俣に行きます」という話を福岡第一の諫山博先生にしたとき、びっくりしてなんでわざわざ水俣まで行って仕事をするのかと聞かれた。私は「公害反対闘争は民主主義の問題だと思います」と答えた。先生はそう思っていなかったのではないでしょうか。少なくともそうだよねとは言わなかった。

公害反対闘争とは民主主義の問題とはなかなか考えられていない。いまでもそうじゃないかな。いまの流行りの言葉で言えば国民主権の問題です。誰がものごとを決めるのかを根底から問う。たたかいとは民主主義を貫徹することです。資本主義とのたたかいではない。国家権力とのたたかいです。権力とその権力に支配されている人との間では必ず続く。ふつうはそうは思っていなかったのではないでしょうか。それは次の社会の話だと。しかし公害問題は資本主義の害悪が目に見えるところで被害となって出ている。

例えば有明訴訟で福岡高裁から条理をつくした和解勧告がでた。一般的にはいまの紛争を解決するための解決策として提起されたと理解しているようです。有明の地域は国民的財産なんだ、全関係者の話合いで決めるべきだという問題提起です。それは問題解決の議論に過ぎない、本当は出発点の議論でしょう。諫早干拓を始めるときにやっておくべき議論です。全関係者が集まって議論しておくべきだった。裁判所の勧告は出発点ですべきだった。それをしないからこんなことになっている。いまからでも遅くないからやる義務がある。

現在起きている問題すべてそうです。石木ダムもそうです。国は福島原発の汚染水放流の必要性で自分の立場だけを説明をする機会をつくっている。それだと納得するわけがない。漁民の意見を聞く機会をつくらないといけない。諫早の問題も同じです。農水大臣は漁民と会って基金制度の説明をすると言っている。われわれは和解の席でいままで一年間その説明を聞いてきた。拒否するという答えを出している。国がやっていることは説明をつくす、これは理解を求めることとは違う。理解を求めるとは、国側の決定の説明をすることではない。何を求めますかとみんなの意見を聞くことです。民主主義の問題というのはそういうことです。それは国民主権である。

「地方自治の本旨」でもあるものごとを決めるのは地域の人々たちである。公害というのは一番わかりやすく被害が出ている。事前の議論をちゃんとやらないといけない。ところがそれを相変わらず認めない。被害補償を行うのは、操業を早く再開するための条件づくりにすぎないのです。被害発生を最初から防止するための議論が必要なのです。

労働組合と裁判

水俣病運動のなかで告発する会の中心人物に渡辺京二さんと労働組合の元委員長がいる。渡辺さんの方は水俣病問題を文化的に捉えている。石牟礼道子さん同様に近代の歪をいかに捉えるのかという発想になる。労働組合の元委員長の意見は、労働者がたたかう力なので、労働者が実力で勝ち取っていくことしか認めない。裁判というのは国家権力、支配の機構の一つに過ぎないという捉え方です。私も大原則として反対しない。国民が自分の力で勝ち取っていくのが権利だと考えている。裁判所はほとんどみんなお城にある。明治に裁判所をつくった時に水戸と金沢など以外は城内につくった。福岡の以前の裁判所もお城のなかにあった。久留米、柳川、八女もお城のなかにある。まさに国家権力の一機関です。しかしだから権利闘争に裁判所を使ってはならないとはならない。

彼に言わせると弁護士とは墓堀人足だと。たたかいに倒れた労働者を弔う儀式の最後に墓堀をする人だ。私の立場からはその考え方は徹底的に間違っている。地域の皆さんと一体となって、地域社会の今後の発展前進を切り開いていく役割です。労働者だけで切り開くという発想ではない。水俣病の証言が一番わかりやすい。工場労働者が仕事をしているときに煙を出す。自分のうちに帰ると夕食時にその煙が家に入ってくるので工場に抗議の電話をかける。工場労働者としてではなく地域の住民として電話をかけている。三池労組ではじん肺の裁判が一番遅れた。炭じん爆発の事故も組合の制止を振り切って、一部の組合員が裁判を起こしている。

まともな組合幹部の一部の方が裁判を嫌うのは裁判で勝てないと考えているからです。裁判で敗れることによって自分たちの力で勝ち取ってきた成果まで奪われることになる。組合の力が落ちてきている。裁判では勝てないという大前提です。水俣病で勝てたじゃないか。そう言って裁判を起こす人が出て来た。三池のじん肺裁判が提訴では一番あとです。これも組合の支援を受けていない。組合として全面的に支援したのは建設労組です。建設労組がアスベストまでたたかうことになる。

自由法曹団

私が新人一年生として福岡第一に入るということは自由法曹団に入るということです。自由法曹団は権力と正面からたたかう立場にある。逮捕されたときに国家権力の最先端たる警察といかに喧嘩するか。福岡第一に入ったときには枕元にはいつも鞄、着替えと折りたたみ傘を置いていました。一週間ぐらいは家に帰らないぐらいの態勢をとっていた。「逮捕された」と夜中に電話があるのは当たり前のことだった。

公害弁連は一九七二年にできます。自由法曹団とは直接の関係はありません。たまたま自由法曹団員が多い、主力メンバーは自由法曹団員です。ただそうでもない弁護団もあります。その場合たたかい方が決定的に異なっているように思える。いわゆる医療過誤訴訟の弁護団もまた少し取り組み方が違います。必ずしもニュアンスが一致しない。環境派の弁護士も自由法曹団員が多いのではないかと思う。

現場での取り組み方でもものの考え方が違ってくる。原発でも国を被告にするのかしないのか、求めるのが完全賠償なのかどうか。われわれの裁判では完全賠償額を請求するなんて言わない。いわきの完全賠償請求グループが先行して仙台高裁で判決を受けることになる。さらに汚染水の海洋放流差し止めの裁判を起こした。心配している部分がある。その意味は汚染水の問題を正面から取り上げるためには水俣病をまず理解していないといけないと思います。それとカネミ油症の環境ホルモンの議論を理解している必要がある。いわきの広田次男弁護士は産廃問題の全国の事務局長をしましたから、環境ホルモンをわかっていないといけない弁護士だと思います。水俣病、カネミ油症両事件の教訓は、国の基準値を守ることが被害発生を防止するための十分な条件ではないということです。安全の担保にならないということをよくわかっていないと排水の差し止めをできるのだろうかということを考えます。『前衛』の座談会で河合先生と話したとき、弁護士をできるだけ広く集めようと話しましたが、そのような発想になっていないようにみえます。一部の弁護士で始めたのではないでしょうか。公害反対闘争の教訓が生かせるのか。大丈夫なのか十分検討してほしいと思いますね。

集団の力

九州大学の医学部の教授がスモンの患者さんたちの集会で「水俣病をやった弁護士たちは勝って左団扇だもんね。金儲けでやっているのだから」と発言したという話があります。怒った患者さんは「違いますよ。金儲けしていませんよ」と言ったという話を私にして下さった。アメリカの汚染問題の裁判は勝てば大リーグのチームが買えるぐらいの収入があり得る。ある意味博打を打っているわけですね。それが可能なのは被害者の囲い込みができるからです。クラス・アクションです。被害者を囲い込んで委任状をもらって、代表選手の裁判をやっている。例えば被害者を一万人囲い込んで合理的であれば一〇人の裁判で勝てばそのクラスのひとごと全員同じ金額がもらえる。大人数の裁判をする必要がない。

一万人の裁判をやろうと思えば一万人に対応する弁護士がいるのが日本の制度です。私たちは被害の立証を軽減するために包括一律請求という理論を持っている。つまり実務的には一人一人の損害論をやらない。包括した損害論しかやらない。何のために裁判をするのか。完全賠償と言うと判決で認められた額以上の話はないわけですね。認めなかったのは裁判所が悪いと言っても裁判上請求はしたわけで判決はそれ以上を明確に否定したことになります。われわれの包括一律請求は総額を請求していない。包括して請求したけれどその人の損害として全額を請求したわけではない。損害の全体像は明らかにしたけれど個人的損害は手抜きしたわけです。手抜きした意味は何かというとそのあとの集団の力でとるぞと言っている。裁判で全部請求しているわけではない。裁判では請求していない分がまだ残されている。それを集団の力で勝ちとる。

裁判の目的は責任の所在と大きな被害の全体像を明らかにすることです。裁判所が判決で認めた金額はわれわれから言えば慰謝料であって、実際の損害の補償はまた別にある。それはわれわれが交渉で勝ちとってみせる。水俣病ではそれをやってみせた。判決以上のものをはるかにたくさんとりました。告発の皆さんがあとで交渉して自分たちがとったと言うけれどそれは違います。われわれが判決直後に五月までにほとんど交渉でとっています。私が『弁護団だより』でその経過を書いています。

完全賠償を請求すると言っている裁判は判決後のたたかいをしないということを言っていることになってしまう。賠償額を全額裁判でとるのが目的です。アメリカの弁護士はまさにそうです。賠償額をとるのが目的であって、しかしあとの被害をどうするのか、食品行政なり薬品行政なり、行政を変える運動と捉えない。それは法律家としては別に珍しい話ではない。

それが如実に出たのが予防接種の裁判です。主力弁護団は東京の弁護団です。いわゆる法律家としての発想です。被害に遭った子どもの面倒を誰がみるのか。施設をちゃんと考えないといけない。「それは運動体でやって下さい」と言われる。「法律家の仕事は何か」と聞くと、「責任を判決で認めさせて、額も最高の額をとってみせる。裁判で勝ってみせるというのが弁護士の仕事なんです」というやりとりを東京の弁護団とした。予防接種の中心メンバーだった弁護士の一人は最高裁判事になって、牛島税理士訴訟の裁判官を務めてもらって私たちの請求を全面的に認める判決をした。

労働組合の弁護士

労働組合の弁護士はだいたいそういう発想をしています。世の中を変えると言いながら、弁護士の取り組みとして世の中を変えることを中心課題として考えていないようにみえる。裁判が連帯したたたかいになりにくい。あくまでも企業内の一つの労働組合のたたかいなんです。過労死も全労働者の問題になったというのは極めて稀な例のようにみえます。そこが私たち公害弁護団と決定的に違うと思います。一番おかしいと思うのは労災は全国で同じような被害がある。労働組合なら同業者の組織があるのにそれを全国的な取り組みとしてやろうとしないのはおかしいと思います。

三池の炭じん爆発の裁判は労働弁護団の団長、幹事長、福岡でもそうそうたる弁護士がいました。同じ時期に筑豊の山野炭鉱の炭じん爆発の裁判を起こしました。同じ爆発事故、時期も同じで企業も同じ三井で裁判を起こした。われわれは二年半で解決した。公表していませんけれど和解金額は一〇〇〇万円を超えました。公表した金額は五〇〇万、あとは裁判費用という名目です。そのあとの三池の判決金額は五〇〇万ですよ。プラスが付いていない。同じ話が夕張で炭じん爆発が起きて裁判になる。金額は同じです。表に出た私たちの和解金額が全国水準になった。それでも五〇〇万というのはその時の金額としては高い。爆発をしたときの金額です。イタイイタイ病の一審判決が五〇〇万です。早く解決しておけば五〇〇万円で済んだ。私たちも上乗せ分名目は何でもよろしいというやり取りになる。当然それは公開しない。

過労死の事件で法律改正の議論になった。そのときに過労死で勝った事件の弁護士が厚労省に乗り込んで注文をつける場面がテレビで放映されました。われわれ諫早との決定的な違いは、担当大臣と会うとき弁護士だけで面会したことです。われわれは漁民が必ずそばにいます。過労死の遺族や一緒にたたかう仲間が大臣との交渉の場面で一緒にいない。全体の運動だと思っていないようにみえてしまいます。それが全体の勝ち負けにもかかわってくる。結果的には全国のみんなの力を信用していないと言われてもしかたがない。企業内組合の力で勝てない事件はどうするのか。裁判で勝てなくても実現できる、裁判所で負けても実現できるようなたたかい方をする。私たちは組織がないのが前提です。組織がないところから出発する。労働組合は組織があるところから出発しているように見えてしまう。

われわれの山野炭鉱の爆発事故の裁判は実働三〇人です。三池の労組の婦人部の面倒見がいいおばちゃんがいて、怒っている。「自分の三池の裁判はちっとも進まない。山野炭鉱は二年半で解決した。なんで私の方の裁判をもっとがんばらないのか」。山野炭鉱では団長に次いで二番目に偉い若い事務局長が、三池の裁判では一番下っ端でお叱りを受けている。

国労の組合潰しで国鉄が私企業に変わる。国労を徹底して潰す。久留米の駅前で国労の労働者の皆さんが座っている。私が通りかかると「先生も一緒にがんばって下さいよ」と声をかけられるけれど、「がんばりたいけれど、組合が私を使ってくれない。弁護士を幅広く呼びかけるように要求して下さいよ」と答えていました。沖縄の基地問題でも県知事が取り組んでいる事件で弁護士に県の代理人になってくれるように呼びかけたら一万人、二万人集まったと思います。全国の弁護士が沖縄県民のために集まる。実質的効果があると思います。なぜそれができないのか疑問に思います。ただ働きの弁護士がいる一方で顧問弁護士にはお金を払わないといけない。それで飯を食っている人とボランティアでお手伝いの人との違いがでてしまうことが具合が悪いということなのだろうか、などと思ってしまいます。

問題の解決とは何か

私とだいたい同じ時期に弁護士になった先生が本を出版されているのを見ていろいろ考えました。労働弁護団の活動が中心なんですよ。私とは決定的な発想の差がある。結局、勝つためにどうするかという問題提起ですよね。それは私と同じ問題提起なんですけれど、勝つとは何を意味するのか、裁判をどう活用するのかという発想が根本から決定的に異なる。本には「どうしたら勝つのか」という帯が付いている。そこで言われているのは勝つとはその裁判に勝つことです。裁判に勝つことしか考えていない。依頼者が勝訴するための裁判です。私から言わせると最も狭い勝ち方です。依頼者に依頼された裁判を勝つ、そのためにどうするのか。裁判の訴訟指揮を、裁判所に全面的に任せるわけにはいけないから、訴訟指揮を自分がしなければならない場面があると言っています。裁判所が訴訟指揮をするということが当然の前提と思っている。私は最初から最後まで訴訟指揮は私がするに決まっているという発想です。

何が違うのか。その本で言われているのはその裁判に勝つことがすべてなんです。その裁判が置かれている全体の状況が頭にない。その裁判で勝つのは問題になっている全体のうち一部分の解決です。われわれは抜本的に根絶しようと思う。熊本県八代市の人絹の労災の事件もそうです。頼まれた原告の裁判に勝つというのは出発点であって、到達点ではない。人絹企業が起こしたような硫化水素の労災を日本中の同じ企業からなくそうやという発想です。

この事件で裁判に勝つということは全体の取り組みのなかのどこに位置付けられるのか。そのためにはこの裁判をどうするのかという発想です。頼まれた原告の労災を裁判で勝ちとるところには主眼点はない。今後の運動を展開していくためにはこの裁判をどうやって取り組んでいくのかという発想です。裁判を勝つための訴訟指揮だと裁判長に委ねていてもいいでしょうけれど、そうではなく、全体の問題に勝つために裁判をどう使うのかと考えたら、裁判全体の進行を裁判長に任せてはいけないに決まっている。われわれが訴訟指揮をしないといけない。その発想の違いがよくわかる。労働事件をやる弁護士の発想は大体この本と同じだと思います。公害をやる弁護士の発想は私の方の発想です。それぞれ五〇年の経験と言っているので非常に面白いと思います。

どういう裁判をするのか

牛島税理士訴訟もそうだったのですが、それぞれの職種団体が持っている政治団体がある。弁護士会も当然持っている。われわれも参加している。弁護士会出身の議員を党派にかかわらず全員応援するからです。当然ながら自民党から共産党までの全議員を応援している。特定の政党に政治献金するわけではない。南九州税理士会はそうではなくてまず会員全員強制加入です。しかも政権与党の議員しか応援しない。われわれはこの税理士会の政治連盟、政治献金を強制的に徴収したことをめぐって争って最高裁で勝った。最高裁判決の読み方で一番狭い読み方は税理士会が強制加入団体だったからいけないという読み方です。その読み方は間違っているに決まっている。

そのことを正面から争われることになったのが医師会です。医師会そのものは争うことはできなかったが、歯科医師会の政治連盟で争われることになった。これは強制加入団体ではない。歯科医師会に加入しなくても仕事はできる。歯医者さんが歯科医師会に入会しに行ったら自動的に政治連盟に同時加入になっていた。ほとんどの人が意識していない。政治連盟の会費を支払い続けてきた。牛島税理士訴訟で勝ったから急に意識する人たちのなかからおかしいじゃないかという人が出てきた。「政治連盟を辞めたい」と申し入れをしたら、「どうぞお辞め下さい。ただ、同時入退会なので歯科医師会も一緒にお辞め下さい」というのが歯科医師会側の回答です。「いや、歯科医師会には入っておきたい。政治連盟だけ辞めたい」「それはできません。同時入退会というルールになっているから」というのがそもそもの問題です。

どういう裁判をすればいいのか。労働事件の弁護士たちがどう答えるかわかりませんけれど、そのまま受けるのではないですかね。鹿児島の事件では素直に受けて、政治連盟を辞めさせないのがいけないという裁判です。私どもの発想から言えばそれは間違いです。何がいけないのか。辞めさせないのがいけないのではなく自動的に入れるのがいけない。われわれは福岡県の歯科医師会と政治連盟相手に入会無効で最初から政治連盟の会員ではないことの確認を求めた。われわれはさらに歯科医師会に入会したときからの政治連盟の会費の返還を求めた。歯科医師会の会費と同時に政治連盟の会費も自動引き落としされる。最初から全員を強制的に入れるのがいけないというわれわれの主張を裁判所はそうだそうだと認めた。

具体的にどうやって解決したらいいのかという話になる。自動入退会がいけない。それを認めさせるためにどうしたらいいのか。形式論理から言えば一応本人が確かに入会申し込み書を提出している。歯科医師会と政治連盟の入会申し込みを形としてしていることは事実です。しかしその手続きを実際におこなって受け取った側が問題です。その手続きをしたのは歯科医師会の職員です。政治連盟の職員ではない。そもそも政治連盟の職員はいない。手続きが最初からダメで歯科医師会の職員が、政党と同視される政治活動を行う政治連盟の仕事をしてはいけないのである。だからわれわれが勝つに決まっている。歯科医師会側はそれに抵抗する。

この問題に勝つということはどういうことか。われわれは内容証明を銀行に送った。銀行が本人の了解なしに政治連盟の会費の自動引き落としの手続きをしている。横領罪になりかねない。銀行は自動引き落としの手続きを歯科医師会の依頼に基づいてしているのであって、政治連盟の自動引き落としの依頼を独立した手続きとして受けていないし本人は全くその認識がない。その手続きを銀行がしている。横領罪、場合によっては窃盗罪になる。少なくとも本人の意思を確認する必要がある。これがわれわれの妥協案です。いままで取った分はどうするのかを本人に尋ねる必要がある。いまから先どうするのか。それは歯科医師会が確認をやるべきだと思うけれど、歯科医師会がやらない場合には自動引き落としをした銀行がやらないといけない。これが効いた。歯科医師会が確認すると当然これまで支払った会費を返還してほしいと求める会員が出てくることになる。問題になっているとわかった人たちから辞める人がでてきた。

権利をどう考えるのか。それはすなわち裁判をどうたたかうのか。裁判とは何か。裁判というのは問題を根本的に抜本的に解決していく、過去の清算をするのではなくていまから先どうしていくのかという問題提起です。

われわれの方の裁判は判決にはなりません。五回ぐらい和解協議をやりました。基本は歯科医師会と政治連盟を分離しろです。電話番号を分ける、職員も分ける、事務所も分ける。まだこれができていない、と注文をつけていたら裁判所が怒りだして「いいかげんにしてくれ。全面的に勝訴判決を書くからあとは自分たちで話し合ってほしい」と。「判決は結構です。いまの和解条項だけで結構です」ということで和解しました。福岡の歯科医師会の話は一般的に宣伝にならない。問題点は会員の方にあまり浸透していないのかもしれない。南九州税理士会の裁判では相当な数の会員の皆さんが払う筋合いはないと会費の返還を求めました。

何のために裁判をするのか

何のために裁判をするのか。裁判に何を求めるのか。そもそも権利を守るとはどういうことなのか。弁護士の責任だけでなく当事者の責任でもある。なぜその事件の解決だけを考えて、全体の根本的抜本的解決を見据えた取り組みの発想にならないのか。そこの顧問弁護士が法廷闘争の側面に限定しているということがある。

大衆的裁判闘争と自由法曹団では言う。たたかいの主戦場は法廷の外にある。すなわち現場のたたかいによって世論を動かしていく。税関の手続きをやっている労働組合の事件が起きた。各地で取り組もうという話になった。東京、横浜、大阪の三つの裁判所で裁判があった。自由法曹団でも報告がある。そのときに流行った言葉がどうやって勝つか。「裁判官を飛躍させよ」という言葉がそのとき流行った。当然のことながら同時進行していった事件で勝つ裁判所と負ける裁判所が出てきた。

同じ水俣病の裁判でも同様に勝つ裁判と負ける裁判が当然出てくる。なぜ勝つところと負けるところがあるのか、徹底的に討論をします。もちろん、労組の裁判も議論をしたと思う。その総括がわれわれにはわからない。勝った裁判はどうやって裁判官を飛躍させるのか。三つの裁判所が同じ単一の労働組合の取り組みなのになぜ同じような飛躍させるたたかいにならなかったのか。勝つ裁判と負ける裁判の差異はどこにあったのか。共通のたたたかいとして、日本全国の取り組みとしてどうやって克服するのかという議論にならないといけない。

私は大阪の先輩弁護士に、勝つ裁判所と負けた裁判所が出た理由と克服の仕方、全国の展開について教えて下さい、そのような議論になっていないのではないかとお手紙を書いた。全く無視されました。うまくやったら勝ち、やり方がまずかったら負けというふうにしか理解できないために、全体で前進していく方向の議論にはなっていないと自由法曹団通信にも投稿しましたが、これも無視され答えはないままでした。縦割り行政と同じです。組織内労働組合、公務員ですから、全国で統一した取り組みの総括が公表できないとおかしいと思う。

たたかいとは何か

たたかいとは何か。私の答えは決まっています。権利闘争だ。もちろん憲法にはたたかって自分の力で保持せよと書いてあるけれど、書いてあろうが、書いてなかろうがそれに決まっている。憲法に書いてあるから権利として認められているという考え方は間違いだと思います。しかし弁護士のかなりが本能的にそう思っている。

平和は九条があるから守られるという発想です。違うでしょう。九条がなくても平和を守らないといけない。戦争はいかんに決まっている。九条がない国に行っても平和は守らないといけない。九条を守らないと平和が守れないというような議論はおかしな議論です。平和を守るという国民の力で九条も守っている。日常生活の権利を守らないと九条も守れない。戦争をするためにはまず自分の国の国民の権利を制限し奪わないと戦争はできない。命令一下でたたかわせる、人を殺させるわけだから、人を殺すなんてできないとそれぞれが主張したら戦争にはならない。国民は国の方針に反することは言ってはならない、それは許さないということを完徹することが戦争をすることができる大前提です。権利を奪うということなんですよ。戦争を防ぐためにまず国民がみんなで自分の権利を守ると言ってそれぞれが権利闘争を行えば、そもそも九条を変えろという話にはならない。日常の権利闘争と切り離したところで九条を守るという運動はおかしい。

権利は法律に書いてある、法律で認められた権利だ、憲法に書いていないと権利ではない、環境権を憲法に入れようや、人格権を入れようやという議論になる。人格権は憲法には書いていないけれど、場合によっては憲法よりも上位概念かもしれない。人としての尊厳を守らないといけないというのは憲法条文の文言以前の前提であってそもそもの出発点であって、それを憲法に書かないと認められないというのはそんなバカなということです。憲法に、法律に書かないと守られるべき権利ではないというのは間違っている。そもそもの発想の違いがずっと尾を引いている。日本国憲法の社会権によって初めて労働者の安全保護が認められたという議論を始める。近代市民社会の基本原則、あるいはもっと前からある。

私たちが炭鉱災害や公害裁判で「資本主義一〇〇年の歴史を問うている」というのはそうです。それはいまが資本主義の社会だからですよ。社会主義らしき国でも権利闘争が必要なのは全員認める。だから資本主義独自の宿命ではない。本当に権利が貫徹されていると言ってもやっぱり権利闘争は起こるのではないでしょうか。報酬にしても分配の方法についても少数者の問題が起こるのではないか。たたかいという言葉になるかどうかわかりませんが、少なくとも調整をする、それを権力機構に任せるわけにはいかない部分が出てくる。不満を持っている人の代理人、その意見を代弁できる人、それをちゃんと聞く制度が必要なんじゃないですかね。

日本のマルクス主義法学

原島重義先生はカントの専門家とおっしゃっています。ドイツのカントの専門家たちとまともに議論できると。日本のマルクス主義法学はソ連が崩壊したらあっという間にぶっ潰れたように見える。私は「先生、なんでこんなことになるのでしょうね」と尋ねたことがある。「マルクスしか読まないからです。せいぜいヘーゲルまでです。カントをちゃんと読んだ人はほとんどいない。」久留米大学においでになってから一連の著作がありますけれど、われわれは執筆と同時進行で先生の話を聞いてきた。月に一回講義を聞いてから食事会をしていた。

原島先生の話は裁判に役立ったどころではない。先生は私たちのたたかいのためにわざわざ論文を書いて下さっていた。一定の時期からお書きになった論文は、全部そのときどきのトピックスの解決のための論文です。一定の時期先生は債権の論文をお書きになる。例えばタクシーの組合が抵抗運動でストライキの方式としてメーターを自分で取り付けるのを拒否した、それを処分するのは違法に決まっているという論文をお書きになる。本来、物権の専門家が書く論文ではない。

日弁連が福岡で差止訴訟のシンポジウムを開いた。そのときの議論が差し止めの仮処分と行政の取消訴訟です。原島先生と行政法の専門家として近藤先生が呼ばれた。そのときの論文を先生は書かれた。それがそのまま筑後大堰の裁判に適応できるわけです。明らかに筑後大堰を念頭に置いてもらっている。公共事業による開発行為の差し止めです。普通、不法行為の差し止めの議論をやるときには債権の専門家の議論になる。一番の主題が権利侵害即差し止めなんです。物権的請求について日本の法律はそうだろう、それがなぜ、物権侵害が行われているのに債権の議論である利益衡量論を持って来られるのか、おかしいだろうがという議論が出て来る。本来は物権（権利）の侵害行為が認定されるかどうかだけです。認定されれば論理的に即差し止めに決まっています。

ところが、利益衡量論を物権に持ち込んだ人は例えば私も講義を受けた舟橋諄一先生です。舟橋先生が有斐閣法律学全集で物権法をお書きになる。そこで利益衡量を持ち込まれたわけです。民法一七七条の対抗要件で登記が必要な場面はどのような場面か。食うか食われるかの関係のときに対抗要件が要求される。これはよくわかる議論です。ところが、具体的適用のなかで利益衡量、両方の利益を比べて勝負が決まる。舟橋先生の物権法の本の内容は一七七条の対抗要件が三分の二ぐらいです。一般的にはとんでもない教科書です。われわれにとってはとっても面白い教科書でした。むしろ実務についてからの方があの教科書の意味がよくわかる。原島先生は助教授だったから、舟橋先生のもとで資料を集めている。結論は大反対だと思います。不本意な仕事だったと思います。

原島先生から私は教えを受けましたので、利益衡量については非常に敏感です。この考え方がいかに権利侵害をするものか、日本の権利の考え方を大きく間違えさせた論理です。私の誤った理解かもしれませんがその道をひらいた人は末弘厳太郎先生ではないかと言われているように思います。

当時マルクス主義法学の一番は川島武宜先生ではないでしょうか。原島先生のお話で、学会から帰ってくるとその時の話をしてくれる。若手の優秀な人たちが川島先生に食ってかかった。最後、劣勢になってとうとう怒って、「お前らわかっていない。俺は『ドイツ・イデオロギー』を最初から終わりまで暗唱してみせることができるぞ」と怒鳴ったという話を覚えています。

権利とは何か

私がいつも言う権利概念は川島先生の法学教室という当時の受験生が読む七冊の小論文集のなかの説明です。芝生があってそこに丸い柵があって、その柵のなかに立ち入り禁止の立て看板がある。この柵のなかが権利です。権利は立ち入り禁止に決まっている。柵を作ったのは自分の力です。権利は自分で一定の支配領域を確立している。自分の支配が確立していないと権利ではない。国からお墨付きをもらったわけではない。自分の力で確立して支配している。権利は自分で守るのが当たり前なのです。

これがアメリカ民主主義の原点だと思います。自らの支配する権利領域に立ち入ってくる者がいれば自ら銃をぶっぱなして阻止して当然撃ち殺されても文句が言えない。権利侵害と民主主義は私の頭のなかでは一緒なんですよ。自分の支配領域があってそれを侵害するものがあれば撃ち殺して構わない。自分の支配を守る力を国が一方的に制限するのは憲法違反です。だからアメリカでは銃の規制はできない。銃だからいろんな議論が出て来る。この時権利侵害を阻止する方法を問わない。なんであろうが権利侵害は許されない、それを実力で守っていい。それを守れないように法律をつくるのは憲法違反です。それがアメリカで銃の形で議論になるからある意味ではわかりやすい。

日本のマルクス主義法学のトップは渡辺洋三先生だと思います。私は清水誠先生、戒能通孝先生からも指導していただきました。それがソ連の崩壊とともに吹っ飛んだように見えました。少なくとも読まれなくなった。われわれの学生時代は渡辺洋三先生が書いた岩波新書を読むのが当たり前だった。入会と公害に関しては戒能通孝先生で勉強する。清水誠先生はある意味では我妻栄先生の後継者です。

原島先生が書かれた本のなかで我妻先生を高く評価される。それはナチス法学をきちんと正面から批判した先生という評価です。法律論はもちろん学者としての姿勢ですね。原島先生の「わが国における権利論の推移」という論文のなかでは末川博先生の姿勢を高く評価されている。哲学的には京都大学の磯村哲先生を非常に尊敬されていた。その先輩が加古祐二郎先生です。加古先生は法原理の議論です。原島先生は加古祐二郎先生をとっても尊敬するというより大好きだったと思います。末川先生の騒ぎで京都大学を出されたあと、加古祐二郎先生は立命館大学に教授として行く。原島先生が集中講義に行かれたときの講義録が論文として出版されている。その論文の冒頭で立命館大学は加古祐二郎先生が学者としての生活をした大学だと書いておられる。

日本では権利概念は十分議論されていないと思う。民法七〇九条が口語文に変更される時に正規の法制定手続きをとること無しに実質的に改正されたという話を私が一生懸命しても自由法曹団の弁護士でも乗ってこない。これが一番肝なんですよと言ってもなかなかその意味をわかってもらえない。いまの弁護士たちがこのような権利概念についての教育を全く受けていないのは残念です。

われわれも九大だからそのような授業を受けたのだと思います。教授はみんな市民法の基本の理念を理解している教授だった。具島兼三郎学部長以下ですね。具島先生は「法学部の教授会は一時間かからないで終わるのが自慢だ」とおっしゃっていた。法律家は無駄な議論をしない。リーガル・マインドと言う言葉を強調されていた。

当時団藤重光先生の刑法を司法試験でみんな勉強する。団藤先生の議論は「決定されつつ決定する」。自由な意思に基づいて敢えて悪いことを悪いと知りつつ実行したから非難できる。ところがマルクス主義だと決定論、大きく言うと社会法則に基づいて行動すると考えられる。井上祐司先生から習った自由の定義は、自然科学だけではなく、社会科学の法則を認識して、それに従って行動することができる、行為することができる。これが自由です。まず認識できないと自由ではない。認識できない一番大きな理由は貧困でしょう。正しく社会法則を認識できなかった。その結果、正しく行動できない。それは非難できない。団藤先生によれば、決定されつつ決定する。大きくは決定されているのだけれど、自分で選択して決定した部分がある。それが自分の人格をつくっている。いまの形成された人格が犯罪を起こしている。だから団藤刑法学は人格形成責任なんですね。決定されつつ決定するというのは弁証法のようにみえるが、言葉だけで本当の弁証法ではないと井上先生が授業中にお話しされた。井上祐司先生の決定論の議論を徹底して二年間ゼミで習いました。

諫早干拓問題

諫早の問題は、開門ということに問題を限定して議論した農水省の戦略勝ちです。われわれは何も開門だけを要求しているわけではない、有明海を含めた有明地域全体の再生を要求している。だから諫早湾干拓事業差止訴訟ではなくよみがえれ！有明訴訟なんですよね。その論点をすり替えられ矮小化された。官僚は論点をできるだけ狭く設定して、本質的争点をずらしてきた。逆に言うと、客観的には開門しないことには解決しないに決まっている。われわれにとって開門というのは出発点です。それがあくまでも到達点のようにすり替えられた。それでも裁判に勝って開門に成功できるはずだった。われわれの方がそこで戦術を誤って失敗した。確定判決が執行されないのは前代未聞です。

当時政権党であった民主党が失敗したのはなぜか。民主党がきちんと政権を運営できれば開門できている。しかし民主党がほとんど政策を実行できずにぶっ潰れた。国民みんなが失望です。これならまだ自民党の方がいいという空気になった。このようなことがどこから来たのか。私にはやっぱり権利概念だと思えます。民主党は権利を十分にわかっていないと思います。鳩山由紀夫さんが安保で潰れる。福島原発の件は大きかった。菅さんは気の毒です。福島原発事故が起きなければ菅さんはもっとやれたのではないでしょうか。原発がなければ諫早の開門ぐらいはできていたと思います。福島原発のドタバタ騒ぎ以降、官僚が民主党政権の言うことを聞かないのは当然という空気になった。

福岡高裁が出した和解勧告文を歴史的文書としてきちんと実行させることができないでいるのはわれわれの力の限界です。私はあれは歴史的文書としてきちんと後世に残すべき文書だと思う。決していまの錯綜した事態を解決するためだけの文書ではない。いま錯綜した事態を解決するための文書として読まれているけれど、そもそもなぜ錯綜した事態が生じているのかという問いかけをしないといけない。こんな錯綜した状態になったのはなぜか、どうしたらこんな状況にならなかったのか。出発の最初から和解勧告文の通りにやっておけばよかった。やっていないからこんなことになった。この和解勧告文書をきちんと書くとしたら「そもそも最初にやるべきでした。この事業を始める前に、みんなの合意のもとにやっていたらこんなことにはならなかった。いまからでも遅くないからもう一回初心に立ち返ろうよ」とそう読むべきです。これはいま生じている紛争のすべてに適応できる。和解勧告文が言っているような利益を有している全当事者の議論、合意のもとに何かをする、それが近代市民社会の本来のあり方です。裁判所は本来の公共事業の原則の姿を確認しようね、その通りやろうねと言っているのです。

それは理屈だけの空理空論なのか。裁判所が自信をもって言ったのは川辺川ダム問題があったからだと思います。われわれは話し合いはきちんとできると裁判所にだいぶ言った。川辺川ダム問題の住民討論集会です。あれは一つの県の問題だから県知事主導でいいけれど、四県にまたがっているから国が主導しないといけない。国がまともにちゃんとやる気になればできる、決して空理空論ではない。裁判長はそうだよね、できると判断したのだと思います。

沖縄の問題もそうですけれど、国は二面性をもっている。訴訟当事者としての国と本来きちんと国民のための政治を行うべき政治的主体としての国です。本来きちんとした政治を行う国はどこかに消えてしまって、裁判を始めるとともにかく裁判に勝つことが自己目的化している。国が本来あるべき姿はどこかに飛んで、裁判に何が何でも勝つためにとんでもないことを平気で主張し実行するのが国の代理人です。弁護士なら恥ずかしくてできないことを国の代理人が平然としてやる。しかもそれが裁判官ですから。裁判官がこんなことを言っていいのだろうかと思うことがたびたびです。

国が本来あるべき姿を最初から見失っている。レーニンが言うように政党というのは利益集団の代表ですが、自民党が代表している利益集団の利益を国の代理人が恥ずかしげもなく代表して主張している。これまでは恥ずかしいことは少なくとも表面的には見えないようにしようというある意味での節度を持っていた。いまはそれが見えても構わない、とにかく相手を押し潰す。相手に忖度させてでも実行させる。そのことがわかっているのに裁判所は敢えてそれに乗る。

民主党政権に対して長崎県知事が従来の自民党政権の主張通りに開門の実行に抵抗した。それを中央対地方の争いだと一部のマスコミが評価した。国を官僚だと思えば長崎県知事と官僚は一体となっている。国と地方自治体は対立していない。民主党政権と対立しているだけです。官僚と長崎県知事は同じ立場です。それを国と長崎県が対立しているというウソの図式を描いてはいけません。民主党がそれを貫くだけの能力がなかったのは不幸です。力はどこにあったのか。小沢一郎さんが中枢に座っている限りはある程度は実行できたと思っています。民主党政権の実行能力を失わせるために真っ先に小沢潰しをやった。民主党の実行力が失われたように私には思えます。

弁護士の仕事

社会正義とは、私に言わせると権利侵害から守るだけでなく、権利をより拡大し、かつ堅固なものにしていくことです。権利概念は常に拡大されていくものだと思います。それを実行できるようにするのが弁護士の仕事だと理解しますけれど、では具体的にどういうことなのか。

江上武幸先生と髙橋謙一先生が中心となって私の古希記念の論文集を出して下さった（記念出版編集委員会編『勝つまでたたかう——馬奈木イズムの形成と発展』花伝社、二〇一二年）。私が言っていることは何か。要するに、いま起きている問題をそこで現象的にどう解決するかではなく、根本に立ち返って根本的に抜本的に解決するために取り組むのが私の基本であると正しく評価してくれている。これは自由法曹団の大勢にはぜんぜん受けなかったように思えます。問題点を十分意識してもらえないと感じています。

事件が来たときに単独の個別の事件とは思わない。まず自分の問題として解決するというのが大前提です。自分の問題として解決するためには地域の問題として解決しないと解決できない。地域の問題として解決しようとしたら他の地域でも同じ問題が起きている。ではみんなで手をつないで解決するという発想です。

弁護士みんなそうだと思う。その事件をそのこと限りでそこでやめるかそれ以上抜本的な解決まで取り組みを考えて、この問題の解決は全体の解決のなかの一歩としてやろうと思うか思わないか。だから当然のことながら、私たちは地域事務所と自分の事務所を呼ぶわけです。これをある人たちは護民官と訳すわけです。私は賛成しません。護民官というのは優越的地位です。権力です。法律事務所が権力であるわけがない。共闘組織の一員です。久留米の私の事務所では各種団体の会議をやっている。筑後川水問題研究会はその最たるものです。

共闘組織をいかにしてつくっていくのか。私が水俣に行ったときは仲間づくりを真っ先に考えた。私が考えた仲間づくりは同志たちの結集です。板井優先生は、同志づくりなんだけれど、相手の人、自分たち側でないと思われる人といかに連帯していくかまでをみている。そこが板井先生が決定的に優れている私との違いです。私は終わりごろになってようやくそのことが理解できた。どうして板井先生が最初からその発想に立つことができるのか。出身地の沖縄の問題が大きいですかね。沖縄の環境がそうなるのか。

労働弁護団の五〇年の総括も決定的に違うなと思いました。なんでこのような発想になるのだろう。日本の労働組合の一つの典型ですよね。労働事件をやっている弁護士たちは組織的な運動をやっていると思っているのだと思いますが、出来合いの限定された組織の範囲しか考えないように私にはみえます。自分で組織をつくっていくという発想が弱いようにみえます。そういう立場に立てる弁護士は小さい中小企業の事件をやった弁護士ではないでしょうか。大きい組織だとどうしてもすでに存在している組合に限定されている。ただそれでも一からつくるわけではない。われわれ公害裁判の弁護士は組織のないところから一からつくる。

弁護士は、演劇で考えると、脚本家であり、プロデューサーでもあり、ディレクターでもあり、場合によっては自分が舞台に立つ必要もある。出演者の一人として演出もしないといけない。ただ一人でできるわけではない。みんなの協働作業です。その意味ではオルガナイザーです。たんなるプロデューサーではない。大変な仕事だと思います。それを目的意識的に取り組まないとできない。公害弁連でもそうですけれど、運動体自体が自分で活動をきちんと検証できるかどうかは難しい。やっぱりたたかいの現場でそれぞれつくっていくほかない。何か書物に残してみんなが勉強する話ではないことははっきりしている。なるほどそういう面があるのかと勉強はするでしょうけれど、やっぱり自分が現場でやらないと思い当たらない。本当の力にはならないように思えます。そのためには弁護団に加入して大勢の仲間と議論し、集団で取り組む活動を続けていくことが大切だと思えます。

（完）

あとがき

馬奈木昭雄弁護士の話を聞いて強く印象に残った言葉はたたかいである。馬奈木弁護士によれば、たたかいとは権利闘争である。権利とは芝生のなかの丸い柵で囲った内側の部分である。その柵のなかへの立ち入りを禁じるという立て看板がある。丸い柵をつくったのは自分の力である。自分で一定の支配領域を確立することが権利である。自らの支配する権利領域に立ち入って来る者がいれば、自分で守るのが当然である。すなわち、たたかいとは自らの権利を守ることである。

なぜ、自らの権利を自分の力で守る必要があるのか。それは、たたかい守るべき権利は天から与えられたものではないからである。権利はどこから来たのか。馬奈木弁護士によれば日本国憲法九七条にその答えがある。権利とは人類の多年にわたる自由獲得の努力の成果である。過去幾多の試練に耐えて人類が自分の力で勝ちとってきたものである。権利は、今の国民に信託されているのであって、国民は不断の努力によって保持し、そして次の世代にわたさないといけない。国が権利を守ってくれるわけではない。権利を守るのは国民自身である。権利とはたたかいとったものだからこれからもたたかい抜こうねというのが馬奈木弁護士のものの考え方である。

弁護士は基本的人権を擁護し、社会正義を実現することを使命としている（弁護士法第一条）。馬奈木弁護士は権利の侵害を訴えるひとびとと共に半世紀を超えてたたかってきた。馬奈木弁護士によれば、社会正義とは権利侵害から守るだけではなく、権利をより拡大し、かつ堅固なものにしていくことである。そのためには個別の事件の解決だけではなく、抜本的な解決を目指すたたかいが展開される。被害に遭っているのはひとりではない。

潜在的な被害者は無数に存在している。だから個別訴訟ではなく集団訴訟となる。集団の力で社会通念を変えるたたかいは法廷外でも展開されることになる。

馬奈木弁護士は、水俣に事務所を開設した当時を振り返り、公害闘争を民主主義の問題だと理解したと回想している。一番わかりやすく被害が出ているのが公害である。被害発生を最初から防止するための議論が必要なのである。被害が発生した場合、誰がどのように調整するのか。たたかいとは、権利闘争であると同時に、誰が物事を決めるのかを根底から問うこと、民主主義を貫徹することである。馬奈木弁護士の個人史は戦後日本の民主主義のあり方を問うたたかいの歴史である。

最後に謝辞を述べたい。馬奈木昭雄さんには二〇一九年から二〇二三年の四年の間に計二〇回のインタビューにお付き合いいただいた。八〇歳とは思えない抜群の記憶力に基づき豊富なエピソードをカメラの前で語っていただいた。語り口は常に穏やかであったが、深くて鋭いものの見方に新しいことを学ぶ貴重な機会となった。毎回、インタビューに誠実に対応していただいた馬奈木昭雄さんに心より謝意を表したい。この企画は久留米第一法律事務所の古田順子さんの助言と協力がなければ実現しなかった。第三の著者としてお名前を明記したい。

本書は『久留米大学法学』に九回にわたって連載してきた原稿を加除修正したものである。初出は次の通りである。

「馬奈木昭雄弁護士オーラル・ヒストリー（一）筑豊じん肺訴訟」（『久留米大学法学』第八一号、二〇二〇年）

「馬奈木昭雄弁護士オーラル・ヒストリー（二）廃棄物問題」（『久留米大学法学』第八二号、二〇二〇年）

「馬奈木昭雄弁護士オーラル・ヒストリー（三）水俣病とは何か」（『久留米大学法学』第八三号、二〇二一年）

「馬奈木昭雄弁護士オーラル・ヒストリー（四）水俣病の責任の考え方」（『久留米大学法学』第八四号、二〇二一年）
「馬奈木昭雄弁護士オーラル・ヒストリー（五）なぜ、よみがえれ！有明訴訟なのか」（『久留米大学法学』第八五号、二〇二二年）
「馬奈木昭雄弁護士オーラル・ヒストリー（六）よみがえれ！有明訴訟開門確定判決」（『久留米大学法学』第八六号、二〇二二年）
「馬奈木昭雄弁護士オーラル・ヒストリー（七）有明訴訟における国の請求異議訴訟の差戻審高裁判決について」（『久留米大学法学』第八七号、二〇二三年）
「馬奈木昭雄弁護士オーラル・ヒストリー（八）公害の教訓を原発に生かす」（『久留米大学法学』第八八号、二〇二三年）
「馬奈木昭雄弁護士オーラル・ヒストリー（九・完）なぜ、たたかいを続けるのか」（『久留米大学法学』第八九号、二〇二四年）

馬奈木昭雄さんの話を『久留米大学法学』へ掲載することを勧めていただいた上村一則先生をはじめ、連載を認めていただいた久留米大学法学部の先生方に心より感謝申し上げる。花伝社の家入祐輔さんには本書の出版にご尽力いただいた。御礼申し上げたい。

二〇二四年七月暑い夏の日に

土肥勲嗣

参照文献

石牟礼道子『苦海浄土――わが水俣病〔新装版〕』講談社、二〇〇四年。

板井優追悼集編集委員会『弁護士板井優が遺したもの』熊日出版、二〇二一年。

一瀬文秀『潮谷義子聞き書き　命を愛する』西日本新聞社、二〇一七年。

E・H・カー（近藤和彦訳）『歴史とは何か〔新版〕』岩波書店、二〇二二年。

レイチェル・カーソン（青樹簗一訳）『沈黙の春〔六二刷改版〕』新潮社、二〇〇四年。

記念出版編集委員会編『勝つまでたたかう――馬奈木イズムの形成と発展』花伝社、二〇一二年。

小宮学『筑豊じん肺訴訟――国とは何かを問うた一八年四か月』海鳥社、二〇〇八年。

シーア・コルボーン、ダイアン・ダマノスキ、ジョン・ピーターソン・マイヤーズ（長尾力訳）『奪われし未来〔増補改訂版〕』翔泳社、二〇〇一年。

阪口由美『たたかい続けるということ――馬奈木昭雄聞き書き』西日本新聞社、二〇一二年。

白木博次『全身病――しのびよる脳・内分泌系・免疫系汚染』藤原書店、二〇〇一年。

帚木蓬生『水神〔上巻〕〔下巻〕』新潮社、二〇一二年。

原島重義「わが国における権利論の推移」『法の科学』四巻四号、一九七六年。

松橋隆司編著『弁護士馬奈木昭雄――私たちは絶対に負けない　なぜなら、勝つまでたたかい続けるから』合同出版、二〇一四年。

馬奈木昭雄「よみがえれ！有明訴訟――最高裁判決の持つ意味」『環境と正義』二〇九号、二〇一九年。

馬奈木昭雄「公害弁連五〇年を語る――国民の怒りの声に支えられて」『法と民主主義』五六六号、二〇二二年。

馬奈木昭雄「汚染水海洋放出の安全神話を打ち破るために——水俣病・カネミ油症などの教訓」『歴史地理教育』九五一号、二〇二三年。

御厨貴編『オーラル・ヒストリーに何ができるか——作り方から使い方まで』岩波書店、二〇一九年。

山本茂雄編『愛しかる生命いだきて——水俣の証言』新日本出版社、一九七六年。

渡辺洋三『法とは何か［新版］』岩波書店、一九九八年。

土肥勲嗣（どい・くんじ）
九州大学法学部卒業。九州大学大学院法学府博士後期課程単位修得退学。日本学術振興会特別研究員、モナッシュ大学訪問研究員、九州大学大学院法学研究院助教、久留米大学法学部講師などを経て、2022年4月より熊本大学大学院人文社会科学研究部（法学系）講師。
共著として『ポスト・フクシマの政治学：新しい実践の政治学をめざして』（法律文化社、2014年）、『つながる政治学【改訂版】: 12の問いから考える』（法律文化社、2022年）。

カバー写真：北岡秀郎

たたかいの論理――馬奈木昭雄弁護士オーラル・ヒストリー

2024年10月25日　初版第1刷発行

著者――――土肥勲嗣
発行者―――平田　勝
発行――――花伝社
発売――――共栄書房
〒101-0065　東京都千代田区西神田2-5-11 出版輸送ビル2F
電話　03-3263-3813
FAX　03-3239-8272
E-mail　info@kadensha.net
URL　https://www.kadensha.net
振替　00140-6-59661
装幀――――佐々木正見
印刷・製本――中央精版印刷株式会社

ISBN978-4-7634-2139-5　C0036